# 推进乡村全面振兴典型案例 2025

中央农村工作领导小组办公室　编

中国农业出版社
北　京

# 前　　言

民族要复兴，乡村必振兴。党的十八大以来，以习近平同志为核心的党中央坚持把解决好“三农”问题作为全党工作的重中之重，打赢脱贫攻坚战，实施乡村振兴战略，推动农业农村发展取得历史性成就，发生历史性变革。农业综合生产能力上了大台阶，农民收入持续增长，农村民生显著改善，乡村面貌焕然一新。

推进乡村全面振兴是新时代新征程“三农”工作的总抓手。近年来，各地坚决贯彻落实党中央、国务院决策部署，深入学习运用“千万工程”经验，因地制宜、分类施策，循序渐进、久久为功，探索出许多推进乡村全面振兴的好经验好做法，涌现出一大批典型案例。为进一步发挥典型引路、示范带动作用，推动经验交流和成果互鉴，以点带面推进乡村全面振兴，中央农村工作领导小组办公室向全国各地广泛征集乡村振兴典型案例。通过逐级筛选和专家评审论证，综合考虑代表性、典型性、示范性，最终评选出全国推进乡村全面振兴典型案例72个，涵盖产业振兴、人才振兴、文化振兴、生态振兴、组织振兴各方面。

本书汇编这些典型案例，旨在为不同地区学习运用“千万工程”经验、推进乡村全面振兴，提供可借鉴、可复制、可推广的成功案例和鲜活经验，助推各地进一步坚定信心、攻坚克难、真抓实干，锚定推进乡村全面振兴、建设农业强国目标，加快农业农村现代化步伐，推动农业基础更加稳固、农村地区更加繁荣、农民生活更加红火。

中央农村工作领导小组办公室

2025年3月

# 目　录

## 二、人才振兴

## 三、文化振兴

## 四、生态振兴

## 五、组织振兴

# 一、产业振兴

## 河北省石家庄市正定县正定镇塔元庄村

# 村企同频赋能<br>全力打造塔元庄乡村振兴新模式

### | 案例特点说明 |

塔元庄村充分发掘资源禀赋、经济区位、产业基础等优势，做精一产，壮大二产，扶持三产，推动一二三产融合发展，不断夯实乡村振兴产业基础。该村与同福集团合作成立了河北塔元庄同福农业科技有限责任公司，共建了塔元庄同福乡村振兴示范园，依托农村综合改革试点试验，传承并发扬“半城郊型”经济发展经验，大力推动乡村全面振兴机制的探索和创新，打造形成了“村企合作”促城乡融合发展的“塔元庄模式”，走出了一条村企合作、共建共享、城乡融合的乡村振兴新路径。

## 一、基本情况

正定县塔元庄村坐落于滹沱河北岸，距石家庄市区15公里、正定县城1.5公里。近年来，塔元庄村坚定不移沿着习近平总书记在正定提出的“半城郊型”经济发展路子，昌兴产业，改善民生，2024年村集体经济收入达到3200万元。塔元庄村依托农村综合性改革试点，在瓶颈中谋新机，于创新中求发展，探索乡村全面振兴的实践路径，形成了村企合作促城乡融合发展的“塔元庄模式”，即“三化互促”推动乡村产业优化升级，“三区同建”数字赋能乡村振兴，“三资三金”促进乡村共同富裕，“党员积分制”改进乡村治理，走出了一条村企合作、共建共享、城乡融合的乡村振兴新路径，为推动乡村全面振兴探索出符合实际、行之有效、可复制可推广的模式。塔元庄村先后获评全国乡村治理示范村、全国文明村镇等荣誉称号。

## 二、主要做法

### （一）创新乡村产业发展机制和模式，“三化互促”助力产业升级

探索建立了农业产业化、养老市场化、旅游规范化“三化互促”机制。与同福集团股份有限公司（同福集团）采取村企合作形式，同福集团货币资金占股70%，村集体利用建设用地及闲置、低效资产使用权出资占股30%，成立河北塔元庄同福农业科技有限责任公司（塔元庄同福公司），建成智慧农业园、文旅产业园等多个园区，共建了塔元庄同福乡村振兴示范园，培育打造科研、文化、旅游、康养、研学、健康食品生产、粮食加工等产业新业态，形成了一二三产业集群。依托塔元庄同福公司的资金优势，发挥近郊区位、滹沱河

塔元庄同福示范园

两岸景观、红色教育资源等优势，大力发展融红色文化、休闲娱乐、乡村民俗为一体的旅游发展新模式，以三产带二产促一产，推动一二三产业深度融合。2024年接待游客163万人次。

塔元庄同福未来研学营地

## （二）创新数字乡村发展机制和模式，“三区同建”提效数字赋能

塔元庄村与同福集团合作，重点打造了智慧园区、智慧社区、智慧校区，探索形成了“三区”同建、数字赋能和美乡村的机制和模式。在智慧园区建设应用信息中心和智慧农业生态管理系统，搭建了智慧农业服务体系，解决了传统农业领域耕、种、管、收等生产效率低下问题。采取公司化运营模式，开展了土地全程社会化托管试验改革，促进了粮食生产的专业化、规模化、现代化。实施智慧化社区管理，环卫作业运用数字化管理体系进行保洁清扫、垃圾收集和转运。社区安防治理搭建了智慧社区服务管理平台，与县城区派出所信息管理平台实现了对接。建成乡村振兴大数据中心，与高等院校专家联合成立了乡村振兴研究院和农民培训中心。

## （三）创新乡村共富机制和模式，“三资三金”促进共同富裕

塔元庄村充分利用耕地资源、闲置资产、剩余劳动力资本，获得租金、

股金和薪金，探索形成了“三资三金”促进共同富裕的机制和模式。创新土地流转形式，村民将土地流转给河北塔元庄同福农业科技有限责任公司，每年每亩[①]地可获得2000元租金收入；推动资产优化重组，利用村集体建设用地及闲置、低效资产使用权入股，与同福集团共同建设同福乡村振兴示范园；利用农民培训中心定期开展农民培训，2024年开展培训345期、培训农民6万人。

### （四）创新乡村治理机制和模式，“党员积分制”提升服务水平

探索建立了“党员积分制”改进乡村治理的“塔元庄同福方案”。村党支部对全体党员实行积分制管理，每名党员联系帮扶2～3户群众，通过提供“点单式”服务提升党员服务水平。充分整合挖掘身边好人、文明家庭、返乡青年、退役军人、文艺骨干等各类志愿服务资源，组建了300人的村级志愿队伍，打造了“企业团体+人才团队+牵头党小组+农户”的社会治理模式。

## 三、取得成效

塔元庄村与同福集团携手开创了一条可持续可复制的村企共建模式，辐射带动正定县其他一些村庄共同发展。该模式的特点是充分用好本土和外来两种资源，实现互促共赢发展，以期为乡村发展提供经验借鉴和参考。

### （一）模板复制效应突出显现

在塔元庄同福“村企合作”模式带动下，新安镇吴兴村引入河北乐程文化旅游有限公司，在宣传推广基础上，做好“晴耕雨读·东篱”民宿，2024年接待游客65余万人次，创收700余万元，带动就业1100余人，直接带动800余户农户增收，给村集体和村民都带来了可观收益。

① 亩为非法定计量单位，1亩≈666.67平方米。

## （二）特色现代农业提速加力

在“三化互促”机制带动下，正定县开展了滹沱河沿线农业产业结构调整，摸排核实主要地块51块，总面积20140.9亩，启动了滹沱河沿岸、新城大街2条现代都市农业产业带建设，谋划总投资27.61亿元的32个农业产业结构调整项目，恒益源年产1.5万吨食用菌项目被列为河北省农业产业化重点项目。

发展设施农业，促进农民持续增收

## （三）数字乡村建设全面夯实

借鉴推广塔元庄智慧乡村建设模式，正定县线下建设1220个“幸福乡邻+数字生活服务站”，实现乡村数字生活服务站联网结片；线上搭建服务村民日常生活的正定幸福乡邻移动端，叠加10余项网上服务内容，实现了网上服务全覆盖。

建设智慧温室大棚，实现高附加值果蔬订单化种植

## （四）合作共赢效应持续显现

塔元庄与同福集团村企合作实现共赢，坚定了同福集团在正定发展壮大的决心和信心。目前，同福集团总部已落户正定新区。同时，在正定高新技术产业开发区建设的同福大健康产业园项目总投资20亿元，该项目充分发挥同福集团的龙头优势，招引上下游十几家企业落户园区，持续带动农民就业增收致富，助力乡村振兴。

## 吉林省通化市梅河口市山城镇保兴村

# 凝心聚力谋发展　乡村振兴谱新篇

**| 案例特点说明 |**

保兴村始终坚持党建引领，“两委”班子团结一心、埋头苦干，大力发展产业项目，推动集体经济快速壮大，带领广大农户共同富裕。大力开展拆违治乱、修桥铺路、绿化美化工作，改善基础设施，用实际行动绘就美丽乡村底色。狠抓基层治理，始终坚持软硬共建的发展策略，在百姓钱包鼓起来、基础设施好起来的同时，通过强化组织建设、丰富业余生活等手段，不断提升百姓的幸福感和获得感。

## 一、基本情况

保兴村位于吉林省通化市梅河口市山城镇西部，距镇区20公里，距市区45公里，面积11平方公里，有4个村民小组，共291户838人。近年来，保兴村立足特色优势，围绕现代农业绿色发展、乡村旅游两条主线，狠抓基础设施建设、人居环境整治和一二三产融合园区建设，村容村貌焕然一新，村风民风整体向好，呈现出“村容整洁环境美、产业兴旺生活美、乡风文明身心美”的宜居、宜业、宜游的美丽乡村新画卷，一跃成为全国文明村、全国乡村治理示范村、省级美丽乡村、省级旅游示范村。

## 二、主要做法

### （一）大力发展农业产业，带动农民增收致富

**资源变资产，推动一二三产融合。**一是发掘“水”资源。建成年产8万吨的偏硅酸型保兴泉矿泉水厂，年产值1400万元，利税365万元，带动保兴村直接就业人数20人，人均年收入2万元。二是清收“山”资源。整合闲置山地，新建62栋温室大棚，实现年销售收入2400万元，年利润400万元，以此为基础建成省级香菇特色基地，带动就业人数150人以上，平均每人年增收1.2万元。三是整合“地”资源。以集体土地入股方式，合作建设兴安湖文旅项目，打造采摘棚膜、有机农场、精品民宿、休闲垂钓、美食体验、观景花海等特色板块，2024年收益50余万元，成为梅河口市西部旅游大环线的重要节点、乡村旅游的靓丽名片。

兴安湖文旅项目

**资金变股金，激发产业活力。**统筹用好村集体、扶贫、企业、金融等资金，助力乡村产业发展。一是整合利用扶贫资金，入股保兴泉矿泉水厂，水厂每年30%的利润用于全市建档立卡户的精准帮扶，成为全市规模最大、效益

最好最稳定的扶贫企业，带动全镇建档立卡脱贫户人均年增收1000元。二是抓住全省实施“千万头肉牛工程”的契机，依托整村授信优势，帮助6户有意向的农民贷款40万元，入股中莘农业精品和牛养殖场，人均收入增加8000元。三是整合自有资金、上级产业扶持资金、乡村振兴资金，发展村集体淀粉厂、蔬菜种植产业，兴建淀粉生产线2条，发展马铃薯种植1460亩，吸纳就业人数20人，人均增收5000元。

保兴泉矿泉水厂全貌

**农民变股东，带动共同富裕。**保兴村将农户、合作社和龙头企业以股权形式结成利益共同体，着力打造“股份农民”和“三变”产业工人，通过市场主体的发展带动农民增收。一是通过土地入股项目。组织43户村民整合1100亩土地，入股鑫鑫蔬菜园和千亩果园项目，栽植果树6万株，密摆盆栽苹果3万盆，林下种植马铃薯、西瓜、大豆等作物，建成全市最大的水果种植基地，农户每年分得股息88万元以上。二是利用技术入股企业。鑫鑫农业种植专业合作社择优挑选3名“土专家”“田秀才”，以技术入股，参与管理经营，企业提供“保底工资+分红”，实现村民挣钱不出村。三是做好扶贫资金入股。村集体利用扶贫资金建设32栋蘑菇棚、6栋蔬菜种植暖棚，以土地和设备入股鑫鑫农业种植专业合作社，每年分得股息6万元。

鑫鑫农业种植专业合作社的蔬菜园项目

## （二）旧村换新颜，农村环境面貌焕然一新

**基础设施短板逐渐补齐。**为有效改善村内交通不便、排水不畅等基础设施问题，共修建水泥路5.92公里，维修水泥路7.2公里，铺设沥青路面4.2公里；新建围墙2760延长米、栅栏8000延长米，修建边沟5000延长米，新建广场4个，安装路灯110盏，维修桥涵7座。

**人居环境问题清仓见底。**保兴村对全村的道路、边沟、植树台进行全面清理，累计清理沟渠、植树台等2.6万延长米，拆除各类违章建筑130个。

**绿化美化景观提档升级。**全村栽植紫叶稠李、金丝垂柳、红枫等树木1.2万棵，水蜡、刺玫、三角枫等灌木8万株，种植草坪3000平方米，花卉10万株，绿化村级公路9公里，实现了五步一树、十步一景的美丽乡村新特色。

**建立常态化保洁机制。**制定完善《保兴村村规民约》，农户开展"门前三包"，雇佣常态化保洁员4人，并配备服装、工具及车辆，实施全天候保洁，达到了对标城镇的常态化保洁标准。

**焕发庭院经济新活力。**创建庭院经济示范户130户，利用庭院栽植马铃薯、白菜、茄子、辣椒等蔬菜80亩，养殖笨鸡3000只，实现户均增收2600元。

保兴村一角

## （三）社会治理成效显著，百姓幸福指数持续攀升

一是抓“五级书记”包保。建立了省委政法委书记和市委书记包保、镇党委书记联系制度，省直部门干部组成驻村工作队，选派第一书记，打造凝心聚力、干事创业的村领导班子。

二是抓党员发展。在严把政治关、质量关、程序关的基础上，发展了4名在乡村振兴实践中冲锋在前、勇于担当的积极分子加入党组织，树立了注重实干、突出实绩的良好导向，全村党员平均年龄下降到48岁。

三是抓巩固提升。开展地毯式集中排查、建立即时性预警机制，开展常态化防返贫动态监测，先后开展“两不愁三保障”和收入情况集中排查，消除返贫致贫风险隐患；落实项目扶贫收益47万元，累计为脱贫人口分红22万元。

四是抓网格监管。建立网格包保责任制，明确网格长职责，在增收致富、治安巡逻综合治理等方面相互帮扶，共同维护社会稳定。

五是抓文体生活。先后举办“迎国庆、促振兴”主题趣味运动会、广场舞比赛等文体活动，有效增强了凝聚力，提振了精气神。

## 三、取得成效

一是村屯特色产业有效发展。利用政策及自然资源，发展了矿泉水、千亩果园、兴安湖文旅、特色种植养殖等项目，促进一二三产融合发展，带动村集体收入和农民收入同步增长。

二是基础设施管护有效改善。通过实施“百村示范”“千村示范”“百村提升”“美丽乡村”等工程，村容村貌不断改善，美丽乡村环境整治能力得到提升。

三是乡村文明建设有效提升。保兴村始终将乡风文明建设、乡村居民素质提升作为一项重点工作常抓常管，通过“山城好人”“文明户”“最美家庭”等评比表彰活动，引导鼓励村民移风易俗形成新风尚，全面营造良好的乡村治理氛围。

黑龙江省牡丹江市西安区海南朝鲜族乡中兴村

# 走“农旅结合”新路子 实现从“空壳村”到“兴盛村”的蝶变

## | 案例特点说明 |

中兴村顺应农村旅游发展前景可观的趋势，坚持依托农业农村资源发展文化旅游业、以文化旅游业促进农民返乡就业增收的工作思路，通过实施“归雁工程”，引进在外能人，投资发展乡村文旅产业，实现“交旅、文旅、教旅、农旅、森旅”五旅融合；通过深化农村土地制度改革，壮大农村集体经济，改善农村人居环境，夯实乡村旅游发展基础；通过叫响民俗旅游品牌，优化服务环境，拉动农村民宿、餐饮、娱乐等第三产业发展，扩大农民就业规模，使乡村旅游成为拉动乡村发展的“新引擎”，实现了中兴村由一个长期“空壳村”向长久“兴盛村”的华丽蝶变。实践证明，中兴村“农业＋文化＋旅游”发展模式，符合农村实际，措施经验可行，工作成效显著，做法可学可用可复制。

中兴村是朝鲜族聚居村，隶属于牡丹江市西安区海南朝鲜族乡，全村共有363户1359人。过去的中兴村90%的村民常年在韩国及我国青岛、威海等沿海城市创业务工，是典型的“空心村”“空壳村”，一度面临土地没人种、房屋没人住、村集体积累薄弱、农民增收无路的困境。近年来，中兴村聚焦农旅融合，通过“归雁工程”、基础设施提升、招引集聚特色产业等措施，打造民族特色旅游名片，使乡村旅游成为拉动经济增长的“新引擎”。2024年村集体经济收入突破100万元，年接待游客达160万人次，旅游收入达5000余万元，实现了经济效益、社会效益双丰收，中兴村已成为特色鲜明、成效明显的乡村民俗旅游打卡地。

## 一、请老乡、建家乡，迈出发展“第一步”

中兴村坚持把农旅融合的重点放在人才引育上，推动工作提效、服务提质、发展提速。以发展“能人”为抓手，实施“引凤筑巢”工程，广泛联系在外经商创业的本村村民，鼓励他们反哺家乡、带动致富。2014年，在京发展多年的村民韩春山决定投资2000万元建设家乡，成为中兴旅游的“开拓者”和返乡创业“第一人”，打造集餐饮住宿、垂钓园、草坪婚礼、户外露营烧烤为一体的中兴村朝鲜族民俗风情园。在“能人”韩春山的带动下，先后有43名在外村民返乡创业。坚持借船出海，招商引资，积极与黑龙江省交通投资集团有限公司、韩国佳人国际有限公司、金禾米业、智韩旅游等实力企业协作，投资建设冰雪产业园、中兴峰悦汽车营地微度假区、佳人韩品购物中心、俄嘉购、朝鲜族服饰体验馆等产业项目，将“交旅、文旅、教旅、农旅、森旅”五旅有机融合，形成集旅游度假、亲子研学、文化交流、会议会展、体育休闲五大服务板块于一体的农旅模式，打造地方民俗旅游品牌，助推乡村旅游向纵深发展。

中兴村旅游风景区

## 二、抓治理、聚人心，强化服务“第二步”

中兴村坚持把农旅结合的成效转化到农村改革、乡村治理实践中，做到抓发展用脑、促落实用力、办实事用心。依托党建引领“1+3”基层治理体系，坚持以群众为主体，健全完善“自治、法治、德治”相结合的基层治理体系。借助宅基地管理、土地流转、集体经营性建设用地入市等政策，先后解决了宅基地超面积、一户多宅等不合理问题67件，收回建设用地41亩、闲散土地75亩，做到“公产公有”。探索流转土地入股联营，将全村4550亩土地集中流转到集体合作社，统一进行发包管理，提升耕地流转价格。先行先试积极作为，完成牡丹江市首宗集体经营性建设用地入市，土地增值200万元，为村集体增收奠定坚实基础。以建设国家数字乡村建设试点和打造农村人居环境数字化治理平台为契机，建设数字乡村智慧平台，用数字化赋能农村人居环境治理，同步实现了景区智能化管理，游客数据、景点流量、旅游收入实时更新，有效提高了中兴村景区旅游管理效率。

中兴峰悦汽车营地微度假区

## 三、抓产业、固实力，走好致富“第三步”

中兴村坚持把农旅结合贯穿到抓好经济运行、项目建设和产业发展中，争当真把式、快把式、好把式，通过不断融合多种业态，推动项目精致化，探索“四季旅游”，走出了“文化+农业+产业”的品质化发展之路。通过多业态融合、提升“硬件”“软件”水平，提高乡村旅游品质。吸引社会投资租用村民闲置的农房，改建精品民宿30余户，特色餐饮20余家，引入佳人韩品、德鲁克贸易等实体品牌，汇聚近千种韩国、俄罗斯进口商品，丰富了购物元素。围绕传统文化的发掘和弘扬，建成年画馆、民间收藏展示馆等公益展馆6个，有效促进各民族交流交往交融。新打造百米中兴朝鲜族美食一条街项目，“吃住行游购娱”旅游功能要素持续丰富，经济效益不断凸显，逐步实现乡村旅游“全年无淡季”，成为远近闻名的标志性旅游村庄。积极探索冰雪项目模式，充分开发冰雪资源，推出滑雪场、峰悦冰雪欢乐谷等体验式冰雪项目，融合冰雪娱乐、冰雪体验、冰雪观光等多种形式，建设朝鲜族民俗主题雪雕、百

中兴村民居

童冰嬉广场等观赏类冰雪项目4项，飞碟碰碰车、飞驰卡丁车等娱乐类冰雪项目10项，开拓冰雪旅游全新模式，打造“冰雪主题型度假群落”。坚持生态保护与旅游开发相结合，中兴村稻田小火车、彩虹滑道、稻田画、DSC卡丁车场成为城郊休闲度假打卡热门IP。结合“旅游+演艺”，举办中兴村游园会、啤酒节、乡村音乐文化节等，点燃中兴村旅游业新爆点。通过校地合作，创建牡丹江师范学院创新创业基地和中兴印象文化创意设计中心，推动旅游文创产品产学融合。2023年建成星河露营等项目，点亮夜间经济，促进产业融合提质。

中兴村地标建筑——琴鼓

中兴村聚焦深度释放农旅发展潜能，加快打造农业高质高效优势区、乡村宜居宜业样板区、农民富裕富足先行区、城乡融合发展示范区，推动乡村高质量发展和可持续振兴取得扎实成效。

一方面，乡村治理水平取得新提升。自主研发数字乡村智慧平台，涵盖数字政务、智慧党建、基层治理、应急管理、智慧农业、乡村产业六大类功能，村民可通过App随时获取民生、技术、政策、健康等交互式服务。运用“互联网大数据+物联网”手段，以“平台+App”形式，让农业“触”网，村

中兴村稻田小火车

情“上”网，实现了乡村经济发展、乡村社会治理、乡村政务服务、乡村文化发展的数字化转型。2023年5月，中央网信办公布的全国数字乡村试点终期评估报告指出，中兴村人居环境治理项目在全国数字乡村试点综合排名第43位，位列黑龙江省4个国家数字乡村试点首位。

另一方面，农旅融合发展取得新突破。对标“打造永不落幕的旅游产业发展大会”要求，中兴村坚持村企合作、项目融合、一体化管理、市场化运作等发展思路，2024年投入1500余万元，完成智能垃圾分类处置、环境监测、星空民宿提档升级等六项景区提升项目，景区游客接待能力不断增强，农房变客房、村民变股民、大米变礼品、田园变公园以及农民土地挣租金、住房挣现金、打工挣薪金、入股挣红金逐渐成为现实，走上民族特色旅游高质量发展之路，实现旅游收入5000余万元。2023年中兴村成功晋升国家AAAA级旅游景区，荣获“2023年中国美丽休闲乡村”称号，改革创新案例入选新华社重磅政论片《伟大的改革》。

## 上海市嘉定区马陆镇大裕村

# 推动农文旅融合发展<br>谱写乡村振兴新华章

### | 案例特点说明 |

大裕村响应《上海市乡村振兴“十四五”规划》提出的“让乡村成为上海现代化国际大都市的亮点和美丽上海的底色”号召，以丰富的自然资源、领先的文化艺术产业、夯实的休闲农旅产业为基础，将“葡香艺海，共美大裕”作为总体定位，高起点、高标准、高水平推进乡村建设。大裕村围绕葡萄、文化两大优势资源，依托田园、水乡、茂林三大本底优势条件，聚焦生态产品的价值转化和实现，结合村庄规划功能定位，形成“二产清退，一三产联动，重点围绕葡萄、艺术、农旅产业主题发展”的总体思路，构建结构稳定、体系完整的“农旅文”综合业态，串起葡萄产业农文旅融合发展新版图，助推嘉宝郊野片区农旅休闲产业健康、持续发展，打造全国乡村振兴创新样板。

## 一、基本情况

大裕村地处上海市嘉定区马陆镇东北部，东邻宝山区，北接徐行镇，村域面积8.39平方公里，有32个自然村组，户籍人口5827人、外来常住人口6041人，是嘉定第一大村庄。大裕村凭借千顷葡萄园，有着“马陆葡萄起源地”“葡萄之乡”等众多美誉。近年来，大裕村坚持以葡萄产业为基、艺术人文为韵、农耕文化为魂，加强“文旅+”“+文旅”多向赋能，实现一二三产业深度融合发展，走出一条具有大裕特色的农文旅融合高质量发展道路。先后获评全国先进基层党组织、第五届全国文明村镇、中国美丽休闲乡村、全国乡村旅游重点村、国家森林乡村等荣誉称号。2023年，大裕村成功创建上海市第五批乡村振兴示范村。

葡乡艺海，共美大裕

## 二、主要做法

### （一）坚持党建引领，锚定农文旅融合发展方向

大裕村聚焦产业增效、农民增收，积极探索以党建串起“葡乡艺海”，推行将支部建在产业链上，促使“1+3”产业集群抱团式发展，不仅先后淘汰25家高污染低效能企业、引入不同类型文旅产业入驻，也同步破解“口袋”党员、共建壁垒等问题，在以农促文、以文塑旅、以旅彰文中实现基层党组织发展与集体经济壮大同向发力、同频共振。

### （二）立足资源禀赋，激发农文旅融合发展动能

大裕村是马陆葡萄种植中心区，葡萄种植面积达2580亩，占马陆葡萄种

植面积的57%。村域内林地资源丰富，水系纵横密集，以林地为主的绿色覆盖率高达70%，水域用地共112公顷，同时拥有马陆葡萄主题公园、汽车博物馆、非遗顾绣、宏泰园等文化载体。大裕村立足自身资源禀赋，发挥区域优势，每年定期举办上海马陆葡萄文化节，以小葡萄串起农文旅产业链，形成政府搭台、合作社唱戏、农民受益的良性循环；高标准建设上海嘉定马陆国际泛葡萄产业园、嘉源海美术馆、葡萄科普园等文旅空间，促使农文旅休闲设施提档升级；依托辖区企业多方资源，推出“葡萄种植和采摘”体验、“葡萄美酒”制作等系列葡萄文旅体验菜单；将邻里节、民俗体验日等系列活动融入新媒体传播矩阵，让非遗文化和乡土文化元素更好地融入大裕文旅体系，将大裕村打造成为上海郊野休闲度假旅游目的地。

## （三）结合示范建设，开创农文旅融合新版图

2022年大裕村被列为市级乡村振兴示范建设村。之后积极优化文旅融合空间布局，形成“一带一心两环三区”文旅空间结构，推出“葡乡艺海”乡村振兴游精品线路，涵盖马陆葡萄主题公园、乡村振兴七景、嘉源海美术馆等六大特色景点，串起葡萄产业农文旅融合发展新版图。

大裕村乡村振兴指挥部

## 三、取得成效

### （一）引进优质文化资源，打造网红新地标

世界著名建筑设计师安藤忠雄设计的嘉源海美术馆在大裕村落地，并于2023年11月20日正式开馆，作为上海首家乡村美术馆，以当代海派文化为主题，为公众打造国内外文化艺术鉴赏与交流平台。“砚田大观——二十世纪海派书画展”和“安藤忠雄：光影自然”两大展览在此举办，于右任、张善孖、贺天健、刘海粟、张大千等多位海派大师精品力作和26件安藤忠雄已建成的中国项目的手绘、摄影等作品在此展陈，阵容浩大、风格纷繁。嘉源海美术馆更是邀请了单国霖、鲍薇华等8位来自不同文化艺术领域和学术机构的专家学者组建嘉源海学术委员会，更好地推动文化艺术在乡村“扎根生长”。美术馆的建设让过去的“文化下乡”转变成了“让艺术在乡村生根”，不仅是公众精神文化的家园，也是“解锁”大裕村乡村振兴更广阔发展空间的“金钥匙”。

嘉源海美术馆外观

### （二）集聚优质旅游资源，打造网红新路线

大裕村集聚乡村民俗和自然资源，借助落户村内的非遗——顾绣、宏泰园等载体，开展传统文化研学、“宋四雅”体验等项目，打造了传统文化新高

地。优化文旅融合空间布局，形成“一带一心两环三区”文旅空间结构：“一带”即沿东西联动景观带；“一心”即创建嘉源海艺术中心，形成艺术产业氛围核心区；“两环”即打造葡园艺术休闲环及精品田园游憩环；“三区”即建设艺术乡村核心区、现代葡园示范区、生态游憩体验区，构建了全域旅游目的地。成功入选农业农村部“美丽乡村休闲旅游行秋季精品景点线路”及文旅部2023年“全国乡村旅游精品线路”，打造了大裕村精品旅游体系，马陆葡萄主题公园是集葡萄科研、科普、示范、培训、休闲于一体的农业园区，每至葡萄成熟季，便有八方游客慕名前来观赏采摘，已成为上海郊野休闲度假新晋网红打卡地。

## （三）做大做优葡萄产业，开拓农民增收新渠道

大裕村依托葡萄产业特色，持续加强马陆葡萄品牌推广和产业发展规划工作，举办好每届上海马陆葡萄文化节，注重科技赋能葡萄产业高质量发展，进一步扩大“马陆葡萄数字云平台”“一串一码”的应用范围，推动葡萄产业纵深发展，农民的收入也持续提高。一是实现产品种植绿色化。以绿色食品认证为契机，全面推广绿色栽培技术，逐步建立农业绿色产业体系，全村现有机认证企业1家，绿色认证企业和合作社16家，通过绿色以上认证面积1760亩，绿色认证以上种植面积占77%，做到“应绿尽绿”。二是实现种植管理智能化。持续强化数字农业技术运用，打造“马陆葡萄数字云平台”，推广“一串一码”追溯标签系统，累计发放追溯标签255万个，推动种植全流程的标准化、智能化建设，实现葡萄生产降本增效、全程追溯。三是实现品牌营销专业化。开通马陆葡萄微信旗舰店，实现线上销售额近百万；推广按串销售模式，最高售价达到100元每串。同时结合马陆葡萄历史和文化内涵，打造马陆葡萄专属IP品牌，创建高品质葡萄形象。四是实现产业利益共同化。创新探索“政府+农民+集体+市场”合作模式以及“种植收入+股份分红”村民收益模式，形成稳定的集体经济机制。2024年，全村葡萄种植亩产值32000元，比全市葡萄平均亩产值高出30%；全村总收入8280.96万元，其中可支配收入4251.42万元，经营性收入2675.22万元，平均每户可得到2700余元分红。

## 江苏省南京市江宁区汤山街道龙尚村

# 凝聚文旅产业大合力<br>激活乡村振兴新赛道

### | 案例特点说明 |

龙尚村创新农文旅融合发展，聚焦高端圈层休闲旅游客群，建设高品质文旅体验场景，建立高标准乡村休闲旅游品牌，构建高质量乡村产业体系，实现从贫困到振兴的“华丽蝶变”。突出生态文明特色。坚持规划先行，转变“靠山吃山”传统的发展思路，走绿色生态发展之路。突出民宿产业特色。通过吸引社会资金投入，通过联营、合营等运营模式，打造特色高端乡村民宿，让民宿产业成为拉动乡村文旅的新引擎。丰富多元业态特色。以乡村民宿、生态农庄等业态为基础，不断鼓励、吸引、支持多元业态融合发展，最终打造成了集住宿体验、户外露营、休闲运动、研学教育、音乐沙龙、旅游康养等于一体的综合性旅游休闲度假目的地，获评全国文明村、全国乡村治理示范村、全国最美志愿服务社区、江苏省乡村振兴先进集体等多项荣誉。

江宁区汤山街道龙尚村位于南京东郊、汤山西麓，处于大龙山、青龙山两山腹谷地带，网红道路“小川藏线”依村而卧，内辖三大水库，具有良好的山水资源禀赋。龙尚村现有8个自然村，村民1478户3576人。村党委下设5个党支部，共有党员113人。近年来，龙尚村学习运用“千万工程”经验，在持续推进乡村基础设施提档升级、农村人居环境整治提升等工作的基础上，以乡村民宿、生态农庄等业态为重点，不断吸引多元业态融合发展，成功打造了集住宿体验、户外露营、休闲运动、研学教育、音乐沙龙、旅游康养等于一体的综合性旅游休闲度假目的地，有效带动了本地农民增收致富。2024年村民人均收入5.4万元，村集体经营性收入680万元。

## 一、“走出去要”变“请进来学”，精准施策专业规划助力发展

20世纪90年代，龙尚村以采石加工业为主，随着资源日益枯竭，导致该村长期处于经济薄弱村地位，每年年底都要因保障“开门”到处“化缘”。近年来，村党委痛定思痛，下决心改变“靠山吃山”粗放式发展方式，先后关停多家污染型企业，谋求转型发展。随着汤山国家级旅游度假区启幕建设，龙尚村着眼于得天独厚的区位优势，立足生态本底资源，开启了乡村旅游产业发展新赛道。以做活龙尚村“山水文章”为指引，突出农旅融合产业发展路径，邀请专业团队制定了江宁区首个以行政村为主体的发展规划——龙尚漫谷发展规划，整体开展村庄形象重塑，打响了龙尚乡村旅游的“新招牌”。

龙尚漫谷乡村旅游项目

## 二、“山水基因”成“关键密码”，生态优先永葆绿水青山

**破陈出新，深耕生态文明厚土。**龙尚村深入践行“绿水青山就是金山银山”理念，全力挖掘村域内丰富的山林、水库资源，以全力恢复生态环境为重点，坚持系统整治九乡河河道，管好“万亩”山林，有效拓展了村庄绿色发展空间。**提档基础，贯通主线串联城区。**“环境就是民生，青山就是美丽，蓝天也是幸福。”先后完成长2.7千米、宽9米的“龙尚大道”，横穿青龙山的“板汤线”提档升级，成功将龙尚与江宁其他美丽乡村串联成线，打通了制约龙尚村发展的“任督二脉”。**整体建设，打造特色田园乡村。**龙尚村将生态文明贯穿乡村建设的全过程，整体推进村庄风貌优化提升，一跃成为美丽乡村新典范。先后创成庞家边省级特色田园乡村，尚庄、孙家边等市级美丽乡村，打造远近闻名的乡村休闲旅游“好去处”。

龙尚湖风光

## 三、“筑巢引凤”促“业态融合”，村强民富夯实村集体之基

**培育农业发展新业态，注入乡村发展新动力。**深入挖掘2263亩耕地潜力，

着力稳定粮食和重要农产品生产能力。坚持“农业+”理念，优化调整80亩葡萄、170亩草莓、180亩绿色蔬菜等种植结构，充分衔接本地特色生态资源、文化资源，精心设计“农业+研学+采摘+科技”场景。2024年全村接待游客50万人次，实现综合收入7800万元，带动本地村民就业达600人次。**盘清自我“家底”，带领村民共生共荣。**对本地村民的房屋情况进行梳理，对有意愿出租的村民，将房屋基础信息详细登记在册。创新实施“星村民”计划，吸引和鼓励社会力量前来投资。通过“以情招商”引入先进生产要素、社会资金，吸引更多高素质人才涌入乡村发展，吸引优秀的“星村民”扎根龙尚、发展龙尚。在民宿业态牵引下，村民居住环境明显改善，村庄“颜值”得到大大提升，吸引越来越多的游客流入乡村打卡。49户有意愿对外出租的闲置资产，已出租或投入运营24户。**打造“乡村+”产业，丰富度假体验场景。**村庄整体环境美起来了，村民口袋鼓起来了，也吸引了越来越多的年轻人来龙尚创业，村里的人气越来越旺、活力越来越足。龙尚村通过引入社会资金投入超5亿元，打造以民宿为主导，鼓励其他业态多元参与的乡村休闲体验新场景，现有各类业态共计69家，其中民宿18家、各类农庄9家（含垂钓中心）、果蔬采摘基地9家、特色餐饮餐厅等6家、轻食咖啡4家，另外植入非遗工作坊、公益服务、露营基地、电竞轰趴、烧烤酒吧、马术俱乐部、瑜伽馆、陶艺工作坊、农村电商基地等丰富业态。村集体以出租、入股、合营等方式参与41家企业，每年为村集体增加收益421万元。

尚趣户外露营节

## 浙江省杭州市余杭区余杭街道永安村

# 做大做强“稻产业”<br>绘就“和美稻乡”新画卷

### | 案例特点说明 |

2019年起，永安村围绕“稻”做文章，坚持“以稻为基、以创为核”，打造“禹上稻乡”项目，吸引40余家创客企业入驻，首创实践耕地保护“田长制”，建成杭州市首批高标准农田示范区5000亩，中心区块基本农田每亩净收益达到5800元，引入农村职业经理人、造梦师，形成“组织+人才”双赋能的发展模式，创新“稻田认养”“共享菜地”模式，策划“禹上稻香”开镰节等活动，开发锅巴、米粉等大米衍生品，不断提升农产品附加值。2024年，永安村集体经营性收入达到607万元，荣获省级示范共富工坊、省级未来乡村、省乡村振兴示范村等荣誉。

永安村地处杭州市余杭区余杭街道北面，紧邻未来科技城，村域面积7.09平方公里，共960户3149人，拥有耕地5259亩。2017年村集体营收只有28.5万元，属于经济薄弱村。近年来，永安村持续深化“千万工程”，立足稻产业，做足稻文章，依托耕地保护“田长制”、成立强村公司、引进农村职业经理人等创新举措，持续做大做强稻产业，打造“和美稻乡”。2024年，永安村集体经营性收入达到607万元，村民人均收入超6.3万元，相关做法被《人民日报》《农民日报》《浙江日报》等省级以上媒体报道57次，其中中央媒体报道14次，列入省级示范共富工坊名单，获得省级未来乡村、省乡村振兴示范村、市首批共富村和未来乡村等荣誉。

永安稻田（春天）俯视图

## 一、组织化创新，形成双赋能发展

一是人才引育谋未来。永安村利用余杭区首创面向社会招聘农村职业经理人的机遇，引入专业运营人才，并在全国首创面向社会招聘“乡村造梦师”，形成“组织+人才”双赋能的发展模式。二是环境整治打基础。全村齐心进行土地流转和违章建筑拆除。坚持自愿原则，全村97%以上土地实现流转，实行规模发展。建筑拆除212宗共11273平方米，拆除违章建筑199宗共12463平方米，清除田间垃圾380余吨，为乡村运营打下环境基础。三是抱团共富共发展。联动周边七村，牵头八村强村公司联合成立杭州禹上稻乡经营管理有限公司，实现八村资源共享，统一规划、统一运营、统一品牌、统一管理、统一销售，八村抱团发展，走向共同富裕。

引进"乡村CEO"团队

## 二、品牌化引领，创新经营模式

一是实践"田长制"。实践耕地保护"田长制"，建成全市首批高标准农田示范区5000亩，稳定农作物种植生产规模，加强农田建设与管理，守好粮食安全根基。2024年，永安村核心区块基本农田每亩净收益达5800元。二是运营"稻产业"。创新"稻田认养""共享菜地"模式，依托"稻梦空间"应用场景等，助力乡村运营和管理。截至2024年，认养企业累计达70家，认养家庭达200多户，认养稻田面积增加至700多亩，认养收入超1000万元。三是打造"新业态"。通过举办"村播文化节""书记直播间""明星带货""双11狂欢购物节""盒马入驻"等新零售活动，2024年永安大米累计销售2100万元。

## 三、数字化赋能，三产融合发展

一是数字农业强基础。以消费者视角打造智慧认养小程序、智慧短视频

永安村直播间直播带货

剪辑系统、全程可追溯系统、智慧大屏等场景和应用；以生产者视角打造智能虫情测报系统、土壤气象传感系统、水稻全生命周期管理系统等场景和应用；以管理者视角，整合数字乡村、未来乡村、数字改革相关数字化项目，围绕“一屏观禹上、一链活稻乡、一键通共富”，打造“稻梦空间”创新应用，获评浙江省数字化改革帮农促富赛道典型案例。二是三产融合促效益。利用数字化平台打造禹上稻乡“流量联盟”，实现八村流量共享，不断挖掘地方特色文化，开展丰富的特色区域活动。除“开春节”“开镰节”等重点特色活动外，“禹上稻乡”坚持做到月月有主题活动，周周有体验项目。2024年全年累计接待游客21.5万人次，撬动旅游收入450万元。三是全民参与快发展。以盘活有限空间、优质资源共享的方式，积极鼓励本地村民和外来企业入驻稻香基地，共同参与助力“禹上稻乡”发展。先后引导支持8户村民分别开办了永安青黛工作室、稻香茶庄园、梅忠明家庭农场、稻香书画院、网红面馆、心可轰趴和传统手工面等场所。累计招引和签约浙江大学精准育种研究院、浙江省中青旅、谷绿农品、新创原品、狂客数字、大农城等31家单位入驻永安共同发展。

“以稻为基，以创为核”的永安村用了不到10年时间，在基本农田之上探索出一条乡村振兴和村庄经营之路，是浙江“千万工程”生动实践，永安村的

永安“稻梦空间”数字化应用场景

发展获得了显著的社会效益和经济效益。2023年，永安村强村公司与浙江芒种乡村运营有限公司共同成立专注于乡村经营人才培养和体系化乡村运营服务的市场化主体——浙江千村运营有限公司，以永安村现有运营模式和乡村运营人才为基础，结合芒种乡村专业化品牌规划设计，形成市场化、立体化、系统型的“3+1+N”的乡村运营服务模式。浙江千村运营有限公司已正式与杭州市西湖区双浦镇桑园地村、湖州市安吉县鲁家村、台州市仙居县上叶村、广东省广州市乡村振兴基金等签约多个乡村振兴项目，团队同时服务行政村已达13个，并与贵州省毕节市、海南省海口市秀英区等地签订战略合作协议，助力全国更大范围的乡村振兴和共同富裕。

## 安徽省宿州市泗县泗城镇胡陈村

# “三根杠杆”撬动集体经济大发展

**| 案例特点说明 |**

胡陈村因地制宜整合本地优势资源，坚持产业多元化发展，村级集体经济连续5年突破百万元。突出党建引领作用。创新农事服务模式，探索出“党组织+合作社+农户”经营方式，大力开展农业社会化服务，推进秸秆综合利用产业化发展，将组织优势转变为经济优势。发挥产业辐射带动作用。大力推广“合作社+基地+种植户”羊肚菌种植模式，增加集体经济收益。发展绿色经济模式。盘活闲置的土地资源资产，发展庭院经济和林下经济，引进经营主体进行经营，实现了生态环境优化、农民增收致富“双赢”。

## 一、基本情况

近年来，安徽省宿州市泗县泗城镇胡陈村始终坚持把发展壮大村集体经济作为推进乡村振兴的有力抓手，紧紧围绕打造乡村振兴示范村、先进村目标定位，充分发挥党建引领作用，坚持和加强党对农村工作的全面领导，建立起村集体与群众利益共享、风险共担的经济利益共同体，走出一条既强村又富民的共赢之路。通过发展特色产业、创新农事服务、绿色经济模式“三根杠杆”，2018年以来，先后组织成立胡陈村集体经济组织股份联合社、泗县虹兴农机专业合作社和泗县虹菌种植专业合作社，探索党组织领办合作社发展新模式，构建富农联农带农新机制，实现村级集体经济多元大发展，2020—2024年连续5年村集体经济经营性收入突破百万元。

## 二、主要做法

### （一）立足特色产业，培育产业发展新动能

只有产业发展起来了，才能实现持续稳定增收，从而进一步巩固拓展脱贫攻坚成果。驻村工作队始终把培育产业、联农带农作为发展村集体经济和带动村民致富的有效途径。大力发展羊肚菌特色产业，加快培育龙头企业、农民合作社和家庭农场等新型经营主体，引导群众积极参与产业发展，实现多方共赢。

羊肚菌丰收

驻村工作队立足县“2+5”（即汽车零部件和先进光伏2个主导产业以及山芋、食用菌、金丝绞爪、草莓、中药材5个特色产业）产业发展布局，瞄准羊肚菌广阔市场及发展潜力，结合村情走访农户，与村“两委”多次商讨研究，决定发展羊肚菌特色产业。自发展羊肚菌特色产业以来，产量产值连年增加，2024年收获羊肚菌4万余斤，产值500万元，带动村集体和农户增收50万余元。近年来胡陈村立足羊肚菌产业，谋划完善产业配套设施，建成羊肚菌加

工厂房1500平方米，申请“胡陈虹菌”注册商标，种植标准和技术管理体系逐步完善，实现了育种本土化、加工本土化、种植本土化、回收本土化。积极申报绿色食品认证，与其他拥有闲置大棚的乡镇村庄达成共建协议，实现区域品牌化。聚焦特色产业，牵头成立泗县虹菌种植专业合作社，村集体以项目资金和连栋大棚等占股51%，村组干部以技术服务、机械等占股29%，农户以实际劳动、管理等占股20%。同时利用安徽省第八批选派干部集体经济发展专项资金10万元，入股党组织领办的合作社，用于经营合作，积极协调50万元资金用于支持改造提升羊肚菌种植基础设施，建设标准化羊肚菌示范种植基地，实现特色产业与庭院经济有机结合，大力推进特色产业发展。

胡陈村羊肚菌基地

## （二）创新农事服务，打造农业发展新引擎

为了创新发展路子，改变非种即养的传统发展模式，降低经营风险，实现村集体经济持续健康稳定发展，驻村工作队积极培育以农作物秸秆产业为主的村级主导产业，突出抓好秸秆打捆离田、收储、利用等各环节工作，推进秸秆综合利用产业化发展，创新发展模式，利用本村耕地面积广、地势平缓、土壤肥沃等优势，把发展方向瞄准农事服务。

2018年以来积极向帮扶单位——省农业农村厅争取135万元资金，建成农机大院1386.7平方米，配置铲车、拖拉机、打捆机、播种机、旋耕机等农用机械装备26台套。为充分发挥党组织优势，先后成立了胡陈村扶贫专业合作社、泗县虹兴农机专业合作社，采取“党组织+合作社+农户”模式，村集体以固定资产、农业机械入股占比55%，成员以资金、农机和技术服务等入股占比45%，在全村及周边镇村开展农事服务。村集体以现有秸秆离田机械装备入股农事服务企业（或主体），开展秸秆离田工作，对村里秸秆进行统一打捆离田、收储、揉丝，年收入35万元。同时为延伸秸秆综合利用产业链，引进秸秆制肥企业，以厂房入股有机肥加工企业，年收入30万元。此外村合作社通过自筹资金购买植保无人机，培育无人机操控员开展飞防服务3.2万亩次，年创收22.6万元，使村集体经济收入迈上新台阶。

## （三）推动绿色经济，盘活资源资产新活力

在全面推进乡村振兴发展绿色经济的进程中，如何培育新的集体经济增长点，是摆在驻村工作队和村“两委”面前的难题。聚焦农村人居环境综合整治，大力盘活闲置的土地资源资产，积极探索庭院经济和林下经济新模式。

胡陈村果蔬大棚

胡陈村围绕“三变改革”，以农民、经营主体、村集体三方共赢为目的，盘活了“人”“地”“钱”等资源要素，按照“产权清晰、职责明确、运转协调、制衡有效”的要求，探索“村社共建”模式，开发以各主体联合出资、农户广泛参与，以资金入股、资产入股、技术入股、土地入股等多种方式纳入基层股权量化管理，按照“一班人马、两套账务、三块牌子”的工作方法，形成了村党总支、村委会和合作社职能分开、交叉任职、账务分设的治理结构模式，彻底建立资源变资产、资金变股金、村民变股民的长效机制。按照公正、公平、依法的原则，折股量化集体资产，共设置股权4636股。同时组织对集体土地、荒地、水域等资源和闲置房屋进行新一轮盘点和梳理，做到底数明，家底清；引进经营主体进行经营，将各类资源转换为龙头企业、专业合作社或其他经济组织的生产要素，从而把“死资源”变成了“活资产”。2023年通过租赁、入股等形式，将闲置老村部、农机大院、烘储中心、老卫生室盘活利用起来，并成功引进劳动密集型生产企业，通过“企业+村集体+农户”的发展模式，为村集体增加10万元经营性收入，同时带动50余名村民就近就业。胡陈村依托村党组织领办合作社，盘活农村要素资源，建立村集体与农民稳定紧密的合作关系，构建科学稳定的利益联结机制，通过就业带动、保底收益、按股分红等形式，让农民共享发展红利。

胡陈村集体经济收益股民分红大会

## 三、取得成效

### （一）羊肚菌特色产业初具规模

2021年胡陈村羊肚菌种植初期试验示范规模8亩，依托于村级原有果蔬大棚设施，依赖返乡大学生在村创业种植羊肚菌，经过2年的品种培育和驯化均实现了本土化，种植规模也达到了100亩，形成了育、种、产、销一体化。亩均投入6000元，达到亩产800斤左右，鲜菇每斤价格50 ～ 80元，亩均纯收入3万元，产值500万元左右，仅村集体就能获益25万元左右。

### （二）集体经济持续稳定增长

村集体依托果蔬大棚和经营主体、种植大户合作经营，获得租金收入约10万元。通过和浙江清扬服饰有限公司、昇勇商贸有限公司、泗县供销合作社等合作，打造村企联营模式，每年增加集体经济收入20余万元。开展秸秆打捆离田、深翻深松等社会化服务以及经营有机肥加工厂，每年增加集体经济收入超过45万元。2022年村级集体经济收入首次突破150万元。2024年村集体经济收入达207万元。

### （三）构建富农联农带农新机制

瞄准农民拥有的土地、资金等资源要素，按照“资产变股权、农户有股份、农民得权益”思路，盘活资源资产，拓宽农民增收渠道，开展农村土地流转新模式、利益联结增收新机制，实现土地集约化、产业化、规模化发展。同时围绕羊肚菌特色产业，通过“党组织+合作社+致富带头人+农户”模式，按照专业化合作、产业化经营、融合化发展的模式，建立健全富农联农带农新机制，持续发挥辐射带动作用，增加就业岗位50余个，人均增加工资性收入3000元，带动种植户户均收入超10万元，实现了强农富农。

### （四）农事服务能力持续增强

利用农机设备优势，通过开展农事服务，全流程提供耕、种、管、收、烘等服务，解决农业生产中遇到的难题，有效降低农户生产经营成本，助力农民增收。同时围绕秸秆综合利用，建成2000平方米秸秆揉丝加工厂，同时配套秸秆有机肥生产，发展以秸秆资源利用为基础的环保产业，推动形成布局合理、产业链条完整的秸秆综合利用产业化格局，促进农业增效、农民增收、农村增绿。

# 河南省许昌市禹州市小吕镇柴庄村

# 党支部领办合作社　引领产业振兴

**| 案例特点说明 |**

柴庄村积极探索集体经济发展新路径、新机制，围绕“土特产”发展乡村特色产业，依托“村党支部＋合作社＋农户”模式，通过增强发展引力、激活发展动力、壮大发展主力、汇聚发展合力、添加发展助力、拓展发展潜力，构建起以西瓜、辣椒种植为主体，辣椒加工、植物油坊为补充，电子商务为带动的农村集体经济发展格局，走出了一条符合该村实际的集体经济发展路子，既增强了村级党支部的战斗力、号召力和影响力，又改善了农村环境，改变了群众精神面貌，激发了乡村发展活力。

## 一、基本情况

柴庄村位于河南省许昌市禹州市小吕镇政府西南3公里处，辖2个自然村11个村民小组，总人口756户3316人，耕地3096亩。柴庄村地理位置偏僻，缺乏资源优势，群众收入以种植农作物为主，村内大部分青壮劳动力外出务工。近年来，柴庄村在困局中求突破，积极探索集体经济发展新路径新机制，围绕“土特产”发展乡村特色产业，依托“村党支部+合作社+农户”模式，增引力、激动力、壮主力、聚合力、添助力、拓潜力，构建起以西瓜、辣椒种植为主体，辣椒加工、植物油坊为补充，电子商务为带动的农村集体经济发展格局，走出符合实际的集体经济发展路子。

## 二、主要做法

### （一）筑堡垒，强基础，增强发展引力

柴庄村曾是小吕镇远近有名的落后村，村里村外道路坑洼不平，村容村貌脏乱差，村集体无收入，村民人心涣散。2020年以来，新一届村“两委”狠抓班子凝聚力和战斗力建设，抓牢党内监督和基层组织规范运行机制，抓好“三会一课”“主题党日”等组织生活制度，抓实“一编三定”“积分制管理”等党员队伍管理措施，全面提升贯彻落实党的方针政策、引领乡村发展、服务农民群众、化解矛盾纠纷的本领。聚焦外出务工人员多、发展活力不足等问题，村党支部建立青年农民、回乡大中专毕业生、复转军人、专业协会负责人、致富能手等入党积极分子培养链，激发村庄发展新动能。围绕营造和谐友爱、向上向善的村风民风，自2021年1月以来，坚持为65岁以上在家老人送生日蛋糕和祝福，帮助村里孤寡老人解决生活困难，为大学生奖学费、送路费等，凝聚了全村齐心干事创业的力量。

### （二）建主体，筹资金，激活发展动力

发挥党支部引领作用，成立禹州市沃盛种植专业合作社，采取村集体以管理服务、农田基础设施入股（占股20%），村民以资金或土地入股的方式，集聚资金资源发展，累计实现“土地入股”300余万元，65%的村民参与合作社，民主管理积极性、主动性明显增强。为筹措资金发展产业，村“两委”干部到北京、江苏、上海等地，面向在外创业的成功人士先后开展6场村情宣讲，说村庄变化、讲乡村振兴、话产业发展、表决心信心，吸引了300余名在外乡亲入股村集体经济，共募集发展资金680余万元。通过召开党支部委员会、村委会、党员代表会等方式，开展产业发展、振兴乡村、齐心协力、发家致富的思想动员，澄清“为啥做、谁来做、咋去做”等问题，调动群众参与发展村集体经济的热情，激发村集体经济发展活力。

禹州市沃盛种植专业合作社“美都”西瓜喜获丰收

## （三）选产业，定思路，壮大发展主力

村“两委”认真分析村庄优势、学习外地经验、研究市场走向、听取在外人士及群众意见，达成依靠土地资源，发展西瓜、辣椒等特色种植，推动农产品精深加工的共识。在村“两委”的带领下，西瓜、辣椒种植从无到有、从

柴庄村1300亩辣椒丰收

少到多迅速发展起来。到2024年，村内形成大棚、大田西瓜200亩，线椒、小米椒1300亩，小弓棚西瓜、辣椒混栽种植250亩的种植规模，每年生产西瓜140万斤，辣椒100万斤。通过培育发展特色产业，柴庄村形成了“跟着市场转、大家说了算、支部领着干、群众跟着赚”的良好发展局面。

## （四）引人才，集动能，汇聚发展合力

“回到家乡，不仅能一展所长，为家乡发展出力，也可以在农村这个大舞台上实现个人价值，我看好家乡的发展前景。”这是柴庄村党支部书记赵亚军回村任职的初衷，也是村“两委”对在外成功人士的号召。2021年以来，柴庄村以乡情为纽带，以合作社为平台，以合作共建为支撑，吸引10多名有意愿、懂技术、善经营、能营销的本村青年人才回乡创业，其中6名村民回村参与村合作社经营管理。回乡人员利用见识和资源，带领村民发展产业、服务群众、建设家园、助力振兴，在家门口实现既有“底子”、又有“里子”、更有“面子”的创业就业。

培养电商人才

## （五）严管理，增效益，添加发展助力

坚持党支部引领方向，借鉴工业模式管理农业产业，让内行人干内行事，促使合作社、项目经理人和农户实现优势互补、合作共赢，村集体经济不断壮大。2024年，村集体通过入股分红增收20余万元，股民分红40余万元。村集体种植西瓜、辣椒1500亩，总产值达到1150万元，其中大棚西瓜种植户每年实现经济收入2.72万元，带动本村和周边村民200多人就业；辣椒采摘季每天用工300人以上，村民就近就业收入达到200万元。12户无劳动能力的脱贫户，以土地入股方式成为合作社成员，户均增收4000元；8户有劳动能力的脱贫户，到合作社务工就业，人均增加劳务收入20000元。富了“里子”才能更好改善“面子”，柴庄村适时整治提升人居环境，一大批影响村庄形象的绿化亮化、垃圾污水和户厕卫生问题得到解决，村庄面貌焕然一新，群众生活更加和谐健康。

柴庄村温室大棚

## （六）强加工，做电商，拓展发展潜力

“卖原产品不如卖加工品，做种植业不如做销售业”。柴庄村依托千亩辣椒种植基地，投资建设辣椒烘干、剁椒及辣椒酱生产车间，集辣椒种植、收储、加工和销售于一体的辣椒产业链逐步形成规模。依托周边花生、油菜等

油料作物种植面积大的优势，投资40余万元，建成“秀美柴庄”油坊，预计每年可实现产值200万元、增加村集体收入6万元以上，提供就业岗位10个左右。依托回村电子商务人才，建立“秀美柴庄”电商直播基地，培养优秀主播和短视频剪辑人才8人，运营“秀美柴庄”等账号矩阵6个，累计粉丝量25万余人，累计直播场次360余场，引领包含“秀美柴庄”话题的视频累计播放量2000万余次。通过持续运营宣传，树立“秀美柴庄”品牌良好形象，累计销售辣椒及辣椒制品、西瓜、粉条等农产品达150余万元，柴庄村每年增加集体收入3万余元。

“秀美柴庄”电商直播基地

## 三、取得成效

柴庄村注重发挥“领头雁”作用，从创办村合作社、培育特色种植产业，到发展农副产品加工业，再到通过农村电子商务打响区域特色品牌，激发了乡村发展活力，也增强了村党支部的战斗力、号召力和影响力。2024年，全村通过发展西瓜、辣椒种植和加工、农村电商等产业，叫响了“秀美柴庄”产品品牌，实现村集体经济产值1300余万元，村民人均纯收入增加2000元，正向着宜居宜业和美乡村稳步迈进。

## 广东省茂名市高州市根子镇柏桥村

# 打好“四张牌”探索致富路 依托“小荔枝”发展“大产业”

### | 案例特点说明 |

柏桥村种植荔枝有着历史传承和文化底蕴，特色鲜明，优势明显，市场空间广阔，聚焦打好“四张牌”探索乡村产业致富路，引领村民走向共同富裕。聚力打好“品质牌”，探索产业链条升级之路。围绕荔枝特色产业，从品种选育、种植、加工等环节发力，推动全产业链条提质升级。聚力打好“市场牌”，探索农业价值提升之路。坚持市场导向，深化市场营销活动，推动实现产品增值、荔农增收。聚力打好“科技牌”，探索生产力转化提升之路。深化与科研院所平台合作，加强新技术应用，赋能荔枝产业高质量发展。聚力打好“文化牌”，探索乡村价值重塑之路。坚持文化赋能，以荔枝特色产业为主线，发展乡村旅游等新业态，推动实现乡村价值的重塑。

## 一、基本情况

柏桥村隶属广东省茂名市高州市根子镇，面积5.2平方公里，下辖18个自然村，地处荔枝种植黄金地带，有着2000多年的荔枝种植历史，荔枝种植面积达6800亩，占到村子耕种面积的87%以上。2023年4月11日，习近平总书记亲临茂名视察，指出柏桥村是荔枝之乡，荔枝种植有历史传承和文化底蕴，特色鲜明，优势明显，市场空间广阔，要进一步提高种植、保鲜、加工等技术，把荔枝特色产业和特色文化旅游发展得更好。柏桥村牢记习近平总书记的殷殷嘱托，按照广东“百千万工程”部署要求，围绕做好荔枝“土特产”文章，着力打好“四张牌”，把荔枝产业打造成为富民兴村的支柱产业。2024年村集体收入432.44万元，人均收入5.3万元，远超当地农村居民人均可支配收入。

茂名荔谷一片丰收景象

## 二、主要做法

### （一）聚力打好“品质牌”，探索产业链条升级之路

围绕荔枝特色产业，从品种选育、种植、加工等环节发力，推动全产业链条提质升级。一是选育优质品种。为破解荔枝“大小年”难题，增加荔农种植收益，柏桥村与高等院校合作，先后引进育成岭丰糯、冰荔等19个熟期合理、效益较高的优质品种，全村荔枝优质品种率由30%提高到70%。同时，村中还建成了国家荔枝种质资源圃，收录了全世界700多个荔枝品种，打造中国荔枝种业“强芯”。二是推广标准化种植。实施荔枝高标准生产基地建设项目，推动品种优质化、防控绿色化、水肥智能化、生产机械化、管理数字化的

高标准“五化”果园建设，荔枝生产管理效率提升了8～10倍，让荔枝产业从“靠天吃饭”的传统种植模式升级为“靠技术和管理吃饭”，辐射带动根子镇荔枝种植基地成为全国种植业“三品一标”基地。三是发展精深加工和新业态。柏桥村引导村民围绕荔枝产业延链强链补链，大力发展荔枝加工、电商直播、文创旅游等新业态。围绕荔枝产业，柏桥村建立了面积约10亩的农创园，孵化出了国家级农民专业合作社1家、省级农业龙头企业1家，年发快递费超1000万元的企业（合作社）2家、超100万元的企业（合作社）8家，柏桥荔枝合作社中有10多名成员月收入超过10万元。

柏桥村荔红时节荔农脸上洋溢着笑容

## （二）聚力打好“市场牌”，探索农业价值提升之路

坚持市场导向，深化市场营销活动，创新“荔枝定制”活动，推动实现产品增值、荔农增收。一是加大营销宣传。组织开展赏荔枝花叹蜜游、创作《520我爱荔》歌曲、举办嘉年华活动、荔枝采购商大会等荔枝营销推广活动，持续擦亮“柏桥荔枝”品牌。在品牌加持下，柏桥村荔枝收购价每斤达9～13元，是周边地区的2倍。二是推动全民电商。组织村民参加“十万电商卖荔

枝”“茂名荔枝网上行”活动，开展电商直播培训，培育荔枝直播达人，建立“荔农—电商—消费者”或“荔农（电商）—消费者”的销售通道。2024年，柏桥村荔枝鲜果电商销售量占总产量的60%以上，电商收购价比普通线下收购价高30%。三是深化荔枝定制。创新消费场景，推出荔枝定制模式，建立“荔农—消费者”直供链条，荔枝销售从“论箱、论盒卖”转变到“论粒、论棵、论片定制”，从“卖产品”转变到“卖品质”。2024年，柏桥村定制荔枝树占比超四成，定制价格比收购价格高出一倍以上，带动村集体、农户增收820多万元。

### （三）聚力打好“科技牌”，探索生产力转化提升之路

深化与科研院所平台合作，重点围绕保鲜、加工等荔枝产业薄弱环节，开展联合科研攻关，加强新技术应用，赋能荔枝产业高质量发展。一是开展保鲜技术攻关。创新冷链物流技术体系，在广东省率先建设集智能分拣、数据发布、新技术示范推广、仓储保鲜等10个功能于一体的“田头小站”，建立完善从“田间”到“舌尖”的荔枝冷链物流体系，推动实现荔枝鲜果田头预冷，有效延长2 ~ 4倍储藏时限。同时，引导辖区企业与省级以上科研单位开展荔枝

柏桥村拴马树公园

保鲜技术攻关、合作，使荔枝全程冷储20天后仍能达到99.8%的好果率。二是研发荔枝精深加工产品。引导荔枝加工企业（合作社）深化产学研合作，挖掘荔枝的多种功能，丰富"荔枝+N"产品体系，研发出荔枝酒、荔枝汁、荔枝气泡水、荔枝燕窝、荔枝花胶等18款荔枝深加工及预制菜产品，让荔农更多分享到了荔枝加工品的增值收益。

### （四）聚力打好"文化牌"，探索乡村价值重塑之路

坚持文化赋能，以荔枝特色产业为主线，激活古荔枝树、特色民居、乡村景观、民俗美食等"微动力源"，发展乡村旅游、休闲农业、亲子研学等新业态。一是强化古树保护。对古贡园内180棵树龄百年以上的古荔树，进行建档立卡、挂牌保护，制定"一树一策""一古树一守护人"保护方案，组织专家组对古树进行定期体检，守住荔枝文化的根脉。柏桥荔枝古贡园被列入第七批茂名市文物保护单位。二是讲好荔枝故事。深入挖掘荔枝的文化内涵，对古荔枝树进行独立命名，为每一棵荔枝古树编写故事，赋予荔枝文化价值。创新设立柏桥讲堂，依托根子镇荔枝种植园、柏桥农创园、中国荔枝博览馆等资源，打造集理论宣讲、现场体验、互动交流于一体的移动思政讲堂。三是推动农文旅融合发展。柏桥村以"荔"为媒，借助高州市打造"甜美果海"乡村振兴示范带的机会，结合国家级、省级荔枝现代农业产业园项目建设，打造中国荔乡文化旅游区，促进农文旅融合发展，打破了荔枝产业淡旺季的限制，春季赏花叹蜜，夏季品果采摘，秋冬游学研行，实现了村庄自我造血、持续发展功能。柏桥村成为全国乡村旅游精品线路、中国美丽乡村休闲行精品线路上的重要节点村，中国荔乡文化旅游区获评国家AAAA级旅游景区，年吸引游客200多万人次。

# 广西壮族自治区柳州市柳南区

## “小米粉”成就“大产业”

### | 案例特点说明 |

柳南区是柳州螺蛳粉和预包装螺蛳粉产业的发源地，通过政策引导、产业延伸、科技服务、路径创新实现“四个到位”，切实夯实产业发展基础、提升加工水平、拓展文旅业态，不断加强联农带农利益联结，持续深化科技支撑水平，建成产业链最长、链条最完整、效益链最强的螺蛳粉产业带，推动产业项目“联农带农”为一产提量、加工产品“助农帮农”为二产提质、产业旅游“强农富农”为三产提效。柳州螺蛳粉从“小米粉”发展成为“大产业”，柳南区被认定为国家级现代农业产业园和国家级农村产业融合发展示范园，螺蛳粉小镇获评为国家AAAA级旅游景区。

## 一、基本情况

广西壮族自治区柳州市柳南区以深化供给侧结构性改革为重点，以“一区一镇多基地”为总体格局，坚持以工业化理念、产业链思维谋划螺蛳粉产业发展，推进500亩的螺蛳粉生产集聚区建设，打造了7个市级螺蛳粉原材料生产基地，创建了螺蛳粉特色小镇并获评为国家AAAA级旅游景区，形成了绿色种养、农产品加工、农业生态休闲观光、工业旅游等融合一体的全产业链业态。2024年，柳南区农村居民人均可支配收入达32735元，其中脱贫人口930户3009人，所有村集体年收入稳定达到10万元以上。全区产业覆盖率达到

95.9%，6个脱贫村新型经营主体带动率30%以上。

螺蛳粉小镇点亮农民新生活

## 二、主要做法

### （一）政策引导到位

制定《推进螺蛳粉产业做大做强若干政策措施》等十多项政策，设立螺蛳粉产业发展专项资金，支持市场主体发展螺蛳粉及其延伸产业。扶持培育宏华、实隆等龙头企业，带动稻螺、木耳等螺蛳粉原材料发展。出台《柳南区全域旅游发展规划》，做好“旅游+”文章，依托螺蛳粉特色，开展螺蛳粉特色文化休闲游活动，重点培育农业+旅游、工业+旅游、文化+旅游、体育+旅游、康养+旅游5大特色融合产业，吸引京东、融创等企业参与建设。

### （二）产业延伸到位

结合工业优势，以“一区一镇多基地”为总体格局，深化一产“接二连三”工程，二产向一产、三产延伸，三产向一产、二产渗透的三产深度融合。通过建园区、聚集群、补链条，做强螺蛳粉原材料种植养殖、加工和生产等环节，不断拓展小镇文化内涵，在螺蛳粉生产龙头企业发展螺蛳粉工业旅游。利用小镇AAAA级旅游景区的特色优势，常态化开展螺蛳粉小镇文化节，积极推进农耕体验、休闲观光、主题旅游等城郊型都市旅游，擦亮小镇金色名片。实现从螺蛳粉原材料种养业，到米粉、酸笋等螺蛳粉原材料深加工及预包装螺蛳粉生产，延伸至物流配送、餐饮、农业生态休闲观光、工业旅游等全产业链融合发展。

栈道湿地公园扮靓农村人居环境

## （三）科技服务到位

探索实施螺蛳粉上下游产业信息化改造，投放农业生产土壤水质水位监测、酸笋腌制过程监测、袋装生产线实时检测扫码设备，研发以大数据手段解决产业链中供给效能、过程管控、监管溯源等实际问题的技术模型，真正实现“小米粉”到“大产业”蜕变。依靠技术创新、智能设备应用，引进专业龙头企业建立现代种植养殖模式；建设综合检测中心服务平台，健全螺蛳粉“从地头到餐桌”全程质量管控，以品质创品牌。积极拓展螺蛳粉产业信息化资源，推动柳州螺蛳粉品牌认证体系、质量监管体系以及产业标准化体系建设。建设螺蛳粉小镇智慧大脑数据中心，推动小镇30家企业全部入驻阿里巴巴柳州产业带，线上年销量最高突破31亿元，实现“爆发式”增长。

### （四）路径创新到位

坚持以工业化理念、产业链思维谋划螺蛳粉产业发展，大力推进500亩螺蛳粉生产集聚区建设，夯实螺蛳粉产业发展基础。创新“股份分红”模式、“合作社+农户+订单”模式、“合作社+帮扶车间+脱贫户”模式、“公司+基地+农户”利益联结模式，以“订单农业”、集体生产设施租赁、帮扶资金入股等多种形式，开展随行就市、保底保量收购，让农户在螺蛳粉产业供应链、加工链中充分受益，形成龙头集聚、联动发展新格局，实现产业融合发展成果共建共享。实施“增减挂钩+土地整治”模式，将城镇建设地块有偿供地所得收益返还农村，缓解建设用地供需矛盾，有效解决“城镇缺地、农村缺钱”难题，统筹新型城镇化和乡村全面振兴协同发展。螺蛳粉小镇山湾村等7个村开展全域土地综合整治试点工作，总投资12.8亿元，实施规模达5722公顷。

## 三、取得成效

### （一）产业项目“联农带农”实现一产提量

以国家现代农业产业园为依托，推进螺蛳粉原材料产业发展，全区建成

带动农民发展竹笋种植产业

包括竹笋、优质稻等市级螺蛳粉原材料生产基地7个，培育国家级农业龙头企业2家，省级农业龙头企业5家，建成广西最大的麻竹种苗繁育基地，成为柳州市品种最多、面积最大的螺蛳粉原材料生产区。禽（鸭）产业打造成为柳州螺蛳粉“最齐全”特色产业链，禽（鸭）产量位居华南第一，体量位居全国第三；螺蛳粉原材料生产带动脱贫户600户，人均年增收3300元以上，占全区建档立卡户60%以上。

## （二）加工产品“助农帮农”实现二产提质

按照产业化、标准化发展模式，螺蛳粉生产集聚区不断壮大，荣获“广西轻工园”称号，入驻园区的螺蛳粉企业增至42家，预包装螺蛳粉日产量最高达250万袋。预包装螺蛳粉自有品牌达133个，远销全球28个国家和地区，线上销量突破31亿元，一碗走向海外、惠民增收的小小螺蛳粉，折射出中国波澜壮阔的减贫图景。疫情期间，柳南区螺蛳粉企业带动建档立卡户或农村剩余劳动力进入螺蛳粉生产企业工作，解决就业人口3000多人。各类螺蛳粉原材料生产和加工基地吸纳脱贫劳动力就业超150人，占全区外出务工脱贫人口的10%以上。

螺蛳粉生产集聚区不断壮大

## （三）产业旅游“强农富农”实现三产提效

打造螺蛳粉小镇滑翔伞基地体验、螺蛳粉非遗文化体验、螺蛳粉小镇农耕文化采摘体验、螺蛳粉生产工业化体验、螺蛳粉文化研学旅游精品路线，让农户享受到第三产业带来的可观经济效益。2024年竹海公园接待游客约7万人次，实现旅游消费收入600多万元。百乐村以租赁土地使用权给滑翔伞飞行营地的形式，每年带来5万元村集体经济收入，提供20多个村民就业岗位，实现村集体土地租金收益分红、企业盈利、村民家门口就业多赢局面。通过实施农村增减挂钩新村项目建设、太阳河流域环境整治、污水治理等项目，不断打造“河畅水清岸绿景美”农村环境，建设农村新居700套，3000名村民住进新房子、享受新美景、过上新生活。

飞行营地拓展乡村旅游业态促农增收

## 重庆市巴南区姜家镇蔡家寺村

# “黑”色农特产业走出乡村致富新路

**| 案例特点说明 |**

蔡家寺村积极探索集体经济发展新路，立足山地农业自然条件，聚焦“黑五谷”“黑五牧”等“黑”色农特产业，强化科技与人才支撑建设，筑牢发展基础；推动农产品精深加工，合作研发加工新品，推动农产品变商品，不断延长“黑”产业链条；创建“食黑姜家”区域品牌，融合乡村旅游线上线下开发市场，拓宽产品销路，实现“黑”色农特产业发展壮大，集体经济增值增效，助推农户稳定增收致富。

## 一、基本情况

重庆市巴南区姜家镇蔡家寺村域面积9.79平方公里，共968户2312人。近年来，蔡家寺村积极发展集体经济，因地制宜发展“黑五谷”“黑五牧”等“黑”色农特产业，多措并举延长产业链条，增强“造血”功能，让村级集体经济“破茧成蝶”。2024年，村属合作社实现销售收入350万元，村集体经济经营性收入102万元，村民年人均可支配收入达2.8万元。

## 二、主要做法

### （一）培“根”植“基”，让“黑”产业基础越打越实

一是立足自身实际，发展专业化种养。山区环境的复杂特殊性和较差的耕地资源本底，决定了蔡家寺村只能走现代山地特色高效农业发展之路。村“两委”结合当地历史种养习俗以及自然资源条件，确立了以“黑五谷”和“黑五牧”为代表的特色农业发展思路。对全村2500亩耕地实施高标准农田整治，提高机械化率，制定品种、农资、管护、加工、包装“五统一”标准，建设年出栏1.5万头的标准化熟食喂养祖代黑猪养殖场，推动“黑”种植养殖现代化、规模化、标准化，一产种养基础不断得到夯实。二是加强技术支撑，实现智慧化赋能。在市、区农业农村委的指导下，建成标准化育苗基地、新品种植中心等3个示范项目，不断优化改善产品品种。村党委积极与中化集团四川分公司、重庆市农业科学院、市农安中心、三峡农业科学院建立党建结对共建关系，强化“黑”产业选种育种、标准化种植、智慧化服务等技术服务体系。依托共建资源，实现机播、水肥一体化作业模式提升种植水平，运用节水

蔡家寺村“黑”色产业示范园

灌溉、测土配方、生物防治等引领绿色生态转型，同时积极推进企业绿色产品认证工作，现已通过黑米、黑糯玉米、紫薯3个产品的绿色食品认证。三是强化人才建设，培育素质化人才。成立“黑黑黑”农业专业合作社，利用现代农业的生产经营系统，建成重庆市市级农民田间学校1个。摸底全村剩余劳动力、在外务工人员形成乡村振兴人才资源库，每年培训新型高素质农民300余人次，切实提升种植养殖技术和经营管理能力，打造出一支符合本村特色农业高质量发展要求的产业工人队伍，培育专业农机手8人、种养大户2个。同时，针对在外务工青年人才，量身定制“新农人”孵化计划，培育懂电商、懂运营的优质“新农人”20名。村里已搭建起“平台+合作社+工人队伍”的现代农业产业工人体系，正加快实现农村人力资源向人才资源的转变。

### （二）融“产”增“业”，让“黑”产业链条越延越长

一是深化特色产业加工，提升附加值。拓展农产品初加工，建成占地1200平方米的黑玉米初加工基地、占地800平方米的仓储中转中心和占地200平方米黑谷物烘干场地1个，实现了产品的冷藏冷冻、液氮保鲜存储、烘干等初加工功能，延长了产品保鲜期。深化精深加工思路，投资120万元建成糯又

姜家“黑”食荟萃

香肉制品加工厂，投用黑猪肉腊肉制品、谷物肉肠产品2条生产线；投资90万元推动黑米加工厂迭代升级；投资50万元建成熟食黑玉米加工厂，促使初加工向精深加工延伸转变。二是深耕农特产品研发，丰富产品品类。与重庆市农业科学院加工所、三峡农业科学院等科研单位以及食品企业合作，研发出黑糯玉米汤圆、紫薯干、黑米酒、黑米酥、黑玉米面等“黑”系列商品10余种。同时加大生产工艺的改进，与中国农业大学合作开展畜禽粪污的循环利用试点，推进加工副产物的再利用；与重庆市农业科学院联合开发玉米棒芯和秸秆再加工项目，从源头上治理了环境污染，延长了种植养殖业的产业链。三是寻求与外地企业合作，打破发展限制。为挖掘产业潜力，突破新建加工厂成本高、选址难等问题限制，以“异地生产模式”联动一产二产深度融合。通过前往江津、铜梁等地的加工企业考察调研，落实代加工协议5份，实现黑米酥、紫薯干、黑糯玉米汤圆的代加工，切实减少了建设和生产成本，加快“黑”产业从“产品”到“商品”的转变。

## （三）强“营”促“销”，让“黑”产业销路越拓越宽

一是打造特色化品牌，唱响知名度。创建“食黑姜家”区域公共品牌，

姜家镇孵化“新农人”直播带货

完成品牌矩阵及产品包装、视觉等配套设计，不断健全产业需要的商标体系和知识产权权属。同时，以黑五牧+黑五谷为食材，食黑健康为烹饪理念，创立了“姜家食黑宴”主题餐饮品牌，持续扩大“食黑姜家”品牌影响力，现已落地合作餐厅3家。二是织密线上线下网络，开发新市场。探索构建“黑”产品线上销售矩阵，在抖音、快团团、微信等平台开通电商账号，组织直播带货100余次，并常态发布短视频带货，推动“黑鸡”等生鲜产品线上销售突破30万元。打造“嘿巴实”市集线下品牌推广活动，建成实体销售体验店3家，开展线下品牌推广活动60余场，覆盖全区各类小区和重要商圈，完成销售额72万元。三是探索农商文旅体融合发展，走好融合路。实施“农业+”项目，积极探索农商文旅体融合发展。创编《嘿，姜小龙》漫画作品，打造“十黑侠”卡通人物形象，建设“姜家嘿酷”创意馆，开发玩偶、背包等文创产品。确立“黑黑产业，酷酷姜家”区域休闲旅游形象定位，定期举办“食黑姜家”欢乐跑，以体育活动为载体，辐射周边20余个乡镇，1000余名居民参与黑产业体验式旅游消费，加快推动田园变公园、农房变客房、劳作变体验。

“黑”特农产品宣传推介

## 三、取得成效

### （一）党组织凝聚力显著增强

村“两委”班子积极探索产业发展新模式，着力发展村级集体经济，闯出一条切合本村实际，以“黑”特农产品为主的特色农业全产业链发展路子。村集体经济不断发展壮大，村“两委”从“无钱办事”到“有钱办事”，基层党组织服务能力、凝聚力不断增强。

### （二）产业发展质效显著增强

通过积极探索集体经济发展新路，推动“黑”特农业产品种植标准化、养殖系统化、生态化，“黑”特农产品在全市知名度大幅提升，“食黑姜家”品牌影响力持续提升，逐步建成了从田间到餐桌的“黑”特农业产业全产业链，降低了成本、提升了品质、增强了质效。

### （三）群众致富能力显著增强

2024年，村集体分红13万余元。统分结合的集约化经营与“三产”融合发展带动当地农民就近就业，群众务工收入大幅提升。2024年，务工群众人均收入超过6000元，村民通过养殖黑鸡黑猪等户均增收超过8000元。

## 四川省成都市崇州市白头镇五星村

# 兴业强村焕生机　共同富裕添活力

### 丨案例特点说明丨

近年来，五星村抓住兴业强村富民不放松，改造升级传统粮油产业，统筹推进新村建设，依托大田景观、生态湿地、美丽新村等资源本底，大力发展民宿、培训、研学等新产业新业态。在产业发展上推广了“农业共营制”发展模式，在乡村建设上探索了“小组微生”建设模式，在民宿发展上创新了“五统一分”运行模式，带动引领村民持续稳增收，同时，也吸引了一批艺术文创、农业科研、特色餐饮项目成功落户五星村，外来社会投资超过2亿元。2024年村民人均可支配收入达到4.8万余元。

五星村位于四川省成都市崇州市白头镇，面积3.6平方公里，辖村民小组16个，农户878户3066人，曾因交通不便、产业结构单一、居住环境差、村民收入低，被列为成都市相对贫困村。近10年来，五星村抓住兴业强村富民不放松，实现了从贫困村到示范村的华丽蝶变，2024年村民人均可支配收入达到4.8万余元。如今的五星村，现代种植养殖业和文旅产业共存共生，村民生产生活和自然生态和谐共处，被评为全国最美休闲乡村、全国乡村旅游重点村、四川省乡村振兴示范村。

## 一、做强传统产业，让农业旺起来

五星村地处成都平原粮食主产区的核心区，过去一家一户的粮油种植效益低，抛荒田、应付田比比皆是，近年来五星村从规模、科技、品牌着手改造提升传统粮油产业，让粮油种植也能赚大钱。

一是规模强农。引导农户以承包地经营权入股成立五星土地股份合作社，通过整合土地整理、农田水利等项目资金实施高标准农田建设，全村1500亩分散、细碎的承包地实现了相对集中连片。聘请种田能手作职业经理人开展规模经营，以“土地股份合作社+农业职业经理人+农业综合服务”三位一体的“农业共营制”开展规模种粮。同时，采取“财政资金+成员入股”模式，配套建设育秧中心、烘储中心、加工中心，实现粮油规模化、专业化生产。

五星村高标准农田

二是科技强农。引进四川农业大学博士团队、蜀州水稻研究所等科研力量，先后培育野香优莉丝、稳糖米、宜香优2115等优质品种。集成推广稻田有机培肥、机械化插秧、无人机精准作业等技术，实现从育秧、播种、田间管理到收获全程高效生产。大力推广特色粮油、综合种养等模式，建成千亩稳糖型功能大米生产基地，实现亩均增收4182元；建成稻田综合种养基地950亩，亩均增收3150元。

三是品牌强农。培育“白头五星”稻鱼生态米、黄菜油、“天健君”功能大米等农产品品牌，开发了一批别致温馨的农产品伴手礼，产品售价比普通大米、菜油高出80%。建成“五星电商”平台，实现农产品线上线下同步销售，年销售额达560万元。

## 二、改造传统村落，让乡村美起来

过去的五星村道路破烂、七弯八绕，房屋破旧、林盘散乱，修路修房是广大村民的迫切愿望，五星村顺势而为，组织村民开展乡村建设。

五星村鸟瞰

一是建设美丽村庄。坚持以党建为引领，党支部、党员带头，在民主决策的基础上实施全域土地整理。坚持“先策划后规划，不设计不建设”，运用城乡建设用地增减挂钩政策，引导全村306户农户以464亩集体建设用地使用权折资入股组建星达土地股份合作社，撬动上级项目资金、群众筹资、社会投资共计1.7亿元，着眼于“景农一体村庄、产村相融单元”的规划定位，分步建成3个组团、16.9万平方米的新型社区，集中居住农户751户2915人，全村集中居住率达95%。

二是畅通乡村道路。五星村虽与崇州城区直线距离3公里，但受桤木河阻隔，绕行距离超过15公里。通过实施交通民生项目，建成直连崇州城区的崇王路、永康西路延伸段以及直连隆兴场镇的稻乡环线，解决了困扰多年的交通难题。

三是优化人居环境。整合河道整治、黑臭水体治理、土地整理等资金开展乡村环境整治，采取“公共标准+空间经营+区域共享”模式，引进本土企业建设沿河绿道，把昔日的臭水沟变成了优美的湿地公园。打造集中连片的大田景观，实现稻田变湿地、田园变公园、新村变景区。

## 三、推动产村融合，让农民富起来

新村建起来，菜花开起来，农村美了，游客多了，为了把人气变为财气，五星村因地制宜大力发展农旅融合产业。

一是发展民宿带动。依托大田景观、生态湿地、美丽新村等资源本底，五星村于2016年开始发展民宿产业。在充分征求村民意见的基础上，村上梳理构建了“三个三分之一”民宿设计标准，建立了“四有三专”民宿导则，对全村民宿设计、建设进行整体管控，让民宿保留乡村特色、乡土气息、乡愁记忆。村集体经济组织成立新村旅游合作社，采取“统一资源资产、统一规划策划、统一客源共享、统一招商引资、统一服务标准，分户开展经营”的“五统

天府国际慢城节会活动在五星村举办

一分”运营模式，既保障了民宿服务品质，又杜绝了无序竞争。

二是吸引投资拉动。引进四川发展集团实施天府国际慢城项目，实行全域“整体规划、分步开发”，建设体现“天府味、国际范、慢生活”核心理念的田园项目，吸引一批艺术文创、农业科研、特色餐饮项目成功落户五星村，虫子咖啡、熊猫邮局、520蜜蜂馆等陆续建成投运，外来社会投资超过2亿元。

三是培训产业推动。整合乡村振兴、党建教育等资源，与周边名村联合建成全省第一所“没有围墙的培训学院”——崇州市农村党建教育学院，选聘四川大学、西南财经大学等院校知名教授和乡村一线专家任教，近3年来，承接培训全国各地干部群众达5万余人次，带来常年稳定的消费群体。2024年底，全村乡村旅游经营主体149家，户均增收近万元。

## 云南省昆明市晋宁区晋城街道福安村

# 都市驱动乡村振兴　福安村的幸福蝶变

### | 案例特点说明 |

2019年以来，福安村通过微改造、精提升，盘活闲置资源形成“新资产”，引入乡村发展“新业态”，培育本土经营性“新人才”，发展壮大集体“新经济”，带动村民成为乡村建设的“新主人”，孵化村集体、农民、第三方融合的“新经营机制”，实现了村集体和村民的“双增收”。形成了“机制先行、运营前置、农民主体、CEO助力”等行之有效的经验，有效推动了村庄建设美、乡村治理好、产业发展强，于2021年10月入选第二批全国乡村治理示范村。

## 一、基本情况

福安村隶属晋宁区晋城街道，位于滇池东南岸，坐南望北，依山而建。村域面积1.23平方公里，耕地1350亩，林地40.50亩，现有农户653户，总人口1818人。村党总支下设3个党支部，共有党员78名。村内农户经济收入主要依靠种植蔬菜和花卉。云南省昆明市晋宁区福安村于2013年被列入“中国传统村落”名录，传统建筑保存较好，有花灯、刺绣、剪纸、舞龙等富有地方特色的非物质文化遗产。2019年底，福安村作为传统村落入选昆明市人民政府与中国农业大学协议共建的“都市驱动型乡村振兴创新实验区”，在政校合作共建下，在乡村特色文化传承保护方面，闲置农房处置盘活，产业增值收益留村，涉农资金统筹整合，村政服务与乡村善治，农民为主体的组织动员，新农人、新村民培育等方面进行实验探索，逐步形成以“福安六坊”品牌为核心的村庄新业态，壮大集体经济，拓宽了村民增收渠道，逐步成为生产生态生活文化相融合的乡村综合体。村集体经济收入从2019年的84万元增长到2024年的280万元，5年间收入增长了2.3倍。

晋宁区福安村鸟瞰图

## 二、主要做法及成效

福安村集体经济由“弱”变“强”，5年间快速蝶变，密码在于找到了“金钥匙”，探索了从“政府主导”到“政府引导”，再到“村民主体”的发展通道，其中蕴含六个实招。

### （一）下好“先手棋”，盘活闲置资源资产

长期以来，福安村大量的土地、公房、古民居等农村资源被闲置，难以形成规模优势，出现土地分散不长钱、房屋空置不值钱等困境。都市驱动型乡村振兴创新实验村建设以来，福安村依托已成立的昆明古村六坊文化旅游有限公司，以福安村委会为股东，以股份经济合作社为基础，大力盘活宅基地、农房和土地等闲置资产，建立农村产权流转服务站和网络招租平台，通过网络竞拍和招租方式，提高流转效率和市场化水平，保证收益最大化。5年来共盘活村集体公房2栋，流转村民古民居12栋，流转盘活土地28.77亩，先后开办农

家乐7家、咖啡吧+书吧1家、民宿2家，建设高标准大棚示范基地1个。

保留完整的滇中“一颗印”传统民居，修缮后用于茶室经营

## （二）牵好“牛鼻子”，探索集体投资兴办企业

村集体经济发展壮大的强劲助力是村集体公司化运营。福安村成立昆明古村六坊文化旅游有限公司，负责村庄资源整合、要素聚集和市场化运营，自成立至今，通过古民居、闲置公房、游客服务中心出租，花卉基地绿植花卉销售，公司餐饮预订提成，住宿收入和讲解接待等，已产生200余万元收益。实践证明，在村集体的主导下，投资兴办公司制企业，盘活资源资产，优化要素配置，推动了村集体要素集成、产业集中、经营集约、收益集聚。

## （三）找好“操盘手”，培育乡村经营人才

乡村发展，人才是关键，其中最为关键的是懂技术、懂经营、懂管理的

乡村经营型人才。实验村建设以来，福安村建立新型农村经理人培育机制，以昆明古村六坊文化旅游有限公司为平台，招引2名本土大学生担任乡村CEO，发挥其一头连村民、一头接市场的作用，通过整合资源、市场化运作的方式，推动福安村业态培育、市场开拓、活动策划、IP打造、宣传推介等工作，逐渐形成以“古滇新韵、福安古村”为品牌的村庄特色，乡村旅游、民宿、餐饮、农家乐、特色种植等业态逐渐丰富，2024年仅村集体公司经营性收入就达52万元，比2021年增长了10.3倍。

福安村专家工作站

## （四）抓好“加速器”，加快业态培育

村集体经济发展归根结底是产业的发展，只有产业兴旺才能村强民富。福安村立足实际，丰富村庄业态，实现了以“输血”式发展变“造血”式提升。首先是“拳头产品”打得响。以“六古六坊”建设为重点，保护好“滇中一颗印”传统民居，打造具有福安特色的“福文化”，通过增植补绿、景观打造、壁画彩绘等方式增加村庄的自然气息、乡土气息和文化气息，福安古村的IP远近闻名，成为引流爆点。其次是“支撑业态”配置多。“拳头产品”是

引流点，“支撑业态”是倍增器，相互形成聚集效应。福安村围绕吃、住、行、娱、购、游延长产业链，配置了餐饮、民宿、农家乐、特色种植等业态，通过招商引资、主体孵化、产业配套等方式吸引各类主体到村布局，补齐产业链条。最后是“新兴产业”挖得深。拳头产品、支撑业态确保村庄发展“立得住、站得稳”，“新兴产业”确保村庄“活得好、可持续”。福安村瞄准目标群体，结合时节时令推出新景观、新活动、新项目，通过开展祈福节、特色集市、品福宴、文艺演出、非遗购物节等活动，吸引游客到村游玩，打造一年四季都“有玩、有吃、有看”的新业态，推动产业迭代升级。

福安村花巷

## （五）放好“催化剂”，以村民受益为核心

发展壮大村级集体经济，最终目标是共同富裕，只有让村民得实惠、增收益，才能激发乡村发展活力。福安村坚持“以农民为受益主体”的理念，在做大“蛋糕”的基础上又分好“蛋糕”，动员广大村民以“主人翁”身份参与乡村发展，大家一起闯、一起干，通过“以修带租、资产入股、返利分红”等多种形式与农户建立利益联结机制，集体公司自主经营产生的收益、收取的管

理服务费及部分固定资产出租所得租金，40%用于发展村内公益事业，60%用于村民分红，2024年村民分红200元/人，以联农带农机制实现村集体、村民双增收，让群众最大限度共享集体经济发展成果。

福安村民俗活动

## （六）选好“火车头”，坚强战斗堡垒

发展壮大村集体经济，在于有一个坚强有力的党组织和一支党性强、敢担当、善作为的“领头雁”队伍，一方面，县乡党委让能干事的人担当引领村级发展重任；另一方面，广大村党组织书记也开动脑筋、深度谋划，当好火车头。为推动福安村引领提升，加快村集体经济发展，昆明市、晋宁区制定工作方案，成立工作领导小组，市、县、乡、村均成立工作专班，由党委、政府部门分管领导牵头，下派驻村工作队，专班推动实验村建设。通过“月报告，季推进，半年总结”督导制度，层层压实责任，扣紧责任链条，全力以赴推动福安村建设和村集体经济发展。

## 西藏自治区山南市浪卡子县

# 坚持党建引领<br>打造高海拔多元化村集体经济发展新模式

### | 案例特点说明 |

近年来，浪卡子县坚持高位推动，压实责任，把发展壮大村级集体经济作为提升村级组织政治功能和组织功能的重要载体，立足乡村发展实际，发挥党建引领作用，创新村级集体经济发展模式，将发展壮大村级集体经济作为撬动乡村振兴的“硬杠杆”，深挖本土资源，推动优势转化和产业转接，积极探索“七个一批”举措，走准走实村集体“多元增收”新路径，多措并举实现全县村集体经济逆势而上、百花齐放。2022年，作为山南市村居体量最大的高寒县，浪卡子县在山南市率先消除了集体经济薄弱村。

## 一、基本情况

浪卡子县地处喜马拉雅山脉中端北麓，与不丹王国接壤，是以牧为主、以农为辅的边境高寒县，平均海拔4500米，辖2个镇8个乡，共95个村（社区），县境内水系分布广泛，湖泊主要有羊卓雍措、空母措、沉措和普姆雍措等，其中以羊卓雍措最负盛名。该县是山南市海拔最高的县，也是西藏自治区的边境县之一。近年来，浪卡子县坚持高位推动，压实责任，把发展壮大村集体经济作为提升村级组织政治功能和组织功能的重要载体，立足乡村发展实际，发挥党建引领作用，创新村级集体经济发展模式，不断提升农村集体经济规模和效益，走出了一条“依托村集体经济增收致富”的新路子。

## 二、主要做法及成效

### （一）抱团发展一批

对于集体经济发展薄弱，地理位置不佳，资源禀赋较差，收入来源单一，经济总量小的村，依托羊卓雍措湖旅游资源，采取“村村联合、抱团发展、共享资源”发展模式，整合各类资金，统一规划、建设、经营、管理，建立利益联结机制，抱团做大做强旅游项目，提高资源利用率，推动优势互补、共同发展，实现变“单打独斗”为“抱团发展”，带动了8个村集体经济发展。普玛江塘乡6个村利用边境产业项目在旅游资源较好的白地乡白地村、叶色村投资2500万元建设边贸服务点、羊卓雍措湖观景台、宾馆等，为村级集体经济创收27.1万元。

### （二）资产盘活发展一批

坚持“资产不流失、资源不浪费”的原则，立足房屋、机械等各类闲置资产资源，通过改造、出租、承包等方式，开发利用、物尽其用，让资源变资产、资产变收益，将低效利用的“闲资产”转化为经济增长的“新动能”，不断增加村集体经济收入，先后改造并出租旧村级组织活动场所101个、出租机械设备93台、承包场地93块，带动了52个村集体经济发展；浪卡子镇浪卡子社区出租旧村级组织活动场所，年收入达12.38万元；打隆镇相达社区出租脱粒机、耕田拖拉机年收入达8.4万元，白地乡曲色村出租场地建设星空帐篷年收入达7万元。

### （三）旅游带动发展一批

坚持瞄准旅游市场，依托旅游资源、绿色资源、人文地理资源等优势，做足山水文章，积极探索旅游休闲、观光、居住、展销等“旅游+”发展模式，打生态牌、唱文化戏、吃旅游饭，成功走出一条“乡村旅游+集体经济发展”的新路子，有效拓宽村集体经济收入来源渠道。白地乡扎玛龙村突出党建引领旅游发展，大力开发羊湖2号观景台，成立清洁公司，出租滑翔场地，年收入达50万元；打隆镇推瓦村依托普姆雍措旅游景点优势，投入800万元建设5070湖景酒店，带动集体经济收入40万元；浪卡子镇道布龙社区充分利用自身优势，立足高起点、高标准、精品化发展定位，积极打造第一家高原田园民宿，集体经济收入实现新突破。

### （四）合作社领办发展一批

火车跑得快，全靠车头带，坚持党建引领，强基固本，用好用足党的惠民政策，鼓励支持村集体创办专业合作社，激发村级集体经济发展动力，通过采取“党支部+合作社+群众”模式，有效破解村集体经济发展单一局限，着力构建以党建为统领的组织带动、多元发展的新路子，促进村级集体经济在转型升级中发展壮大，持续带动34个村级集体经济发展。多却乡吉古扎村以“党支部+村集体+公司+脱贫户”模式运营饲料加工厂年收入60万元；打隆镇林西社区养殖合作社年收入73万元；卡龙乡巴结村成立农畜产品加工合作社，年收入达25万元。

### （五）土地流转发展一批

充分发挥土地资源优势，探索将土地流转作为激活村集体经济发展的

浪卡子县翁果村“菜篮子”种植基地

“先手棋”，通过优化土地资源配置，引导群众流转土地，大力发展“菜篮子”、光伏基地等经营型集体经济，切实提高土地利用效率，解决土地撂荒、土地效益低等问题，为发展壮大村集体经济积蓄赋能，实现土地流转分红、合作经营助增收、富余劳力再增值等方式，让群众分享土地增值收益、产业发展红利，带动农村增收致富。浪卡子镇翁果村、柯来村、果林村等依托资源优势，找准土地优势，流转土地3400余亩，用于“菜篮子”工程、光伏基地、人工种草基地建设，年收入达81万元。

浪卡子县翁果村“菜篮子”种植基地

## （六）特色产业发展一批

充分发挥生态资源优势，立足“四塘两原（园）两基地”发展目标，在生态特色养殖上做足文章，全力推进高山畜牧业发展区创建工作，采取“村集体+基地”的发展模式，因地制宜大力培育和发展绵羊、牦牛、藏鸡、藏香猪、蜂蜜等养殖项目，多产业壮大村级集体经济。伦布雪乡苏格村充分发挥苏格绵羊国家地理标志、全国畜禽十大优异种质资源优势，辐射带动周边村养殖，推广“1+N”模式，年收入达53.6万元；打隆镇相达社区积极推进相达牦牛国家地理标志认证工作，以“党支部+短期牦牛”养殖模式，年收入达242.2万元；卡热乡彭珠村成立村集体藏香猪养殖厂，年收入达9万元。

## （七）政策扶持发展一批

加大力度扶持村级集体经济，促进村级集体经济收入不断提高，浪卡子县立足村级集体经济可持续发展目标，2020年以来按照各乡（镇）党委、政府的实际需求，组织县发改委、住建局、林草局、财政局、农业农村局、商务局、旅发局、行政审批局，对各乡（镇）上报项目进行集中统一审核、筛选和把关，并衔接上级部门，申请涵盖养殖、旅游、餐饮等21个中央财政扶持壮大村级集体经济项目，加强对项目实施、管理运营、效益产生等工作的指导和帮扶。全县中央财政扶持壮大村级集体经济项目带动21个村产生经济效益120余万元；张达乡邦龙村绵羊养殖场年收入达16.45万元；阿扎乡顶巴村绵羊养殖厂年收入10.62万元。

未来，浪卡子县将统一思想认识，强化责任担当，进一步增强发展壮大村级集体经济的责任感、使命感和紧迫感，多因地制宜研究、思考，多学习、借鉴，牢牢抓住发展壮大村级集体经济这个乡村振兴的“牛鼻子”，积极探索发展村级集体经济的新路子，强化党建引领，助力乡村实现全面振兴。

某村村民分红现场

## 陕西省延安市安塞区高桥镇南沟村

# 主动求变谋合作　大力发展苹果产业

**| 案例特点说明 |**

南沟村立足自身资源禀赋，主动求变谋发展，借力农村改革成果，走出了一条股份合作机制保障、企业化运营、依靠科技和品牌推进现代苹果产业发展路子，带动村容村貌改观、乡村产业融合发展和乡村治理水平提升。

## 一、基本情况

陕西省延安市安塞区高桥镇南沟村，总面积24平方公里，辖7个村民小组，共345户1009人。南沟村近年来紧紧围绕果业增效、果农增收目标，坚持把苹果产业作为助推脱贫攻坚、乡村振兴的长效产业来抓，不断优化产业结构、提升管理水平、配套基础设施，大力推动苹果产业高质量发展。全村共有3160亩果园，挂果1620亩，获得有机认证，提供284个就业岗位。2022年10月26日下午，习近平总书记在南沟村考察时称赞："大力发展苹果产业可谓是天时地利人和，这是最好的、最合适的产业，大有前途。"2024年，南沟村苹果销售收入1580万元，纯收入1030万元，全村人均可支配收入2.32万元，苹果收入占到农民人均可支配收入的63%。

# 二、主要做法

## （一）强化规划引领，明确发展方向

安塞区被联合国粮农组织认定为全球苹果最佳优生区，日照、降水量、海拔等条件符合苹果生长的7项指标要求。在巩固拓展脱贫攻坚成果同乡村振兴有效衔接中，南沟村党支部立足自然资源优势，因地制宜规划乡村苹果产业发展，带领群众走上富裕之路。村党支部深化“三变”改革，按照“支部引领、企业带动、农户参与”的模式，在合作共建中实现“资源变资产、资金变股金、农民变股东”的有效整合，建立了企业、村集体、群众利益联结机制，实现农民增收、村集体经济壮大、企业发展的三方共赢的局面。南沟村将全村除村民的宅基地、果树地之外的2.25万亩撂荒地、沟洼地、滩涂地和山林地折股量化，以南沟格桑花谷旅游专业合作社的名义入股到延安惠民农业开发有限公司，公司每年保底给合作社固定分红，同时接受村民以土地、人口等要素入股，共享经济发展成果。

南沟村标准化苹果园

## （二）整合资源要素，壮大产业规模

一是引进公司，参与企业入股。引进龙头企业延安惠民农业科技发展有限公司，将2.25万亩荒山、荒坡、滩涂等量化入股，村民筹资124.5万元合资建设旅游扶贫停车场（对2.25万亩荒山、荒坡、滩涂等土地中不适宜耕种的约20亩土地按程序审批建成停车场），享受保本保息，按20%股份托底分红，每年为村民分红59.7万元。72户206名村民以1060亩土地入股苹果专业合作社，与延安惠民农业科技发展有限公司合作建起矮化密植苹果示范园，占有49%的股权，果园收益前一切费用由公司承担，收益后净利润按股份比例进行分红，盛果期后每亩年收益2200元左右，村集体每年分红10万元以上。

南沟村山地果园防雹网建设

二是产业联办，吸纳产业人才。公司党员发挥信息广、门路多的优势，定期邀请市区农业科技人员深入田间地头，为产业户提供技术培训，增强劳动技能。所有村干部、入党积极分子、退伍军人和党员都围绕乡村振兴重点任务认领岗位、开展承诺。推出“我在南沟有棵树”认养活动，认养费为每棵苹果树500元、樱桃树998元，年增收12.2万元。各类人才集聚苹果产业，为产业发展增添活力。

三是科技支撑，提升产业质量。专业技术员深入地头手把手指导果农开展拉枝、环切、疏果等工作，形成矮化密植、树矮行大的种植模式，方便机械化操作，苹果产量和质量大幅提升。应用新技术，科学化管理，更换1060亩矮密苹果示范园防雹网和水肥一体化管网系统。投资382万元硬化南沟棒捶梁、小南沟和梨树沟3条果园生产道路。引进秦脆、瑞雪、烟富10等新优品种大苗，大苗补植1800亩、老果园重建70亩。对1060亩苹果园彻底进行腐烂病防治。举办省、市专家技术培训班33余次，受训果农超过1580人次。开展苹果免套袋、省力化栽培等集成技术推广及研究。落实果园行间套种油菜3000亩、通行覆盖地布1200亩，推广坑施肥水600亩。投资220万元，完成富硒苹果生产、南沟苹果品牌培育、苹果无套袋试验示范和苹果质量追溯体系及可视化系统建设，进一步推动苹果产业高质量发展。

## （三）发挥品牌效应，建设现代园区

依托南沟苹果品牌，大力培养旅游、农业种植等相关产业。新建蓄水坝7座、蓄水池9座，完成植树造林和林分改造1.2万多亩，水土流失治理程度达51%，年土壤侵蚀模数由20世纪80年代的14605.6吨/平方公里降到2024年的3288吨/平方公里。带动农户发展产业，全村有苹果种植户156户、面积2100亩，有玉米种植户10户、500余亩，中心区群众围绕乡村旅游开办农家乐、小卖部、垂钓烧烤等，多渠道拓宽农户的经营性收入。

南沟村山地观光旅游区

## 三、取得成效

一是苹果产业使美丽乡村焕发新姿。南沟变富变美，农民住上新居。开通6.5公里景区道路，新修旅游环线30公里。栽植七叶树、雪松、云杉、白皮松等乔灌木200万余株，林分改造6000亩，种植樱花、月季等花卉1000余亩，园区水域面积达300余亩。苹果产业使南沟由山村变景区，呈现出景在村中、人在景中的美丽乡村新貌。

二是苹果产业带动乡村旅游发展。通过发展苹果产业，南沟村从原来的贫困落后村嬗变成全国脱贫攻坚考察点、中国美丽休闲乡村、国家AAA级旅游景区。建成集生态农业、乡村旅游、研学教育于一体的生态农业示范园区，打造成黄土高原上一道靓丽的风景线。2024年接待游客30万人次，旅游综合收入3500万元以上。

南沟村拓展训练区

三是苹果产业带动乡村文明建设。先后举办3届南沟乡村旅游节、山地腰鼓表演、樱桃采摘节等一系列文化活动。有序组织唱民歌、剪纸、绘画表演、读书会等活动，群众文化生活丰富，文明乡风助推乡村振兴，带来新的生活方式。

## 甘肃省天水市武山县龙台镇

# 农旅融合“成色足” 乡村振兴“效能优”

### | 案例特点说明 |

龙台镇依托绿水青山生态好的镇情，坚持因地制宜、统筹兼顾，集聚各类优势资源和项目资金，高效开发利用特色旅游资源，持续打造文旅融合品牌。坚持把改善农村环境、建设和美乡村作为发展乡村旅游的有效载体，依山就势、就地取材，保留传统村落形态，保护乡村自然风貌，建设宜居宜游宜业的美丽休闲乡村。坚持既要让“农村美”，也要让“农民富”，在提质增效冷水鱼、食用菌等特色产业的同时，依托资源禀赋，大力发展休闲度假、旅游观光、农事体验等新业态，创建国家AAA级旅游景区2个，初步构建了“农旅结合、以旅强农、以农促旅”的休闲农业和乡村旅游发展新格局，走出了一条农村美、产业兴、百姓富的高质量发展之路，为推进乡村全面振兴蓄势赋能。

## 一、基本情况

龙台镇位于甘肃省天水市武山县南部，辖13个行政村，54个村民小组，2966户14732人，总耕地面积22663亩，镇域面积104.28平方公里，属西秦岭山脉，龙台山横亘全境，境内生态环境优越、旅游资源丰富。近年来，龙台镇依托丰富的文化生态旅游资源，持续加快农文旅融合发展步伐，着力打造宜居宜游的生态康养度假地，大力发展“吃、住、行、游、购、娱”全要素乡村全域旅游，实现了从小到大、从有到精的蜕变，为推进乡村全面振兴蓄势赋能。

## 二、主要做法

### （一）突出夯基础、固根本，全力优化旅游环境提效能

坚持因地制宜、统筹兼顾，聚焦高效开发利用特色旅游资源，集聚优势资源力量开展招商引资。

一是加快乡村建设打名片。充分挖掘乡村文化元素，提升村庄历史文化厚度，大力推进“以乡土文化为魂、以村落民宅为形、以特色农业为本”的乡村建设示范村建设，新建乡村停车场，打造特色文化石，修缮翻新老水磨、老宅子等“老物件”，保留历史印记，搭起记忆“桥梁”，让乡愁可感可触，让每一个乡村“旧貌犹在，新颜尽展”，成为乡村旅游的“网红”打卡地。

二是狠抓村户共治优环境。坚持把农村人居环境整治作为优化旅游环境的重要抓手，健全完善人居环境整治“日检查、周调度、月观摩”工作机制，从花钱少、见效快的户内人居环境、村庄环境卫生入手，常态化开展“一爱一为”“清草护树美院净村”等志愿服务行动，大力开展庭院清洁、“四旁”绿化美化、“五网”整治等活动，扎实开展村庄绿化行动，在城乡公路沿线补种香花槐、松树、旱柳、云杉、高杆月季等，实现了“花绿相间，景美相融”。

龙台镇旋鼓舞

三是深化文明共治树新风。坚持正向教育，完善村规民约，因地制宜推广积分超市、红黑榜等做法，评选表彰道德模范、五星级文明户等先进典型，引导广大群众明礼知耻、崇德向善。深入拓展“党建+村民议事+志愿服务”模式，通过“1668”工作法[①]引导群众通过基层民主议事表达诉求、化解矛盾、增进共识。广泛开展普法宣传，创建省级民主法治示范村2个。

## （二）突出强带动、促引领，全域开发旅游资源显特色

依托丰富的旅游资源，科学制定了“政府引导、多元化投入、产业化发展”的旅游开发思路。

一是依托特色产业抓旅游。龙台镇具有独特的梯田地貌和地理气候，发展油菜种植得天独厚。近年来，按照武山县委、县政府总体布局，持续扩大面积、提升品质，每年5月万亩油菜花海竞相开放、染黄大地，赢得了“最美高山油菜花海”的美誉，武山县龙台镇高山油菜花海景观登上国庆七十周年“交响丝路、如意甘肃”彩车亮相天安门广场，连续成功举办了七届油菜花海观光旅游活动，组织开展端午节旋鼓舞非遗展演活动、乡村旅游季缤纷夏日篝火狂欢夜活动和金色龙台夏令营研学游活动等8项主题活动。

二是创新多元模式增效益。紧盯“发展旅游促产业、壮大产业促增收”

龙台镇特色冷水鱼养殖

① “1688”工作法，即搭建“1+6”议事平台（主阵地新时代文明实践站加党员活动室、协商议事室、志愿者之家、新型经济创业集体、综治中心、人大代表之家），突出6方协商主体（村“两委”成员、两代表一委员、群众代表、相关利益方代表、经济组织和社会组织代表、有关单位代表），优化8步议事程序（多种渠道“提议题”、多方恳谈“出主意”、议事组织“拟方案”、多方协商“达共识”、村民表决“说了算”、张榜公示“全透明”、“两委”督促“抓落实”、群众评议“定实效”）。

的目标，坚持“以油菜花海、冷水鱼为主导，多元化发展”的思路，建成麦秆画创作培训基地、文创产品展示馆、农产品展馆，高标准打造村级农家乐、民宿7家，探索构建“产业联盟一体运营”“资源入股分红”“庭院经济”等多种互惠共赢、风险共担的利益联结机制，让更多农民分享到产业融合“红利”。

三是挖掘特色资源树品牌。利用上河峪良好的生态和森林资源，大力发展乡村旅游产业，精心打造上河峪森林体验基地、“藏山·守拙”网红烧烤露营地、龙台欢乐谷游乐场、董庄小吃一条街等旅游节点，培育发展了武山冷水鱼、“闯王磨”杂粮、“万丈坪”土榨食用油、麦秆画、盆景、刺绣等文旅产品，龙台旅游热度持续升温。坚持线上线下一体推进，通过微信朋友圈、快手、抖音等平台，开展直播带货，全力打造“网红基地”，“放大”“聚焦”了龙台原有的良好旅游生态，吸引游客、聚集人气、拉动消费。

龙台镇举办乡村旅游篝火晚会

## （三）突出增后劲、利长远，全面提升产业水平增效益

推进“党建+旅游”“旅游+农业”“旅游+节会”等发展模式，实现文化旅游与特色产业深度融合。

一是持续壮大村集体经济。坚持以党建引领、旅游搭桥、全域开发的思路，将发展村集体经济和乡村旅游有效结合，积极探索“产业联盟·组合投资”等发展模式，规范乡村旅游发展，新建了儿童游乐场、村集体商店、休闲茶吧、文艺体验馆等消费项目，深度融合发展农业观光、林下纳凉、休闲垂钓、自助烧烤等旅游业态。

二是不断创新活动载体。深度挖掘非遗、民俗、农耕、古堡等特色文化，精心打造“龙台十景”，先后举办三届万寿菊采摘观光活动和乡村旅游推介周活动，“观油菜花海，品农家美食”第一届美食节暨全域旅游推介月活动、“畅游十有武山、相约金色龙台”乡村旅游文化节活动、采菊品茶赏秋系列活动、董庄村“乡村艺术馆廊”展览、“非遗文化展演”“广场舞大赛”等文化活动160多场次。

龙台镇万寿菊花海

三是着力延长产业链条。充分挖掘“土”的资源，放大“特”的优势，提高“产”的效能，围绕“2+5+N”现代农业产业布局，突出集中连片、规模扩大、品质提升，做大做强油料、中药材、食用菌等优势产业和冷水鱼等多元特色产业，种植七月菊、万寿菊，着力绘就“三季有花、四季有景、产业兴旺”的美丽画卷，扶持鑫水源、嘉田园等新型农业经营主体发展壮大，大力发展休闲农业、乡村民宿、休闲康养、直播带货等新业态。

龙台镇木耳种植基地

## 三、取得成效

龙台镇厚植生态优势，不断将文旅资源、生态基础转化为发展动能，加快农业、旅游、文化、生态深度融合，让“昔日山坡地”变为“今日花果山”，走出独具特色的“农旅文生”融合发展之路，推动集体经济、农民增收“双赢双增”。

一是乡村面貌焕然一新。扎实推进宜居宜业和美乡村建设，建成马年、董庄、山羊坪等一批省级乡村建设示范村。充分调动群众参与乡村建设的积极性，形成了“人人参与、共同维护、齐抓共管”的良好氛围，户内村内人居环境明显改善，村庄居住舒适度有效提升，实现村庄由“一时清洁”向“长期清洁”转变。

二是品牌效应持续发力。成立金色龙台旅游发展有限公司，整体开发、全域打造镇域旅游资源，成功创建马年村、董庄村国家AAA级旅游景区，编撰出版《诗画龙台》，“金色花海，鱼跃龙台”品牌更加响亮，2024年累计接待游客超过53万人次，实现旅游收入2.2亿元。

三是联农带农成果丰硕。培育涉旅市场主体110多家，带动220多名群众从事乡村旅游产业，乡村旅游产业带动全镇集体经济增收535万元，努力让农业“路子”更宽、农民“口袋”更鼓，在发展壮大集体经济的同时，真正让群众吃上了“旅游饭”。

## 宁夏回族自治区石嘴山市惠农区庙台乡东永固村

# “产业+文旅”绘就村美民富新蓝图

**| 案例特点说明 |**

面对农业碎片化、农村空心化、农民边缘化、组织软弱化困境，东永固村与浙江省安吉县鲁家村结对共建，成立“百村联盟”，以“枸杞产业+乡村旅游”为路径，积极谋产业、争项目、促融合，探索创新新型村集体经济发展模式，持续推进农业产业化、农村庄园化、农民专业化，夯实产业发展基础让乡村经济“富”起来，加快旅游基础提档升级让乡村旅游“活”起来，稳步推进乡村建设行动让乡村特色“亮”起来，挖掘创新群众活动载体让乡村文化“强”起来，绘就了一幅“村美民富”的乡村振兴新蓝图。

东永固村隶属于宁夏回族自治区石嘴山市惠农区庙台乡，有8个村民小组，422户1371人，2024年村集体经营性收入1021万元，农民人均可支配收入2.49万元。近年来，东永固村大力拓展枸杞种植、加工、销售、科普研学、观光旅游等功能，打造“杞梦田园”综合体，强化“农旅结合、文旅互动”，蹚出了一条“枸杞文化+乡村旅游”融合发展路径，获中国美丽休闲乡村、全国青年文明号、全国乡村产业振兴和文化产业发展典型案例等荣誉。

### 一、夯实特色产业发展基础，让乡村经济“富”起来

立足资源优势，投资2600余万元建成标准化枸杞基地1700亩，建设干

果枸杞、锁鲜枸杞及枸杞饮料生产线各1条，枸杞保鲜冷库2座，配套完善枸杞实验室和电商展销中心。积极加强与科研院所合作，承担自治区人才项目1个、科技项目4个、研发项目1个，获批国家发明专利1项，实用新型专利4项。引进大专以上学历人才13人，为枸杞产业发展提供了有力人才支撑。全村经营性收入从2018年的8.4万元增加到2024年的1021万元，带动就业5000余人次，真正让村集体“腰杆子”挺起来了，农民“钱袋子”鼓起来了。

村民在东永固村枸杞基地采摘枸杞芽菜

## 二、加快旅游基础提档升级，让乡村旅游“活”起来

以“杞梦田园”综合体建设为支撑，建成全国首家枸杞无动力主题儿童乐园、枸杞主题研学培训中心，配套建设五彩枸杞采摘园、景观龙门、会务中心、生态餐厅等基础设施，给孩子打造了一个枸杞梦幻王国，实现寓教于乐、欢乐同行。加强与浙江省安吉县鲁家村结对共建、抱团发展，联合成立“百村联盟”、“两山”旅游商品联盟，实现优质农产品直供直销。完善提升旅游服务功能，建成功能齐全、业态丰富的“大景区”，引进社会力量参与管理运营，

通过“政府+企业+村集体+农户”方式，引导村民参与旅游产业发展，盘活了资源，丰富了业态，实现了共赢。2024年接待游客11.2万人次，“枸杞产业+乡村旅游”成为乡村振兴的新引擎。

全国首家枸杞主题无动力儿童乐园

## 三、稳步推进乡村建设行动，让乡村特色“亮”起来

以高质量美丽宜居村庄建设为抓手，强化枸杞产业引领作用，整村推动道路交通、厕所革命、绿化美化等基础设施建设，新建枸杞产业路3公里，栽植树木及花卉5万多株，打造美丽庭院21户，增强了乡村振兴内生动力。积极开展垃圾分类及资源化利用项目，大力发展循环农业，推动门前“三包”融入“巷长制”，广泛开展积分智能化管理，实现管理网格细化、巷道功能优化、人居环境美化，提升村庄整体基础设施服务水平，留住乡愁，传承文脉，拓展乡村旅游“增长极”。

## 四、挖掘创新群众活动载体，让乡村文化“强”起来

积极挖掘创新群众文化活动载体，借助东永固村入选地名文化遗产保护

“永固红”号观光小火车畅游枸杞基地

名录契机，凝练提升东永固村历史文化，融合发展枸杞产业文化，创作完成“东永固村前世今生”文化专栏，原创村歌《幸福东永固》成为宁夏唯一一首入围全国村歌大赛总决赛的歌曲，荣获全国“百佳村歌”称号。中央电视台《远方的家》栏目走进东永固村，举办全国秋季村晚。连续策划举办五届惠农区“千年丝绸路·一品永固红”枸杞文化旅游节，枸杞产业的生态休闲、旅游观光、文化传承、科技教育等功能进一步提升，实现了文化与产业深度融合。

中央电视台《远方的家》在东永固村取景拍摄

## 新疆维吾尔自治区阿克苏地区沙雅县阿克艾日克村

# 先行先试树典型 农旅融合创特色 奋力绘就乡村振兴示范建设新画卷

### | 案例特点说明 |

近年来，阿克艾日克村认真贯彻落实习近平总书记关于“三农”工作的重要论述，按照县委、县政府和乡党委推进乡村振兴的要求，坚持把乡村振兴作为推进经济高质量发展的重要载体，坚持高位推动，强化基层建设，将农旅融合作为推动乡村振兴战略实施的“新引擎”，聚焦特色优势狠抓乡村农旅融合，打造了以“雁栖·沙雅”现代农业科技产业园为代表的一批有产业支撑、有品位内涵、有发展后劲、具有沙雅特色的示范典型，探索出了一条农旅融合的新路径。

阿克艾日克村位于新疆维吾尔自治区阿克苏地区沙雅县古勒巴格镇，被评为中国美丽休闲乡村。作为自治区乡村振兴示范村，该村以产业兴旺为重点，通过盘活闲置农房发展乡村民宿，推动乡村旅游、观光农业、休闲度假、文化创意、农家乐等产业快速发展，积极探索了符合本村实际情况的特色乡村振兴道路。

## 一、坚持立足实际，下好农旅融合“先手棋”

阿克艾日克村立足城郊村实际情况，坚定信心发展文旅产业，规划推进雁栖·田园项目“1235”模式发展（“1”指一中心，即现代农业旅游观光中心；“2”指两廊，即百瓜长廊、百花长廊；“3”指三环线，即步行观光环线、自行车慢行观光环线、游览车观光环线；“5”指五大区，即设施农业观光采摘区、生态农业休闲度假区、农耕文化传承体验区、亲子互动竞技游乐区、林果经济特色养殖区）。

一是坚持一体推进。着力“味、购、赏、玩、住”全链条服务，培育乡村旅游新业态，设置餐饮区、购物区、文艺汇演区、文化娱乐区、民宿区五大区域，建设沙雅县荷畔特色经济街区；开发自助采摘、特色农产品销售、农村电商、文化体验、儿童实景体验、城市航站楼等项目，构建一个布局合理、功能完善、特色鲜明、管理规范、乡风浓郁的特色乡村旅游园区。

二是强化政策支撑。结合乡村振兴示范建设工作，强化资金支持力度，累计整合各类资金6818万元，投入乡村旅游基础设施建设，推进配套设施服务，开展村容村貌整体提升行动，全面完善提升景区村庄基础设施建设，为全面发展乡村旅游提速增效。

三是引进社会投资。通过招商引资等方式，联合新疆沙雁洲文旅投资发展集团有限公司、上海孙桥溢佳农业技术股份有限公司和沙雅县金胡杨农业开发有限责任公司，共同打造雁栖·沙雅现代农业科技产业园，其中沙雁洲文旅投资发展集团有限责任公司累计投入8000万元，用于雁栖·沙雅现代农业科技产业园运营、民宿改造等；上海孙桥溢佳农业股份有限公司累计投入6800万元，用于建设温室44座，发展特色果蔬种植；各级财政资金投入11608万元，新建温室大棚153座。

“田园”主题民宿

四是强化机制保障。探索“政府搭台、文创撬动、企业助推、农户联动”的发展机制，以政府统筹谋划旅游产业为支撑、以农耕文化为主题、以企业经营为保障、以农户增收为目的，着力打造“雁栖·沙雅”特色旅游文化品牌。健全“县委领导、行业部门支持、镇村两级落实”的乡村旅游三级管理体系，统筹协调旅游协会、民宿协会、餐饮协会、农特产品协会，发挥行业专家作用，不断完善旅游行业自律发展机制，推动乡村旅游规范化、品质化发展。

## 二、创新运营模式，跑出富民增收“加速度”

雁栖·沙雅现代农业科技产业园采取政府主导、企业经营、合作社和农户共同参与的发展模式，引导企业发挥产业组织优势，联手合作社、农户个体组建农业产业化联合体。通过供应链融资、资产入股等方式与农户结成更紧密的利益共同体，让农民获得更多产业增值收益。

一是由本村盛腾农业专业合作社联合沙雅县金胡杨农业开发有限责任公司和新疆沙雁洲文旅投资发展有限公司两家县级国企，采取“企业+合作社+农户”的运营模式，大力发展粮棉果畜主导产业，稳步推进设施农业、乡村旅游等特色产业，2024年全村产业总值6013.8万元，主导产业总值4183.46万元，占比77.3%。

二是围绕153座温室大棚、“熊出没”主题儿童乐园、“田园”主题民宿、

雁栖·沙雅七彩田园

十里铺等园区景点，建立完整的联农带农利益联结机制，全年带动农户278户，占全村有劳动能力农户68.4%，村集体收入达181.2万元。

三是充分发挥本地特色产业优势，依托雁栖·沙雅现代农业科技产业园电子商务直播工作室，与村级电子商务服务站建立合作，推动本地农产品网络销售服务，实现网络零售额80.03万元，增长率100%。

## 三、坚持城郊村优势，打好乡村旅游“组合拳”

一是该村于2023年8月被评为中国美丽休闲乡村，成功通过自治区重点旅游乡村验收，入选2022年阿克苏地区乡村旅游重点村名录，申报星级农家乐1家。

二是通过“政府引导、社会参与、农民自愿”的方式，将41套闲置房产流转给企业改造特色民宿、十里铺街区，为该村农民每年增收50万元。

三是构建“城区、景区、商区、村庄”四位一体的经济街区，形成了一个布局合理、功能完善、特色鲜明、管理规范、乡风浓郁的美丽乡村经济精品村和精品旅游路线，实现了雁栖·沙雅现代农业科技产业园与村庄经济有机结合，走出一条农商文旅深度融合，带动农民群众增收致富的道路。建立了完整的联农带农利益联结机制，2024年农牧民人均可支配收入增长3164.11元，增幅达到12.68%。

百瓜长廊设施大棚采摘区

# 二、人才振兴

# 北京市密云区溪翁庄镇金巨罗村

# 乡村创客引领乡村振兴

**| 案例特点说明 |**

人才振兴，是乡村全面振兴的重要支撑。金巨罗村坚持城乡融合发展，立足大都市郊区优势，从城市引进优秀创客人才入村创业，参与乡村振兴。聚集在金巨罗村生活的行业专家、优秀企业家、海归创业团队、跨界新农人等不同领域的人才，组织成立“第11生产队”，举办“乡村会客厅”，为金巨罗村的产业发展拓宽视野、链接资源、注入动力。与北京市农村经济研究中心、全国妇联干部培训学院、北京林业大学马克思主义学院、北青教育传媒集团等单位合作，共同打造了新时代红色教育和实践基地、农耕文化实践基地。广泛吸引城市游客，全力发展乡村休闲旅游产业，带动村民增收致富。金巨罗村的快速发展证明：坚持城乡融合发展、吸引创客扎根乡村创业，是一条推动乡村全面振兴的可行之路。

## 一、基本情况

金巨罗村位于密云水库南1公里处，村域面积7.83平方公里，永久基本农田面积1988.31亩，约占全镇基本农田总面积的1/4。金巨罗村常住人口1125户2363人，现有党员150名，村民代表61名，2024年集体经济收入452万元。

## 二、主要做法和成效

近年来，金叵罗村结合大都市郊区的地域特点，坚持以人才振兴为支撑，通过引进城市人才进村创业，激发了乡村内生驱动力，找到了乡村全面振兴的突破口。

### （一）组建“第11生产队”，吸引创客参与乡村振兴

金叵罗村高度重视人才在乡村振兴中的作用，积极探索从城市引进人才入村创业。在第一书记引领带动下，越来越多的城市人才，纷纷扎根金叵罗村创业，为金叵罗村的产业发展开阔了视野、链接了资源、注入了动力。为此，村党支部支持成立“第11生产队”，“11”代表“1+1”城乡融合，既是党建引领乡村振兴的创新，也是城乡融合促进乡村发展的全新探索。

金叵罗花园

“第11生产队”由23名生活在金叵罗村的城市居民组成，他们分别是行业专家、优秀企业家、海归创业团队、跨界新农人等人才。在村党支部的领导下，明确了组织架构，建立了队规和考核机制。“第11生产队”以北京首个乡

村会客厅为依托，为众多行业专家、优秀企业家等建立资源共享平台，组建起推动金叵罗村创新发展的智囊团。“第11生产队”积极开发小米酥等农产品衍生品，进一步提升农产品的附加值，丰富农业产业体系；组织开展农户培训，推进专业技术、管理模式、经营理念、城市文化真正“入乡随俗”；通过城市居民和原有乡村居民的深入黏合与利益链接，为金叵罗村产业赋能，探索出一条城乡共荣的乡村发展路径。近年来，“第11生产队”带动金叵罗村增设优质就业岗位450个，带动全村实现旅游年收入近1500万元。

## （二）多方引进城市资源，打造乡村振兴新基地

在“第11生产队”创客的引领下，各类城市要素、城市资源集聚到金叵罗村，有力推动了乡村产业发展和村居环境整体跃升，有力推动了民俗旅游提档升级，打造了“北井小院”“老友季”等一批精品民宿院落，带动了“馍法时光”“太阳花”“春阿姨”“葫芦DIY”等一批亲子小院的发展，取得了显著的经济效益和社会效益，良好的生态环境成为乡村振兴的新引擎。

金叵罗精品民宿

另外，金叵罗村以乡村创客为纽带，与北京市农村经济研究中心、全国妇联干部培训学院和北京林业大学马克思主义学院等单位合作，深入挖掘本村的红色文化资源，赓续了“河北省第0001号”烈士为代表的23名烈士的红色文化血脉，填补了红色资源挖掘的空白，形成了新时代村庄红色教育和实践基地。与北青教育传媒集团共同打造农耕文化实践基地，先后与8所学校建立合作关系，让大中小学生走出校园，深入田间地头，实现真正意义上的以乡土文化开展乡土教育，打造劳动教育新高地，2024年底吸引城市学生2万多人次到村开展农耕文化学习。

## （三）广泛吸引城市游客，全力发展乡村休闲旅游产业

在“第11生产队”的引领下，金叵罗村坚定以旅带农、以旅促农的“+旅游”思路，多措并举，广泛吸引城市游客，全力发展乡村休闲旅游产业。逐步确立了以樱桃和小米为主的特色种植业发展模式，建立起600亩樱桃种植园、1000亩小米基地、300亩杂粮基地，成立了樱桃和小米种植专业合作社，入社成员涵盖全村80%以上的农户，樱桃种植户人均增收4600元，小米种植户人均增收6000元。依托特色种植业，大力发展金叵罗“贡米”品牌，打造了以“贡米打包饭”为主的特色美食，将特色农产品和民俗旅游相结合，民俗户收入逐渐提高，开办民俗户的家庭发展到120户，贡米打包饭民俗户实现年收入450万元。

积极打造田园项目，建立起集休闲采摘、农耕体验、科普教育于一体的金樱谷农场以及以生态循环理念为主的飞鸟与鸣虫农场，受到市场的广泛认可。大力推进文旅融合发展，自2014年起，连续举办金叵罗村樱桃采摘节、金谷开镰节、农民丰收节等庆祝活动，节日期间平均带动樱桃采摘收入550余万元，小米销售收入100余万元，上千户村民直接受益。2024年，金叵罗村年接待游客近13.8万人次，实现旅游综合收入达到1700余万元，被评为中国美丽休闲乡村、全国乡村旅游重点村、密云区乡村振兴示范村、“科创中国”乡村振兴实践基地。金叵罗村的快速发展，为“绿水青山就是金山银山”理念提供了生动注脚，更是新时代乡村振兴“密云样板”美丽蓝图的生动缩影。

# 天津市

# 以人才“活水”注入乡村振兴“动能”

**| 案例特点说明 |**

乡村振兴，人才是关键。天津市高度重视青年人才到乡村一线建功立业，在全国首创招录农村专职党务工作者，将其作为从源头培养干部、加强农村基层组织建设、推进乡村振兴的基础工程和战略工程深入推进，一大批有志青年投身农村基层一线锤炼党性、砥砺品格、增长才干，为全面推进乡村振兴涵养“源头活水”。中央组织部对天津做法给予充分肯定，委派乡村干部报社到村进行蹲点调研，新华社、《人民日报》《乡村干部报》等中央媒体先后30余次宣传报道。

## 一、基本情况

天津市委从保证党的事业薪火相传、巩固党的执政根基的政治高度，在全国首创招录农村专职党务工作者，将其作为从源头培养干部、加强农村基层组织建设、推进乡村振兴的基础工程和战略工程深入推进，一大批有志青年把习近平总书记在梁家河的知青岁月作为人生成长的榜样，投身农村基层一线锤炼党性、砥砺品格、增长才干，为全面推进乡村振兴涵养“源头活水”。中央组织部对天津做法给予充分肯定，委派乡村干部报记者到村进行蹲点调研，新华社、《人民日报》《乡村干部报》等中央媒体先后30余次宣传报道。

## 二、主要做法及成效

### （一）放眼全国“招揽英才”，凝聚乡村振兴创新活力

针对农村青年人普遍外出打工、农民党员队伍结构老化、后继乏人的普遍现象，天津市委组织部结合2018年村“两委”换届工作，在全市范围内开展深度调研，创新培养举措，搭建成长平台，强化激励约束，推动形成“下得去、待得住、干得好、流得动”的工作格局。拓宽选人用人视野，面向全国不限户籍，打破地域壁垒，畅通引才渠道。严把人选资格标准，注重选拔30岁以下、具有中共党员身份、全日制本科以上学历、热爱农村基层工作的优秀青年，实行考生原籍区回避制度。严格招录工作程序，突出实际能力素质，精心设计笔试、面试考题，抽调力量分赴全国各地近距离考察识别人选，考准考实政治素质、思想认识、现实表现。截至2024年，全市3500余名在岗农村专职党务工作者平均年龄28.6岁，均为本科以上学历，这支队伍综合素质相对较高，为全面推进乡村振兴带来了新理念、新知识、新创造。

### （二）深入实施“苗子工程”，精准浇灌助力成长成才

天津市委制定并修订《天津市农村专职党务工作者管理办法》，在工作职责、教育培训、日常管理、选拔使用等方面提出明确要求，着力打造“选、育、管、用”全周期培养链条。分批次组织农村专职党务工作者赴浙江接受实地培训，身临其境感悟“千万工程”经验，提高政治站位和履职能力。依托市委党校、市党支部书记学院进行全员轮训，市委组织部主要负责同志上讲台作指导，为他们扣好人生“第一粒扣子”，各区委组织部主要负责同志与新担任村党组织书记、选拔进入乡镇领导班子人员集体谈话，引导他们当好“主人翁”、练就“硬肩膀”。健全“导师结对”帮带机制，安排区委组织部、乡镇党委负责人与党务工作者结对子，“扶上马送一程”，通过“书记项目”“驻村夜话”等活动载体，帮助他们融入农村、挑起担子、增长才干。

分批组织农村专职党务工作者到浙江接受实地培训

### （三）严格考核“赛马练兵”，以星级管理牵引同台竞技

坚持把乡村振兴一线作为农村专职党务工作者的“赛马场”“练兵场”，全面实行行政村星级管理，在具体实践中检验工作成绩。科学设置考评指标，将推进乡村全面振兴作为重要内容纳入考核体系，紧扣基层组织建设、发展集体经济、塑造乡风文明等重点任务细化量化分值权重，每年按照“五星、四星、三星、一星、无星”的星级评定等次，明确贯彻党中央决策部署不力、敷衍应付等不得评五星村的具体情形，引导农村专职党务工作者把工作重心聚焦到抓党建、抓发展、抓治理、抓服务上来。从严从实考核考评，坚持公平公正，突出群众公认，采取镇街初评、抽查复核、统筹联评、审定备案等4个步骤，确保考评结果基层信服、群众认可。考核结果与党务工作者的评先评优、待遇报酬等直接挂钩，打破“大锅饭”、砸碎“铁饭碗”，形成了外有压力、内有动力的格局，以制度的“小切口”撬动激励的“大效能”。

组织开展岗前培训提升党务工作者政治能力

## （四）搭建平台“金鞍配骏马”，健全党务工作者成长全链条

坚持源头培养、跟踪培养、全过程培养，将农村专职党务工作者纳入村级后备人才库，表现突出的纳入区优秀年轻干部库，构建“村‘两委’、副书记、书记、乡镇事业编干部、乡镇公务员、乡镇领导班子成员”的培养链条和成长通道。近年来，共有128人通过换届进入乡镇领导班子，8人在市、区两级机关单位任副处级领导干部，130余人被定向招录为公务员，1400余人先后被选聘为乡镇事业单位工作人员，选拔29人到区、镇两级事业单位担任领导职务，选派34人援助甘肃省东西部协作对口结对县乡村振兴示范村建设，1人荣获全国优秀党务工作者称号，乡镇领导班子和村“两委”班子成员的年龄结构、知识结构、能力结构得到整体优化提升，形成“干得好出路好”的鲜明导向。

## （五）强化保障“扶心扶智”，为心无旁骛在村工作创造条件

注重思想上关心，市、区两级组织部门定期组织交流研讨，经常性开展

组织开展实地调研提升党务工作者履职担当能力

现场随机访谈；乡镇党委每半年组织1次座谈交流，乡镇党委书记每年与农村专职党务工作者至少开展1次集体谈话。注重待遇上激励，农村专职党务工作者实行合同制管理，依据工作岗位、在村工作年限确定“3岗17级”薪酬待遇，实行动态调整，缴纳“五险一金”，设立年度考核绩效奖，享有体检、带薪休年假等福利待遇，户口不在天津的可获得天津户籍，让他们感受到组织的关心关爱。注重生活上关怀，指导各区、镇党委通过走访、座谈、电话、微信等方式，经常关心了解农村专职党务工作者在村工作和生活情况，定期开展走访慰问，积极协调解决工作和生活难题，切实消除后顾之忧，让他们安身安心安业。

## 河北省邯郸市曲周县

# 科技小院赋能　助推乡村人才振兴

**| 案例特点说明 |**

曲周县与中国农业大学已有50年县校合作史。2009年，在曲周县白寨村建立了全国第一个科技小院，经过15年的实践，有效破解了农业技术普及率不高、生产集约化程度偏低、人才实践能力不足、乡村治理力量短缺等难题，走出了一条高校与农村深度融合、科技与产业紧密联结、生产与生活协调推进的新路子，成为撬动乡村振兴的新支点。

曲周县是河北省邯郸市东北部的一个传统农业县，在乡村振兴和农业现代化进程中，探索推进科技小院建设，推动乡村人才振兴，成功破解了农村人才技术短缺与高校科技成果转化难的矛盾，解决科技与产业对接“最后一公里”问题，实现农业绿色发展和农民增收的目标，为乡村振兴注入强劲动力。

## 一、基本情况

曲周县位于河北省南部、太行山东麓海河平原的黑龙港流域，总面积667平方公里，辖8镇、2乡、342个行政村，总人口53.9万。资源丰富，粮食作物主要以小麦、玉米等为主，经济作物主要以棉花、林果、蔬菜、油类等为主，通过推动科技小院赋能，8次蝉联全国科技进步先进县，先后获得全国粮食生产先进县、中国天然色素产业基地、中国甜玉米之乡等30多项荣誉。

曲周县与中国农业大学县校合作52年，在白寨村建立了全国第一个科技小院。经过多年的实践发展，曲周县现有科技小院16个，共培养研究生132名，培训科技农民8万余名，组建示范合作社6个，农民农业知识水平大幅提高，高产高效技术采用率从17.9%提高到53.5%，全县粮食单产达到试验基地产量水平的79.6%，全县粮食总产增长37%，养分效率提高20%以上，农民收入增长79%，曲周县连续8次获评全国科技进步先进县，被列为国家农业科技园区、国家农业绿色发展先行区、国家科技创新型县。

全国科技小院发源地——曲周县白寨村

## 二、主要做法

### （一）创新技术推广方式

坚持与农民同吃、同住、同劳动，在生产中开展技术攻关创新，探索形成高产高效技术模式后，再进行大面积试验和示范推广。构建“县有推广中心、乡镇有推广站、村有科技小院、户有科技农民”的四级农业技术推广体系，开展“零门槛、零费用、零时差、零距离”农业科技服务，通过田间学校、现场示范，带着农民学、跟着农民干，实现农业技术服务手把手、面对面、全覆盖。2009年以来，科技小院研究引进测土配方施肥等单项技术31项，曲周县10项小麦、玉米生产关键技术到位率由原来18%提高到50%，高产实现率达97%；后老营村推广“小麦—西瓜—玉米”立体间作套种技术，亩均增收3000元；相公庄村做大苹果产业，辐射带动周边乡村苹果种植面积达6700余亩，成为享誉冀南的苹果之乡。

查看白寨村小麦长势

## （二）创新农业规模化路径

针对地块小而分散，集约化程度低、农产品附加值不高等现状，通过粮食生产合作社、农机合作社等模式，把农民组织在一起，采用“按方组织、形成规模、统一操作、集中服务”方法，实行联合耕种、统购农资、统一技术服务，实现了“土地不流转也能规模化”，小麦玉米生产体系每年每亩降本增收200元以上。以科技小院技术服务创品牌，建立了“小院+农户+合作社”的科学化、规模化发展路径，培育全国农机合作示范社7个、河北省优秀合作社21个、邯郸市示范社18个、曲周县示范社7个。

李口村机械化作业现场

## （三）创新人才培养模式

创新实施“实践—理论—再实践”的“三段式”培养模式，锻造有理想、有能力、能吃苦、肯奉献的创新型人才。以科技小院为载体共建研究生培养实践基地，组建联合导师队伍，筛选农业实践经验丰富的“土专家”“老把式”担任研究生的“地方导师”，传授实践经验。为研究生提供科技副乡长、科技村委、编外农技员等挂职锻炼岗位，让学生在学习专业知识的同时，提前进入职场、适应社会，实现学习与就业无缝衔接。

## （四）创新基层服务方式

一是广泛开展理论宣讲。与中国农业大学党委组织科技小院联合开展“党的二十大精神村村讲、绿色科技进万家”活动，100余名师生组成15支惠民实践团，深入342个行政村宣讲党的二十大精神、普及农业科技知识。二是扎实开展农技培训。在范李庄村创办全国第一家“三八”科技小院，为留守妇女开办读书班、农业技术培训班，培养了一批科技妇女，其中王九菊从一个农村妇女成长为邯郸“最美女性”，在省妇代会上作典型发言。三是积极参与基层管理。鼓励科技小院研究生以挂职干部身份参与乡村建设规划、农村事务管理等工作，宣传国家最新惠民政策，引导农民养成科学、文明、绿色、健康的生活习惯，在培育良好乡风、促进农村和谐稳定中发挥了重要作用。

## 三、取得成效

### （一）依托高校资源，做优乡村振兴“规划图”

抓牢同中国农业大学的长期合作优势，突出农业科技研学主题，建设农业科技馆、漳滏园（水利科普文化园）、农大园（农耕文化园）、苗乐园（育苗产业园）“一馆三园”，打造2个AAA级旅游景区，逐步形成农旅融合的发展格局。推进“乡村振兴创新示范带”建设，选取产业基础好的村、带动能力强的企业，以实施产业项目为抓手，着力打造农业农村改革创新平台、现代特色品牌农业聚集区，全面构建以绿色发展引领乡村振兴的农村发展新模式。

苏小营中非科技小院举行揭牌仪式

### （二）配齐建强小院，筑牢乡村振兴“支撑点”

一是打造科技小院服务中心。立足全国科技小院发祥地的优势，与中国农业大学共同打造科技小院服务中心、改土治碱展厅等，开展科技小院研讨、培训、旅游等活动，科技小院放大效应持续加强。二是提升科技小院硬件配置。标准化配备2～3间独立办公室及档案室，统一简装风格设计和施工，统一配齐电脑、复印机、打印机、档案柜、办公桌椅、实验器材等办公用品，统一安排师生食宿，住宿条件达到安全、宽敞、整洁、明亮标准，解除了科技人员的后顾之忧。三是丰富科技小院服务形式。利用中国农业大学雄厚教学资源和技术后台，通过手机、网络平台开设的云端课堂和网络教学，为群众提供全天候、零距离学习的渠道；依托科技小院开设农民田间学校，通过专题讲座、技术培训和实践指导等，重点培养高素质农民和新型农业经营主体；鼓励研究生参与农村事务管理，活跃乡村文化生活，促进基层社会治理和乡风文明建设。

## （三）强化跟踪对接，积蓄乡村振兴“动力源”

一是建立人才信息库。建立健全科技小院“院长”“院士”档案和人才信息库，建立研究生长效联系机制，开展“小院成功人士回曲周”“农大校友游曲周”等系列活动。邀请毕业生讲解新形势、新技术、新理念，为农业农村发展提供帮助和指导。二是拓展合作新范围。积极谋划建设中国农业大学反向孵化器，引进与本区域产业结构相匹配的科研创新人员及团队，建立联合研究中心。搭建专家与企业之间的桥梁，引进农业大学科研项目，探索形成“高校科研—企业中试—企业推向市场”的校企合作新模式。先后与30多所高校院所建立合作关系，6支院士团队，100余名专家教授常驻开展工作。与中国农业大学首创科技小院，得到习近平总书记回信肯定，累计培养“土专家”“土秀才”8000余名。

## 辽宁省鞍山市千山区大孤山镇对桩石村

# 梨花盛开人才来　正是乡村振兴时

### | 案例特点说明 |

对桩石村充分利用自然资源，打造南果梨祖树品牌，大力发展乡村旅游业，同时发挥政策优势和资源特色，在人才振兴方面取得突出成绩，栽好梧桐树，引得凤来栖，为全面推进乡村振兴汇聚强大的人才力量。近年来，村里通过采取加大政策扶持、提供平台保障、加强情感链接等措施，为人才引进营造了良好的创新创业环境。建立清华大学乡村振兴工作站千山站，通过“三方站长”运营机制从全区择优选派选调生、青年干部等120人在工作站轮岗锻炼，提高干部综合素质能力。培养青壮年实用人才，开展“新农人”电商培训15场，加快推进农村电子商务产业发展，辐射带动农户1300人。开展返乡大学生创业培训，培养年轻后备力量。与东北大学、辽宁大学、沈阳农业大学等11所高校院所开展合作，培育高等教育后备人才。真正实现培养、用好、留住、聚集一大批人才，打造了一支懂农业、爱农村、爱农民的优质“三农”工作队伍。先后获得中国美丽宜居村庄、中国美丽休闲乡村、全国乡村旅游重点村等荣誉称号。

## 一、基本情况

对桩石村位于辽宁省鞍山市东南15公里处，地处四面环山的山间盆地，占地约12平方公里。户籍人口860户2062人，外来常住人口637人，耕地面积

2652亩（主要生产玉米、大豆），林地面积9500亩，果园面积5488亩（以种植南果梨为主）。对桩石村充分利用自然资源、南果梨祖树品牌，大力发展旅游业，建设开发了祖树园、乾隆绿道 、锅鼎石、龙王庙、大鹏展翅、怪坡等景区。近年来，先后被评为国家AAA级旅游景区、中国美丽宜居村庄、中国美丽休闲乡村、全国乡村旅游重点村。

## 二、主要做法

### （一）强化党建引领，夯实思想基础

坚持党建引领，提升基层党组织政治功能和组织功能。对桩石村党总支现有党员91名，下设党支部2个、党小组7个。近年来，村党总支坚持“学”“干”结合，一方面，加强班子自身素质建设，与清华大学开展合作，将党课讲好、讲生动，提高广大基层党员的党性修养；另一方面，改进新形势下基层党组织工作的方式方法，深入开展丰富多彩的党建活动，如紧抓互联网直播和农业电商等热点，由先进党员领头组织培训，带动村民共同致富，凸显了党员的先锋模范作用。

清华大学乡村振兴工作站千山站党课学习现场

## （二）培育本土青年人才，助力乡村产业可持续发展

积极培养本土青年人才，呼吁在外乡村能人返乡创业，鼓励大学生村官扎根基层，为乡村振兴提供人才保障。一是培养青年干部人才。清华大学乡村振兴工作站通过“三方站长”运营机制从全区择优选派选调生、青年干部等120人在工作站轮岗锻炼，提高干部综合素质能力。二是培养青壮年实用人才。开展“新农人”电商培训15场，加快推进农村电子商务产业发展，辐射带动农户1300人次。开展返乡大学生创业培训，培养造就一支懂农业、爱农村、爱农民的扎根乡村的青壮年人才工作队伍。三是培养年轻后备力量。与东北大学、辽宁大学、沈阳农业大学等11所高校开展合作，培育高等教育后备人才。大连24中等7所重点高中，主动与清华大学乡村振兴工作站千山站建立校地合作，彰显了社会信任与千山口碑。举办青年英才论坛，邀请全国人大代表官启军、高校师生及校友等分享前辈经验、提携晚辈，实现人才良性互动，为乡村发展增添引擎动力。

电商培训

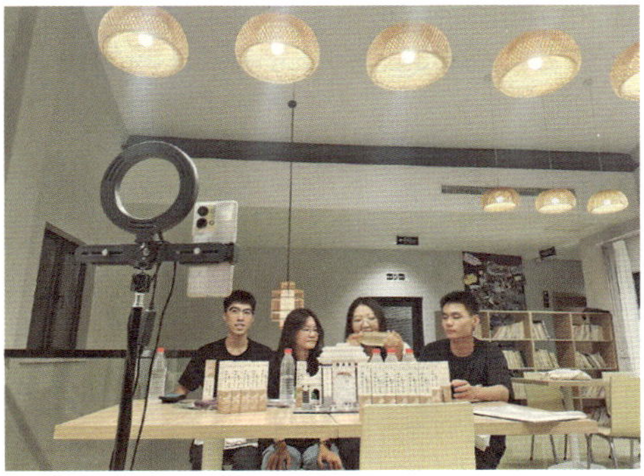

清华学子直播

## （三）引进外来人才，与清华大学共建实践基地

先后有11批来自清华、北大等14所高校130名队员在清华大学乡村振兴工作站参加实践，形成10余篇深度调研报告，全方面、深层次探究对桩石村乡村振兴中的难点痛点问题，并尝试创新突破。一是重视技术革新。对桩石村清华实践基地，吸引了清华大学博士生承接鞍钢、迈格纳等企业科研项目共4

个，有效助力企业破解技术壁垒，推动传统产业转型升级。二是利用好本土资源。清华大学乡村振兴工作站千山站以融合地域本土文化和为本地村民服务为理念，紧扣党建引领、乡村振兴、基层治理主题，承担着村民议事、文化休闲、产业发展、人才交流、文化展示等多元化复合功能，在东北村庄老龄化背景下，注入清华活力和青春气息。

清华大学学生赴鞍钢开展社会实践

人才交流座谈

清华大学乡村振兴工作站实践支队风貌

## （四）打造宜居乡村，优美环境留住人才

一是完善基础设施。修整通往“祖树园”景区的道路900余米，增设照

明设施，联合区交通局开展“1号桥”原址重建“民心工程”，消除通行的安全隐患。现在村内道路通畅，直通村民家门口和果园，村民上山劳作的路好走，车易行，村民脸上绽放幸福笑容。二是整治村容村貌。以整治村容村貌为抓手，加速推进生活污水治理工程，完善农村生活垃圾收运处置体系，每年清运垃圾1200余吨，建立村规民约10条，革除大操大办、遍地烧纸的旧习俗。三是打造旅游福地。开发自然资源，依托“清华智慧”，设计制作景点“观石窗”“路面指示标识”，将“大鹏展翅”“祖树园”“乾隆绿道”“三号民宿”“清华大学乡村振兴工作站千山站”有机结合，制定精品旅游路线。成立村集体民宿“三号民宿”，带动村民开设朴源农家院、栖悦人家等农家院5户，打造集“吃玩住”于一体的旅游特色，对桩石村被评为国家AAA级旅游景区。

民宿建设中

民宿建设完成

## 三、取得成效

在清华大学乡村振兴工作站的引导下，对桩石村着力培养一批“爱农业、懂技术、善经营”的新型农业产业人才。一是党群共富结硕果。村党总支依托二级网格，划定7个党群共富责任区，充分发挥清华大学乡村振兴工作站千山站人才优势，带动238户南果梨种植户成立南果之源南果梨专业合作社，打造“冬剪枝，春施肥，夏稀果，秋采摘”的IP标识体系，延伸产业链，推动设计开发南果梨膏，解决非标果南果梨运输难、储存难、销售难等问题，推动南果梨特色产业稳步发展。二是挖掘文化底蕴利长远。传承南果梨祖树文化，修整“祖树园”、祖树广场，依托清华大学乡村振兴工作站千山站，打造“难舍南梨”品牌，围绕南果梨设计50余件文创产品，形成品牌效应，吸引游客参观游玩，助力对桩石文旅产业发展，带动村集体经济收入达20万元。三是拓宽销售渠道开新局。利用直播带货打通南果梨销售新渠道，开设“对桩石农二代”“清华大学乡村振兴工作站千山站”直播账号，加大网络销售力度，促进直播平台流量逐月上升，南果梨销售增长势头良好，2024年网店销售南果梨达3万斤，线下销售20万斤，村民销售收益较往年增长45%。

直播销售

## 浙江省金华市义乌市后宅街道李祖村

# 农创客点燃乡村振兴新引擎

### | 案例特点说明 |

李祖村曾是义乌市后宅街道远近闻名的贫困村，地处偏僻、交通不便、信息闭塞，村集体几乎没有任何收入。实施“千万工程”20年来，李祖村深入践行“绿水青山就是金山银山”理念，围绕“国际文化创客村”IP定位，引进职业经理人运营团队，持续培育孵化农创客，大力发展创客经济，通过溯源李祖村乡土文化脉络，形成“有礼的祖儿”特色乡创文旅品牌，通过“众创+文创”的乡村经营新模式，吸引带动外来青年人和周边村民参与乡村旅游建设，焕活乡村年轻生态，激活产业内生动力，实现了从“落后村”到“明星村”的华丽嬗变。李祖村引进农创客促增收的做法被写入中央办公厅总结推广浙江“千万工程”经验的调研报告。2023年9月20日，习近平总书记考察李祖村，称李祖村是共同富裕的典范，是浙江“千万工程”显著成效的缩影。

李祖村从曾经看不到希望的“水牛角村”，逐步蜕变为环境优美、颜值在线的“明星村”，又直面如何跑赢乡村建设“下半场”难题，全面打开“两山”转化通道，真正实现了乡村振兴、共同富裕。2023年9月20日，习近平总书记考察调研李祖村，与农创客深入交流，称赞“李祖村扎实推进共同富裕，是浙江‘千万工程’显著成效的一个缩影”。

李祖村“千万工程”的成功实践，离不开农创客的鼎力支撑。近年来，村“两委”带头、村民参与、团队入驻，李祖村围绕“国际文化创客村”IP定位，通过“引、育、融”三字“金钥匙”招才引智，持续为李祖村注入生机与活力，聚力打造了一个农创客集聚、新老村民融合的新型乡村、众创乡村，实现创客产业年销售超6000万元，带动村民人均年增收近3万元，点燃乡村振兴新引擎。

李祖村第六期创客沙龙

## 一、聚焦怎么“引”？

乡村营商环境的持续优化，让李祖村成为新老村民的创业乐土。一是让专业的人做专业的事。2020年李祖村试点职业经理人运营模式，招引“乡遇文旅”团队入驻李祖村，作为第三方运营开展统一招商、产业孵化、活动策划、宣传推广等，将重点放在年轻创客和新型业态的培养引进上，以“在这里我们和一批有趣的人做乡邻”的理念，吸引众多年轻人加入，几年来先后招引71家主体265余名创客来到李祖村创业。引进的清华大学文创学院“乡村特派员”，在李祖村落地一间火遍义乌的“屋顶咖啡馆”，最多的时候一天能卖掉100杯咖啡，在小红书同城咖啡店榜单上名列第一，为李祖村引流近10万人次。二是以优质基础配套吸引创客进村。结合未来乡村创建，邀请浙江大学专家团队对村庄进行全方位规划，按照城乡融合标准提升基础设施和公共服务，先后建成乡村会客厅、电商金融驿站、妇女儿童驿站和康养驿站等应用场景，吸引越来越多的人不仅在李祖村创业，也在李祖村安家，成为真正的“新李祖人”。三是多方筹资保障顺利度过培育期。义乌市后宅街道通过以奖代补的形式，为运营方进村提供了3年每年120万元的培育期扶持资金；村集体与义乌市水务集团、农商银行等结对共建，保障部分村庄提升的建设资金。同时，运营团队与村集体探索出台“三年免租”等系列招商举措，助力青年创客进村轻资产创业，吸引了一批青年人来村“试水”。

李祖村创客小院

## 二、聚焦如何“育”？

保持创业创新活力在于产业、服务、人群的持续更新迭代。一是众筹激发更多村民化身创客。2018年年底，由李祖村村集体带头，组织30位村民众筹50万元，共同创办“豌荳花乡厨”，仅用半年就收回成本，截至2024年底，股东已分红6次。设立强村公司，强村公司与村集体一起打造“妈妈的味道”美食街、“十亩时光共享营地”等一批产业项目，带动160多位本村村民和周边村民实现“家门口就业”。二是搭建平台提升创业孵化能力。利用村内的老旧厂房以“微改造”方式打造了集创业指导、创业孵化、电商培训、金融法律于一体的“众创空间”。通过培训、沙龙、现场考察、翻转课堂、举办农创客大赛等多种形式，为农创客提供系统的成长方案，先后引入农村电商直播、电影工作室、策划设计等10余种业态。58岁的“李氏梨膏糖”主理人老李，通过培训也洋气地当起“播客”，直播时吹拉弹唱，成为众多创客学习的对象。三是组建创客联盟促进抱团发展。2022年，以李祖村创客为主体，成立义乌市农创客发展联合会，引入新女性共富联盟、青年众创联盟等社群。创客从“单打独斗”到成为“项目合伙人”抱团发展，提高了整体竞争力。农创客发展联合会开发的以农耕文化体验为主的周末亲子研学项目，一经推出就获得游客热捧，已累计接待学员超30余万人次。

“李祖乡遇”共富工坊直播间

## 三、聚焦何为“融”？

共富共融方能留住人心，保证村庄可持续的生命力。一是讲好“有礼”故事融文化。通过擦亮“全国文明村”金字招牌，溯源李祖文化脉络，以梨为形、以礼为魂，讲述李祖村“有礼”故事，打造“有礼的祖儿”村庄品牌IP，联合创客开发“争做有礼人”、乡村小创客夏令营、“李祖乡约”等文创产品，通过“礼文化”增强创客对于村落文化的认同感、融入感、归属感。二是实施“新村民计划”融治理。增选创客代表为村青年委员，参与村庄治理，用创客新风引领村民思想更新，改变传统陋习，带动村民参与新业态、新生活。创新设置“有礼分”乡村治理体系，原住民、新村民既是好邻居，也是合伙人，真正实现新老村民抱团众创，一起共创乡村事业、共建熟人社区。三是开展“乡村造节运动”融生活。策划邻里节、摄影节、村民生活节、创客音乐节、文创艺术节等一系列主题节日活动，促进创客与村民、游客之间的充分互动，打造令人向往的“李祖温度”，初步形成三产融合发展的农创产业格局，构建“共建、共创、共享”的乡村生活共融体。

李祖村农事研学活动

# 江西省新余市渝水区新溪乡西江村

# 种得西江“梧桐树”<br>引得人才“凤来栖”

## |案例特点说明|

西江村是中国传统村落，文化底蕴深厚。村党支部在结合自身资源禀赋、条件优势的基础上，精心实施“梧桐计划”，积极发挥人才在乡村振兴中的引领作用，通过转思维多路并进，重实效按需施策，搭平台关心激励等方式，下足乡村人才“引、育、用、留”功夫，有效破解了人才招引、培育、作用发挥等难题，全方位优化了乡村人才生态，人才队伍规模不断壮大、素质稳步提升、结构持续优化，为全村产业增收、农民致富提供了强劲的智力支撑，一幅“梧桐花开、凤栖西江”的美好图景正徐徐展开。

## 一、基本情况

西江村位于江西省新余市渝水区新溪乡中心地带，距离新余市区45公里，距省会南昌约120公里。全村现有240户812人，耕地面积1980亩、山地面积2100亩，下辖西江、二言、湖头3个自然村，村落历史悠久，古建筑密布，自然环境优美，两水交汇（袁河和南安江），依山傍水，呈现“宅前临古渡，绿树绕溪头”的低丘聚落空间景观意象。近年来，西江村融合古村、古酒、古油茶“三古”特色资源，大力实施以乡情、亲情、友情等为纽带，旨在鼓励和吸引各类人才为乡村振兴增智添彩的“梧桐计划”，探索出一条偏远乡村的人才振兴新路。西江村先后获新余市乡村两级重点工作先进集体、新余市“党建+颐养之家”先进集体等诸多荣誉，2019年被列入第五批中国传统村落名录。

西江村整体风貌

## 二、主要做法及取得的成效

### （一）以海纳百川之势广开引才之路

一是产业项目“引”才。结合村情民意和资源优势，围绕县域主导产业和重点项目需求，加强与高校、科研机构、咨询单位合作，探索高层次、科研人才引进路线，“组团式”服务西江产业发展。立足137亩国内稀缺的有着200余年历史的古油茶树资源，与中国林业科学研究院亚热带林业实验中心达成战略合作协议，4位权威专家在西江村设立油茶博士工作站，引种长林、赣无、三华等共计25个品种，共同打造西江古油茶种群保护和种质创新工程，成功获评国家级油茶科技小院，江西省油茶产业融合示范和数字化基地，积极申报国家种质资源库和“油茶科普小镇”。二是归雁回流“招”才。以乡情、亲情、友情为纽带，持续开展“引老乡、回故乡、建家乡”活动，同时启动“新村民”招募计划，鼓励农村优秀人才和外出务工人员回归故里，创办企业，推动特色产业发展。依托西江人才工作站，成功引进了刘平云（北京冬奥会吉祥物“冰墩墩”设计者）工作室、广州美院创作基地、新余市文联西江文艺创作基地、风行设计工作室、规划设计院鲁班工坊等业态入驻西江村。三是示范效应“聚”才。以一流的发展环境、优质的服务为抓手，以才荐才、以才聚才，发挥创业示范效应，成功引进国内知名设计人才——风行设计工作室总经理辛冬根，投资600万元兴建“良食”餐厅和“遇见西江”民宿，将西江农耕、古村等元素巧妙融入，成为远近知名的网红打卡地。在辛冬根的示范带动下，成功推荐、引进了一批艺术家在西江创建艺术写生创作基地，成为人才引进带动“农文旅”结合以及推进乡村全面振兴的一大亮点。

“新村民”招募计划（左4为北京冬奥会吉祥物“冰墩墩”设计者）

## （二）以春风化雨之情深耕育才之壤

一是有的放矢“育”才。组织10多名由村委干部、民宿老板、建筑工匠组成的“取经团队”积极“走出去”，学习民宿、农家乐开发运营模式以及古村落修缮保护利用等经验，为西江古村落基础设施建设项目的实施打下坚实基础。全面实施“新型乡村建设工匠”培训计划，48名工匠经过选拔、培训、考核，取得了良好的成绩，实现古建修缮与技艺传承相结合、培训工匠与培养人才相结合。二是精准施教“带”才。建立“传帮带”机制，为本土人才指定技术精湛、经验丰富的专家开展“结对帮带”，分门别类、分期分批进行实地指导，创建新溪南风酒酿造技术、铲刻彩联、篾匠手艺、舞龙舞狮4个民间传统技艺传承体验馆，弘扬传承本土优秀传统技艺，西江已然成为非物质文化遗产体验的乐土。三是捐资助学“养”才。积极引导商会组织和企业家反哺家乡，参与公益事业，特别是设立每年3万余元的教育教学基金，用于奖励为西江教育教学作出突出贡献的教师以及资助优秀高考毕业生、品学兼优但经济困难的学生，激励学生后辈更加勤奋学习，以优异的成绩回报家乡。

“良食”餐厅雨后航拍图

## （三）以滔滔不绝之志激活用才之源

一是下沉一线“炼”才。实施“逐梦桑梓”人才工程，积极对接省市等相关部门，推动人才向基层一线流动，新余市农业农村局指派一名第一书记担任村级集体经济发展指导员，乡党委选派2名年轻干部担任驻村队员，同时将4名懂经营、善管理的党员培养为村级集体经济经营管理人员。组建1个乡村振兴样板基地，成立4个专家服务团队，在一线“支招”，每年开展“田间课堂”“科技下乡”10余次。二是党建引领“管”才。坚持党管人才原则，在乡党委指导下，组建成立西江青年人才党支部，率先在全区设立人才驿站和人才服务工作专班，构建了党委领导、政府主抓、村委配合、社会协同的人才工作格局。通过村委摸底、商会引荐、能人推荐等渠道，建立新溪籍人才动态信息库，入库乡土人才476名，其中西江村涌现了以傅林生、彭成亮等为代表的13名党员致富带头人，示范带动村民种植新余蜜橘、沃柑、甘蔗等1600余亩，引领村民增收致富，人均增收1万余元。三是组织关怀“激”才。加强乡土人才政治引领和政治吸纳，注重在乡土人才中发展党员、培养村级后备干部，积极推荐贡献突出、群众认可的乡土人才参选人大代表、村小组长，不断提升乡土人才的获得感、荣誉感。新一届村“两委”班子平均年龄下降5岁，35岁以下占比40%，大专以上学历占比60%，致富能手占比60%。

致富带头人带动村民种植新余蜜橘、沃柑

## （四）以上善若水之心厚植留才之本

一是优化环境“留”才。持续优化人才居住环境，重点在“宜业、宜居、宜家”上下功夫，在“安心、舒心、开心”上做文章，抓好基础设施建设，改善村庄环境。投资1490万元的西江古村落美丽乡村建设、590万元的古建筑修缮项目全面完工，投资450万元的西江书院、油茶科普展示馆、美术馆、乡村记忆馆正在建设中，投资800万元的环境整治项目二期即将完工，西江整体面貌焕然一新，村部服务功能稳步提升。二是搭建平台“护”才。创新打造西江“候鸟型”人才工作站，开展“候鸟型”人才服务工作，吸引“候鸟型”人才常来西江、常留西江、常驻西江。同时全力营造“爱才护才”的良好氛围，特别是在政策、资金、项目、服务等方面给予倾斜，鼓励支持为真正敢拼敢闯敢为的人才“开绿灯”，充分调动他们的积极性和创造性，让优秀人才真正“落地生根”“开花结果”。三是回流工程“暖”才。充分发挥新溪商会回归联络处等平台引才作用，用心织密“乡情联络网”，开展“引商回乡”活动，多维度完善健全“固巢留凤”工作体系，畅通本土人才“回凤”渠道。每逢节假日，由乡党政主要负责人带头，以上门走访或电话访问等形式走访慰问本土人才及其家属，力所能及地帮助他们解决困难和问题，动员他们回报桑梓、返乡创业，闯出了一条农村基层“引、育、用、留”人才的新路子。

西江古油茶种质资源库项目建设现场

## 湖北省宜昌市当阳市半月镇罗店村

# 人才筑基为乡村振兴蓄势赋能

### | 案例特点说明 |

乡村振兴，关键在人。罗店村坚持以人才振兴推动乡村全面振兴，按照“党建引领、产业带动、共建共享”的思路，围绕柑橘、电商、农旅融合等特色产业，充分挖掘各类人才资源，持续激发人才创新创造活力，涌现出了一批典型人物，打造出了一支有觉悟、懂科技、善创业、能担当的乡村人才队伍。“群英荟萃”让罗店村焕发出了无限的生机与活力，村集体经济收入稳步提高，宜居宜业和美乡村新图景正在逐步实现。

## 一、基本情况

湖北省宜昌市当阳市半月镇罗店村地处鄂西南丘陵岗地，是凤凰山国家柑橘生态公园所在地，物产丰富，风光旖旎，面积27.4平方公里，辖6个村民小组，全村常住人口753户2468人。近年来，该村坚持以人才振兴引领推动乡村全面振兴，积极探索吸引人才的新思路、新途径，走出一条人才引领乡村振兴的特色之路。该村先后获得湖北省村级集体经济发展进步村、湖北省美丽乡村建设试点村、当阳市文明村、当阳市先进集体、湖北省美好环境与幸福生活共同缔造活动试点村、湖北省乡村振兴示范村等多项荣誉称号。

## 二、主要做法

### （一）党建引领，强基固本筑堡垒

一是激活头雁示范效应。2021年罗店村换届后，村“两委”针对村里实际情况，明确了“清产核资、做强主业、创新模式”的发展思路，从建强班子和发展壮大村集体经济入手，带领罗店村开拓高质量发展新局面。二是选优配强“两委”班子。罗店村高度重视“两委”班子建设。建立健全联村镇党委成员结对帮带村党总支书记、主任，驻村第一书记结对帮带其他村干部的工作机制，不断提升村干部综合能力素养。坚持把政治标准放在首位，通过召开村民小组评议会、民主议事会、党员大会等，择优选拔政治素养高、群众基础好、工作能力强的优秀人才进入村干部队伍。三是注重后备队伍培养管理。逐步建立“优秀青年人才—村级后备力量—村‘两委’干部—村党组织书记”培育体系。重点针对35周岁以下、大专以上学历的青年人才，组建后备人才种子库，将表现优异的后备人才分批吸纳进入党组织，常态化开展谈心谈话和党的理论教育培训，帮助其提升思想和政治素养。

返乡创业人才带领团队研究发展农村电商

## （二）产业带动，外引内孵聚人才

一是搭建电商平台吸引人才返乡。借助半月镇打造“柑橘网红小镇”契机，以村集体土地入股的方式，与返乡创业人才成立的简悦电子商务有限公司共建“罗店云仓”，推出罗店村“富农计划”，打造了“罗家店子”区域品牌和极富本土特色的动漫形象“罗掌柜”，吸引在外青年回乡参与云仓建设，创新“短视频+直播基地”的方式，让直播带货变得更专业、更优质、更精准。二是发展农旅融合吸引市民下乡。主动融入凤凰山片区农旅融合，联合周边村打造凤凰山共享经济试点片区，引导各类市场主体加入共享经济新模式，截至2024年底，已发展共享橘宿、共享橘厨、共享橘园、共享橘营、共享橘烧等共享经济市场主体13家。每逢节假日在凤凰山观景台举行“月半宵夜趣”烧烤节活动，以夜宴、夜演、夜游的形式，精心打造乡村夜游新地标，吸引众多游客深度参与。

罗店村吸引烧烤达人参加“月半宵夜趣”活动

三是扶持本土人才推动村民共富。支持本地种养大户依托良好的生态环境和地理优势，应用新技术、发展新模式，帮助其拓宽视野、增强本领，成长为产业带头人，带动更多小农户增收致富。争取资金项目优先扶持本地合作社、家庭农场，村干部"一对一"做好服务，引导其发展壮大。2021年以来，先后12次组织本土人才到先进地区考察学习，现场观摩特色产业发展经验做法，参与人数达到百余人。

### （三）做优环境，共建共享凝合力

一是坚持"科技赋能"。围绕柑橘、粮油等主导产业，为基层技术人才搭建服务平台，加强与华中农业大学、农科院等高校、科研院所的合作交流。2021年以来，邀请各类专家到村开展技术培训20次，在罗店村建立试验田和实验基地，让本村种植户迅速成长为"田专家""土秀才"。截至2024年底，已培育农业产业技术人员25人、高素质农民30人，认定农村实用人才28名。二是写好"民生答卷"。近年来，罗店村抓住人才这个关键力量，打好"乡情牌"，引导多方共同参与美丽乡村建设。聘请乡村规划师与村民一起设计改造

柑橘种植技术人才在田间教技术、解难题

方案，邀请本地乡村工匠参与施工，发动群众整治房前屋后人居环境，引导在外成功人士为家乡建设建言献策、捐款捐物，凝聚共建共享合力。2021年以来，在外能人向村内捐资80多万元用于基础设施建设和困难群众帮扶。三是筑牢“精神粮仓”。为创造更好的发展环境，让人才留得住，罗店村深入推进农村精神文明建设，为乡村人才注入“精神力量”。设立学子榜、能人榜、好人榜，鼓励村民见贤思齐。持续挖掘民间文化资源，培养乡土文化人才，扶持乡村文艺社团建设，丰富群众精神生活。

## 三、取得成效

### （一）构筑村集体发展新格局

在头雁的带领下，2021年以来，3名后备干部进入村“两委”班子，“老中青”梯次配比均衡；发展年轻党员4名，平均年龄28岁，培育“一村多名大学生”2名，有效缓解了村级干部“青黄不接”、后继乏人的问题。在一班人的努力下，仅仅两年时间，罗店村54.6万元历史债务全部清零，2024年实现村集体经济收入67.7万元。罗店村连续两年获得“先进集体”称号。

### （二）打造电商人才新高地

以“罗店云仓”为依托，聘请专业讲师在村级电商服务中心免费培训36期，培训学员218余人次、孵化主播46人，将村民从“直播小白”变为“乡村新媒体达人”，村民陈祺零基础学习电商销售，短短几天通过线上销售农家蔬菜过百斤；李鹏通过电商销售橙子年收入200万元以上；赵梦云通过电商销售自家柑橘、张志江通过电商销售自家冬桃，均供不应求。村里出产的农产品、传统酱菜、手工编制的工艺品等越来越多带着乡土气息的农副产品驾着云仓飞出罗店，飞向全国。“村委会+电商+企业+合作社+农户”的融合运营模式被湖北省商务厅及湖北电商协会作为优秀案例予以推广。

### （三）拓宽联农带农新渠道

该村柑橘种植大户卢万军成立富乐无核椪柑专业合作社，吸纳社员216户

648人，发展柑橘种植基地6800亩，该合作社还被列为“湖北省科技特派员工作站”。引导能人刘武彩学习先进技术，做“第一个吃螃蟹的人”，在村内率先改良柑橘品种300亩，如今柑橘年产量约125吨，产值达180余万元，在他的带动下，罗店村约7000亩柑橘完成了品种换代，农户人均增收1.65万元。引导村民闫友宜承包180亩土地种植花椒，年收入90万元，免费为村民提供种植技术和树苗，推动种植户年均增收0.5万元。

### （四）带火农旅融合新业态

通过创新打造夜经济项目，激发了乡村夜间消费活力。2023年，一场以“月半宵夜趣”为主题的烧烤音乐节活动，吸引游客1.5万人次，吸引市场主体30余家，营业收入超30万元，网罗了一批“烧烤达人”“摄影达人”在此聚集，形成乡村夜游新地标和网红打卡点。在火爆人气的加持下，该村还成功引入能人余清柏投资5000万元建设“清松晓苑”乡村民宿度假区，项目建成后预计将带动村集体经济年增收18万元，提供就业岗位20个。

### （五）倡树文明和谐新风尚

挖掘了“宜昌好人”陈圣菊等一批道德模范；培养文艺爱好者26名组建“腰鼓队”“舞龙灯队”等民俗文艺团队，常态化开展惠民表演活动；成立12人的理论宣讲团队，结合“板凳课堂”等形式，开展理论宣讲40场次，惠及村民1218人次。能人夏秀华自愿捐资50万元新建村史馆，记录自1949年以来罗店村发展演变历史，成为当地乡土文化和乡土记忆的承载地，让村民沉浸式体验，增强对家乡文化的认同感和凝聚力。该村先后获评2022年度当阳市文明村、2023年度当阳市清廉村居典型村，文明乡风不断延续。

## 海南省三亚市崖州区

# 书写“科技兴农”故事　绘就乡村“丰”景

### | 案例特点说明 |

崖州区聚焦重点产业、重点项目建设需要创新“农业+科技+博士村长”发展模式，聘任211名各专业领域的博士人才，组成27个“博士村长”团队，对乡村进行驻点服务，重点支持发展特色产业、关键技术攻关、项目合作、科研成果转化和农技指导推广，带领各村充分挖掘自身资源优势，引进和发展特色产业。全区引入“双壹计划”，以“一乡（镇）一名研究生”订单式培育乡村振兴专项研究生，建立政府、企业、院校联合导师制，专项培育一批“留得住、用得上、懂农业、爱农村、爱农业”具有国际视野的知农爱农高层次人才。充分利用科技集聚优势，培育一批南繁新型高素质农民，不断提高农业创新力、竞争力，带动村民增收致富。

## 一、基本情况

崖州区地处海南省三亚市西部，在长期的生产生活实践中，基本形成了以种业为主，热带水果、冬季瓜菜为辅，特色种植养殖为点缀的农业产业结构。2022年以来，崖州区积极探索“农业+科技+博士村长”发展模式，从崖州湾科技城园区内的高校、科研院所、企业创新聘任211名博士人才，组成27个“博士村长”工作队，按照“1+1+N”模式结对帮扶27个村(社区)、居，围绕挖掘特色产业、实施项目合作、转化科研成果等内容开展多样帮扶，加快推动乡村产业结构升级，发展壮大农村集体经济，不断拓宽农民增收致富渠道，以人才振兴助力乡村振兴，打造崖州乡村全面振兴样板。

## 二、主要做法

### （一）坚持党建引领，着力健全工作运行机制

崖州区委系统部署“博士村长”项目落地实施，由区包点领导做好跟踪问效服务，村（社区）党组织主动对接服务，帮助“博士村长”团队掌握村情，因地制宜开展工作，着力构建区委统筹协调、村级协同推进的责任落实体系，形成责任到人、齐抓共管的工作合力。

崖州区第二批乡村振兴“博士村长”聘任仪式

崖州区委每月召开推进会、调度会、座谈会等，实时掌握博士团队工作动态。根据博士团队在聘期内谋划产业项目落地、带动增收等方面情况进行考核，将考核情况作为连续选派“博士村长”团队的依据，逐步形成“博士村长”项目全流程闭环式管理工作机制。任命12名党员“博士村长”到结对村（社区）总支部委员会副书记岗位任职，鼓励博士团队参与结对村（社区）党建工作。积极入村开展党的二十大等系列政治理论宣讲，调动和引导广大干部

群众积极参与乡村振兴。

## （二）聚焦作用发挥，着力构建一盘棋工作格局

组织部门会同农业农村等职能部门先后深入调研各村（社区）产业现状、村域资源、发展定位与需求等，与崖州湾科技城园区内的专家人才团队进行洽谈，结合专家团队专业背景、研究方向和个人意愿，选派相适宜的“博士村长”团队到村结对帮扶。实践过程中，崖州区委根据部分团队资源技术与帮扶村（社区）产业发展、需求定位匹配度不高的情况，在聘期期满后与派出单位沟通交流，及时调整配备“博士村长”团队衔接服务村（社区），推动团队资源供给与各村发展需求精准对接。

“博士村长”团队驻村后，会同当地村干部、村民代表进行调研摸底，了解帮扶村（社区）产业、资源、劳动力等情况，对产业现状、基础设施、村容风貌等多方面进行评估，进一步挖掘乡村优势资源，共同研究制定可行性、长远性的产业发展规划。每月不定期到村了解帮扶村（社区）产业项目现状、农民需求等，深入田间地头帮助农民解决在种养过程中遇到的技术难题。

城东村“博士村长”为农户示范田间操作技术

博士团队从产业发展、试验示范、科技服务和科普培训等维度发力开展帮扶工作，如秦元霞博士团队通过引进社会企业投资，探索“专业公司+村集体+农户”的发展模式，大力发展抱古村睡莲产业；周瀛博士团队深入田间地头加强技术指导、技术培训，解决农户生产中的难题；易克贤博士团队、魏立民博士团队通过推广新技术和新品种，打造试验示范项目，以点带面带动村民发展新产业；方晓东博士团队通过科普进校园活动、研学、技术培训等形式，提升农民生产技术水平。

临高村“博士村长”查看百香果长势

## （三）强化服务保障，着力健全政策措施

崖州区委、区政府每年为“博士村长”工作队安排10万元工作经费，落实定期体检、办理人身意外伤害保险等政策措施，解决下村期间伙食和交通出行问题，配备固定的办公场所和必要的休息场地；对博士团队牵头负责的乡村特色产业项目加大扶持力度，引导崖州农业产业化龙头企业与“博士村长”团队建立合作，加快打造农业全产业链；建立以工作实绩为导向的招才引才激励保障机制，博士团队通过引进产业项目、破解关键技术难题等方式，为村集体经济发展带来盈利，从盈利中拿出10%作为绩效奖励金发放给博士团队。

## 三、取得成效

### （一）传统产业提质增效

各“博士村长”团队根据服务村（社区）传统产业现状与存在问题，以科技加持和技术帮扶，让原本小、散、粗放的豇豆、玉米、水稻、青瓜等本土产业在病虫害防治、土壤改良、品牌打造、延长产业链等多样帮扶方式下变成高产、高效和高附加值的特色产业。

### （二）新兴项目落地生根

各“博士村长”团队围绕服务村（社区）的村域资源、民俗文化、发展需求等，制定符合该村实际的产业发展规划，谋划引进一批优质新项目，实现村集体和农户“双增收”。现已成功推动城东特色食用菌、赤草林下文昌鸡养殖等多个特色产业项目在崖落地见效。

### （三）产研合作开花结果

各“博士村长”团队紧密联动高校院所、企业、定向服务村（社区）资源通过村企合作、供需对接等方式，促进专业技术、村集体资源与科研资源的高效整合。广东省科学院南繁服务CRO实践基地和智慧农业示范区等多个集科普、研学、休闲为一体的实践基地和示范区先后通过“村企合作”模式落地崖州，乡村产业发展之路不断拓宽。

### （四）技术帮扶进村入户

各“博士村长”团队依托自身专业知识和技术优势，通过博士讲堂、田间课堂、技术培训、现场示范会等，采取集中培训与个别指导、课堂教学与田间地头相结合的形式，为农户答疑解惑，将先进知识、理念和技术送到农民手中。同时，针对南繁基地区位优势和用工需求，引入代育制种、田间管理等CRO服务帮助农民实现在家门口就业、基地里学技术，培育一批“爱农业、懂技术、善经营”的高素质农民。

## 陕西省铜川市耀州区石柱镇马咀村

# “四点发力”打造人才振兴新高地

**| 案例特点说明 |**

马咀村以人才振兴为切入点，通过选好“领头雁”、办好“培训班”、建好“资源库”、念好“致富经”四点发力，带领党员干部群众兴产业、拔穷根、谋转型、促振兴，将马咀村从过去“光棍一串串，有女不嫁马咀汉”的“烂杆村”建设成远近闻名的“文明富裕村”，走出了一条举旗领跑、接续奋斗、共同富裕的发展之路。

## 一、基本情况

马咀村毗邻包茂高速和国家级水利风景区锦阳湖，全村共560户1890人，党员53名。近年来，村党支部通过选好“领头雁”、办好“培训班”、建好“资源库”、念好“致富经”四点发力，带领党员干部群众兴产业、拔穷根、谋转型、促振兴，让原本一个“人均纯收入不足700元、群众散居沟边土窑、村级集体经济为零、光棍远近闻名”的“贫困村”，实现了脱胎换骨式的蜕变，先后荣获全国文明村、全国乡村旅游重点村等多项荣誉。2024年，马咀村村民人均可支配收入达到25460元，村集体经济经营性收益达到520万元。

## 二、主要做法

### （一）选好“领头雁”，夯实硬底盘

一是坚持高线选人。对照“双好双强”标准和“负面清单”严格人选审查，积极引导本村致富能手、外出务工经商返乡人员、本乡本土大学毕业生、退役军人等进入村“两委”班子，按照优中选优的原则，突出抓好村级党组织书记的选拔，让“领头雁”轻装上阵。

二是培足后备力量。建立村级后备力量动态培养机制，结合发展党员工作，充分挖掘农村人才资源，探索建立“把致富带头人培养成党员，把党员培养成致富带头人，把党员致富带头人培养成村组干部”机制，建立村级后备力量数据库，通过设岗定责、专人帮带，跟踪培养。

三是吸纳青年返乡。建立健全与在外创业人员常态化沟通联系平台，充分利用寒暑假、节假日等契机，组织在外创业优秀青年召开恳谈会、实地观摩等，引导回乡创业就业。大力发展村级产业，通过就业务工、土地流转、入股分红等，健全完善联农带农机制，促进周边群众增收致富，吸纳更多优秀青年回村就业创业。

马咀村全貌

## （二）办好“培训班”，突出富脑袋

一是统一思想训。将“思想引路、为民服务”作为发展致富的第一要义，充分利用“三会一课”主题党日等载体，深入学习贯彻习近平新时代中国特色社会主义思想，学深悟透弄懂其中蕴含的方法论，树牢为民服务的宗旨意识、厚植为民服务的情怀。

二是开拓眼界训。将“解放思想、开拓眼界”作为发展致富的第一要务，紧扣村级发展实际、紧跟发展潮流趋势，常态化组织村组干部、致富能手、返乡青年等中坚力量前往浙江、江苏、山东、四川以及西安、汉中等地，全方位深入学习各地的发展思路、经验、教训，及时研究总结，为村级发展奠定了坚实基础。

三是灵活方式训。将“以人为本、因材施教”作为发展致富的第一动能，以“干部能力培训班”“实用性技术培训班”“招商引资活动”“信访矛盾化解”等为抓手，以会代训、以工代训、以事代训，全方位锻造提升干部群众的技能、水平、素养，持续提升村级发展动能。

## （三）建好“资源库”，激活源头水

一是建立名人库。以全面推进乡村振兴为契机，多渠道联系在外名人，组建理事会，引导其参与村级事务，发挥名人效应，赋能村级发展。

二是建立本土人才库。以本村“致富能手、乡村工匠、退伍军人、返乡就业毕业生”等为重点，全面建立村级人才储备库，动态更新人员名单，实时掌握全村各类人才资源。

三是建立帮扶力量库。以“东西部协作、定点帮扶、各级领导包联、日常往来企业”等为重点，全面梳理各类帮扶力量，形成村级帮扶力量库，定期交流、对接，汇聚各类资源，集聚发展动能。

## （四）念好“致富经”，迈上共富路

一是破旧立新，全力绘就安居乐业“新图景”。积极践行“绿水青山就是金山银山”的发展理念，痛下决心关停水泥生产线，另谋绿色可持续的产业致

马咀村设施大棚全景

富新路。同时，以解决村民“住房难、耕作难、挣钱难”为突破口，多渠道筹集资金，统筹布局实施“整村移民搬迁、平整土地、旱原节水灌溉、建校兴教、道路建设、低压整改、退耕还林、山川秀美”八大工程，为群众安居乐业吃下了“定心丸”。

二是强基固本，全力打造现代农业“新样板”。依托区级现代农业园区和“百万亩设施蔬菜工程”建设机遇，大力发展以“樱桃、蔬菜”为代表的设施农业，统一建棚、统一苗木、统一技术、统一管理、统一服务、统一销售，形成了“党支部+公司+农户”联农带农经营模式，同步建立“种植、加工、储藏、配送”一条龙冷链物流体系。

三是立足实际，全力推动文旅赋能“新业态”。抢抓乡村旅游发展的机遇，村集体成立了陕西云骏文化旅游产业发展有限公司，深入挖掘村级旅游资源，加大对外招商力度，整体打包、分块算账，先后建成了桥畔葡萄酒汉唐酒庄、高标准集装箱民宿、干部培训基地、卡丁车游乐场、射箭场、无动力乐园等一大批旅游设施，形成了集生态观光、果蔬采摘、摄影婚庆、亲子游乐、餐饮休闲为一体的产业体系，成功创建国家AAA级旅游景区，推动了农业产业、旅游发展、乡村文化的快速融合。

## 三、取得成效

### （一）好头雁带出强班子

狠抓基层党组织建设，全村党总支53名党员中，20%为致富带头人，大专以上学历达到34%，建立了50余人的“四类人才库”。马咀村党总支被评为全省先进基层党组织，马咀村被评为标准化建设省级示范村，党总支书记李云南先后被授予全国优秀共产党员、全国劳动模范、全国农村优秀人才、中国乡村旅游致富带头人等称号。

### （二）好支部托起致富路

党总支推行“党支部+公司+农户”发展模式，将党小组建在产业链上，建成日光温室大棚150栋，培训基地6400平方米，总投资2亿元的桥畔葡萄酒汉唐酒庄落地马咀，形成了设施农业、乡村旅游和葡萄酒酿造三大特色产业，先后被评为中国乡村旅游模范村和全国乡村旅游重点村，村民拥有设施农业、土地流转、房屋租赁、就近务工及集体分红等多种收入来源。

以马咀村为原型的农村题材电影《马咀是个村》宣传海报

### （三）好情怀办好民生事

村党总支坚持一张蓝图干到底、一年接着一年干，从2015年开始，先后实施了平田、搬迁、美化“三大工程”，修建高标准农田1530亩，建成了1.35万平方米的“小洋楼”新村和4个村中花园，村民天然气、太阳能、光纤全入户，生活污水垃圾全处理。马咀村先后被评为国家最美宜居示范村庄、中国美丽乡村百佳范例和国家森林乡村，村民享受到了和城市人一样的品质生活。

### （四）好做法涵养好风气

先后建成乡村“复兴少年宫”、图书馆和新时代文明实践站，每年举办“好婆婆、好媳妇”“身边好人”评选，评选表彰星级文明户213户，设置社会主义核心价值观宣传牌60余处、墙体绘画800余米，建立50余人的志愿者队伍。注重能人培育，吸纳能人加入村级调委会，全村近20年未发生过刑事案件，无越级信访问题发生。2023年，马咀村被评为第三批全国乡村治理示范村。

## 青海省西宁市大通回族土族自治县

# “333”模式谱写东西部人才协作新篇章

**| 案例特点说明 |**

大通回族土族自治县立足“大通所需”，发挥“雨花所能”，牢牢把握人才关键要素，在人才交流协作上下好党管人才工作、党政干部挂职、专技人才交流“三步棋”，奏响乡村振兴、文化传承、“链上”培训“三部曲”，突出关心关爱、交流座谈和政策落实“三个度”，描绘了东西部协作人才共育、资源共享、成果共赢新图景。重点聚焦东西部深度协作，通过党政干部挂职、“组团式”引进人才等方式，推动本土人才全面振兴；瞄准以才兴产，打响农文旅融合全域品牌；着力营造爱才敬才环境，从政策上重视人才、感情上贴近人才、细节上关心人才，打造了东西部人才服务新生态。

## 一、下好“三步棋”，描绘东西部人才协作新图景

高度重视东西部人才协作工作，坚持系统谋划、全局思考、战略安排，切实增强人才工作的紧迫感和责任感。

### （一）下好党管人才工作“全盘棋”

多次召开县委常委会会议、专题会议和东西部协作党政联席会，把东西部人才协作作为重点人才工作推进。大通回族土族自治县与雨花台区两地党政

南京农文旅专家组到大通民族特色非遗工坊调研指导

班子互访，就产业转型、消费提质等方面深度合作，携手努力打造东西部协作“升级版”。

## （二）下好党政干部挂职“关键棋”

实施东西部协作挂职干部培养锻炼计划，为挂职干部发挥才智干事创业搭建广阔平台。挂职干部积极邀请腾讯、乡伴旅游等20多家企业负责人组团来大通实地考察农文旅融合和数字乡村建设，共谋大通经济社会发展。邀请20余名第五批援青干部、东西部协作挂职干部、南京“组团式”引进人才等赴大通开展调研活动，并组织开展义务植树，合力栽起一片“援青林”。邀请南京农文旅专家组赴大通民族特色非遗工坊、朔北藏族乡边麻沟景区、斜沟乡树蛙部落等6个调研点“把脉问诊”，为乡村农文旅产业融合发展提供了广阔的经营发展思路。

## （三）下好专技人才交流“制胜棋”

将“组团式”医疗、“组团式”教育作为助力乡村振兴的重要抓手，目前与雨花区完成乡镇（街道）结对5对、村（社区）结对4对、学校结对7对、医院结对10对，促进“组团式”帮扶协作向纵深发展。东才西用，大通回族土族自治县职业技术学校与南京中华中等专业学校建立合作关系，支医专家王波涛二次援青，支农专家金必忠连续三次来到大通，为大通培养了一支带不走的教育、医疗、农业人才队伍。西才东育，选派医疗卫生、农业、教育领域优秀专业技术人才赴南京“组团式”跟班学习，有效促进了本土人才振兴。

大通农文旅融合数字化平台“大通号”发布会现场

## 二、奏响“三部曲”，绘就东西部以才兴产新蓝图

将南京市雨花台区人才优势与大通本土资源相结合，实现人才交流、产业对接、优势互补，走出了东西部人才协作“大通模式”。

### （一）奏响乡村振兴“协奏曲”

立足携手共建，通过引进专业化团队、职业经理人，以“数字技术+品牌IP+流量经济”的方式，打造了农文旅融合的“大通号”县域经济体数字化平台和“DT3090”大通农文旅融合全域品牌，以流量经济赋能大通，让“大通牦牛”“老爷山蔬菜”“柏木沟景区”“东至沟木屋”“烟雨尕漏”等“地理标志产品”持续畅销省内外。坚持招才引智与招商引资一体推进，邀请相关领域专家采取技术合作、顾问指导等模式，实施精品民宿树蛙部落、不夜城经济等一批特色项目，打响“一城山水，大境通达”县域城市品牌。

## （二）奏响文化传承“进行曲”

采取“请进来拓思路”的方式，汇聚东部非遗人才力量，合力打造民族特色非遗工坊，以非遗手工创意产品推动农文旅融合产业深入发展。着力在非遗传承保护上出实招，诚邀江苏省刺绣非遗传承人为大通绣娘传技授业解惑，以训带产，推出了一批具有市场潜力的非遗精品，推动“指间技艺”转化为“指间经济”。

## （三）奏响“链上”培训“交响曲”

借助新一轮东西部协作帮扶，投入东西部协作人才培养专项资金200万元，通过“理论+实践”相结合的方式，大力实施东西部协作人才培养项目，采用各行业部门“点单”，组织部门对口“接单”方式，围绕乡村振兴、绿色生态、农业发展等8个重点行业产业，创新开展“一链一培训”，科学设置培

大通“绣美乡村”青绣产业人才研修班

训课程，既有理论，又有实操，确保走出去的是“精兵”，学回来的是“强将”。截至目前，开展民营企业代表（乡村CEO）、电子商务、青绣产业等专题培训，共计培训811人次，不断将东部地区优质资源转化为大通县人才学习培训的实践课堂。积极开展技能人才“线上+线下”培训和入户“送岗位”活动，劳动力赴江苏省转移就业131人，实现了有组织输出就业。

## 三、突出“三个度”，打造东西部人才服务新生态

着力营造爱才敬才环境，从政策上重视人才，从感情上贴近人才，从细节上关心人才，强化服务保障。

### （一）关心关爱有温度

开展南京“三支”（支教、支农、支医）人才中秋慰问活动，对挂职期满返宁人员赠送具有大通特色的皮影、刺绣、剪纸、农民画等文创纪念品，适时开展欢送会活动，让“三支”人才在大通倍感温暖。

大通举办特色文旅茶园产业人才培训班，学员在酒店后厨现场学习特色食材的搭配与制作

## （二）交流座谈有深度

开展东西部协作人才交流座谈会，与“三支”人才就生活情况、工作进展、未来计划等进行深度沟通交流，引导人才发挥才智优势服务大通。适时开展南京挂职干部、“三支”人才端午节、中秋节、国庆节等慰问活动，为挂职期满人员颁发荣誉证书，鼓励人才返宁后继续为东西部协作发展发挥桥梁和纽带的作用。

## （三）政策落实有力度

落实援青干部人才各项津贴福利待遇、休假和体检等政策，每月按标准落实援青津贴、艰苦边远地区津贴、公务交通补贴差额等。集中安排中兴佳苑16套人才公寓用于保障挂职干部住宿，切实解决了以往分散型居住、管理不规范、服务不到位等问题。

# 三、文化振兴

## 北京市顺义区马坡镇石家营村

# 以乡风文明之“魂”引领乡村振兴之路

**| 案例特点说明 |**

石家营村党支部积极寻求村庄发展出路，坚持党建引领，组建一支强有力的党员干部队伍，打造了文化惠民、邻里互助等9支志愿者服务队解决村民难题、劝阻不文明行为。充分发挥村规民约作用，推动共建共治共享。打造家道文化，弘扬中华民族传统美德，倡导“三种人关系”。大力发展特色农产品及农旅产品，依托顺马石观光园等旅游资源和骆驼养殖业优势，促进产业融合发展。

## 一、基本情况

石家营村位于顺义区马坡镇西北部，毗邻奥林匹克水上公园、顺义新城核心区，地理位置优越，交通发达，区级公路南陈路纵贯全村。驻村企业25家，年纳税额突破2000万元，村民人均年收入超过47000元。近年来，北京市顺义区马坡镇石家营村在全面推进乡村振兴工作的生动实践中，坚持守正创新、彰显首善标准，立足实际创造新做法、好经验，选树新典型、好榜样，不断引领形成文明乡风、良好家风、淳朴民风，持续焕发乡风文明新气象。

石家营村宜居环境

## 二、主要做法

### （一）与时俱进，以党建引领为引擎“强村基”

石家营村始终注重发挥党支部的战斗堡垒作用和党员的先锋模范作用，坚持把党的建设作为乡风文明建设的重要保障和推动力，围绕“抓党建强保障，建民生构和谐”的工作主线，干实事、敢负责、讲政治、严律己、强学习，积极推动党建与乡风文明建设深度融合。

村民是传承乡村文化、促进乡风文明的践行者。石家营村突出村民的主体地位，“两委”干部逐一入户邀请村民参与村规民约的制定，实施村规民约动态化管理。经过村民共同讨论，不断用新的村规民约替换已形成的村民日常行为准则，让好的行为习惯在村民间不断形成，让村规民约真正内化为群众的精神追求，外化为群众的自觉行动。

为切实打通服务群众的“最后一公里”，石家营村不断提升改造新时代文明实践站，清晰展示工作制度、组织架构和活动安排，先后组建成立政策宣传、邻里互助、绿色环保等9支志愿服务队，每月常态化开展“学习实践科学理论”“宣传宣讲党的政策”“培育践行主流价值”“丰富活跃文化生活”“持续深入移风易俗”五类新时代文明实践活动，传播新思想、践行新文明、弘扬好风气，将新时代文明风尚浸润到群众生活的各个角落。

千米绿色文化灯光长廊景色宜人

## （二）创新机制，以“家”文化为核心“铸村魂”

古人云“家之所齐，国之所治，天下之所平”。习近平总书记指出：“不论时代发生多大变化，不论生活格局发生多大变化，我们都要重视家庭建设，注重家庭、注重家教、注重家风”。石家营村积极倡导“家文化”，以“家文化”为魂，通过建造村史馆、创办“婆媳澡堂”、设立“精神文明奖”和“操心费”等系列创新举措，撑起了社会的好风气，培育了文明乡风，让乡村振兴有“面子”更有“里子”。

在石家营村，处处体现着“家”的概念。家家户户门前都贴有家风、家训和家庭故事，生动地反映出不同家庭的精神风貌和文明底蕴。200平方米的村史陈列室以“家”字为型进行布局，有三层含义：一是打造家道文化，弘扬中华民族传统美德；二是倡导“三种人关系”，年长者是我们的父母，同龄人是我们的兄妹，年幼者是我们的孩子；三是教育石家营村所有人不忘家恩，生在石家营，长在石家营，不管走多远，石家营永远是我们的家。自创村歌中唱道“你献智慧、我出力量，你培养孩子、我孝敬老人”，通过歌声引导村民敬家爱家。

为了让小家庭的每个个体都能自发自觉自愿地参与到大家庭的治理中来，真正形成共建共治共享的良好治理格局，石家营村在村集体经济收益分配上不搞平均发放，而是结合村域治理难点、痛点问题，创新性地提出了“以奖代罚”的激励方式。通过设立“操心费”、垃圾分类定点回收奖励机制、利益导向节水补贴机制、规范停车奖励机制等一系列长效机制，让矛盾、问题尽量不出家门口，不仅有效降低了乡村治理成本，而且让村与家充分融合，以小家的和谐稳定带动石家营村大家庭的持续健康发展。与此同时，石家营村坚持推动移风易俗，积极倡导“婚事新办、丧事简办、小事不办、杜绝大操大办”，不断培育村民的思想意识和文明行为，提高村民在立业治家处事方面的能力和水平。

“婆媳澡堂”被画在了彩绘墙上，弘扬孝道文化

村民共同营造干净整洁的街巷环境

## （三）立足长远，以共同富裕为目标“塑村形”

乡村振兴为农民而兴。习近平总书记强调，农业农村工作，说一千、道一万，增加农民收入是关键。石家营村紧抓民俗旅游发展和北京市新农村试点村政策契机，积极申报北京市休闲农业“十百千万”畅游行动项目，向农民经营者和民俗户提供专家团策划指导、设计教学等优质资源以及250万元资金支持，将特色农产品及农旅产品，从“吃喝、休闲、购物、住宿”等多个方面进行改造开发、全面提升。依托现有的玉成阁、绿谷良田亲子农场、顺马石观光园等旅游资源和骆驼养殖业优势，促进产业融合发展。有着“沙漠之舟”之称的骆驼，被石家营发展成了特色产业。该村以乡村美食文化为出发点，以骆驼文化为着力点，开展特色骆驼美食文化季、驼奶手工皂制作培训，邀请专业人士为民俗户讲解骆驼宴、手工皂制作过程，并为该村制定特色美食菜单，让游客沉浸式体验骆驼骑行观光、骆驼宴品尝、驼奶手工皂制作、农产品采摘等项目，带动乡村旅游发展。近3年来，接待游客5万余人次，营业收入360余万元，特色农产品销售收入超110万元。

村内蔬菜大棚硕果累累

## 三、取得成效

石家营村通过建立扎实有效的乡村振兴工作机制，以党建引领为引擎“强村基”，以“家”文化为核心“铸村魂”，以共同富裕为目标“塑村形”，构筑乡村社会的精神文化家园，实现思想观念、人文精神和道德规范的创造性转化和创新性发展。该村持续释放乡村文化的内在魅力、增强振兴发展的内生动力，焕发了乡村文明新气象，推动各项事业蓬勃发展，先后获得全国文明村、首都文明示范村、北京最美乡村等荣誉称号。

## 河北省保定市定州市东亭镇翟城村

# 夯实先进文化基石　赓续乡村治理传承

### | 案例特点说明 |

翟城村坚持“以文铸魂、以文塑形、以文聚力、以文振兴”，筑牢文化基石，促进乡村振兴。通过完善乡村制度建设、依托新时代文明实践站、深化“美丽庭院”创建等举措加强农村文化基础设施建设，不断提升群众文化素养。传承晏阳初“平教”文化、陈志潜公共卫生文化传统，通过打造中华诗词之村，为乡村振兴提供有力文化支撑。通过研发文创产品，打造研学基地，大力发展农文旅融合产业，实现村集体经济多元化发展。发挥基层组织带头作用，做大做强生态产业，强化乡村治理，推进乡村全面振兴。

## 一、基本情况

翟城村位于河北省保定市定州市城东，隶属东亭镇，共1260户5260人，耕地面积8004亩。该村是“近代村民民主自治第一村”，开创了中国以行政村为单位的地方自治的先河，创办了最早的村级女子学校，也是习近平总书记在2017年12月中央农村工作会议上讲到晏阳初主持开展“定县试验”的起源地和试验区。该村传承创新乡规民约的“九大信条”，强化乡村治理效能，提升乡村文明，成为新时代文化振兴和乡村建设的一面旗帜。

翟城村航拍图

## 二、主要做法

### （一）树新风，开创乡村新图景

一是完善乡村制度，促进乡风文明。制定完善村规民约细则，从社会治安、村风民俗、邻里关系、婚姻家庭、环境卫生、农房建设、安全管理七大方面加强治理，着力解决村内文明建设突出问题，不断转变村风民风。充分发挥红白理事会作用，大力整治大操大办、高额彩礼、厚葬薄养等不良习俗，强化移风易俗宣传，积极倡导和引领文明、健康、科学的时代新风尚。

二是开展志愿服务，弘扬社会正气。发挥新时代文明实践站作用，免费开放党员活动室、道德宣传室、科普教育室、农家书屋、志愿服务站等功能室，构筑"全村覆盖、出户可及、群众便利"的文明实践阵地。组织协调村内志愿者，常态化开展困难帮扶、义诊、义剪、爱心助餐等志愿服务活动，不断提高村民的生活质量和幸福指数。目前，村内有60名村民积极投身志愿服务，长期活跃在田间村巷，累计服务时长达5540小时。

三是创建美丽庭院，传习优秀家风。深入开展美丽庭院创建活动，融入家庭家风家教建设，坚持以优秀传统家风、道德模范、"好媳妇好婆婆"典型为引领，开展农村人居环境整治提升和“美丽庭院”、“最美家庭”评选活动，引导妇女学习典型。2024年创建美丽庭院32户，精品庭院10户，累计创建美丽庭院785户，精品庭院163户，已达到100%洁净庭院，86%的美丽庭院，20%的精品庭院。

## （二）重传承，点燃文化新爆点

一是盘活闲置资源，打造平教文化街区。翟城村充分发挥“平教文化”资源优势，积极推进晏阳初历史文化街区建设，2021年盘活利用晏阳初故居周边闲置农房15处，投资120万元修缮晏阳初故居、晏阳初展览馆、女子学校旧址、平教会旧址等，打造成占地8000平方米的晏阳初特色历史文化街区。已打造2家民宿、4家农家乐，2个康养和教育基地。2024年接待游客1.8万人次，旅游收入20万元。

晏阳初历史文化街区

二是传承医疗卫生文化，发展健康事业。“中国公共卫生之父”陈志潜曾在翟城村工作居住，在翟城村创造的公共卫生领域“定县模式”，造福了中国人民乃至世界人民。近年来，不断传承陈志潜先生的学术思想，继承和弘扬陈志潜先生的崇高品德和精神风范，努力打造以人为本的整合型医疗服务体系，不断开创卫生健康事业新局面。同时，翟城村与燕赵老字号炳济堂共同在翟城村设立炳济堂膏药文化展览馆，弘扬“平教”精神，传承中医药文化。

晏阳初旧居

文化街区的晏雅居民宿

三是赓续诗词血脉，创建诗词之村，形成有诗词分会、诗社、创作小组的三级组织体系。成立新民诗社，目前统计在册的诗词爱好者达100余人，其中翟城新民诗社共有骨干诗人30余人，组织各村书画爱好者在辖区内绘制诗词文化墙2900平方米。翟城村于2023年2月被评为“河北省诗词之村”。

文艺演出活动

## （三）讲创新，培育产业新优势

一是研发文创产品。积极探索开发“晏阳初”系列文创产品，融合晏阳初先生九大信条的核心理念“民为邦本，本固邦宁”和“平教会”的“平”字等元素，将晏阳初的平民教育理念印刻在钢笔、本子、书签、明信片、帆布包等文具载体上，不断提升产品文化属性。

二是打造研学基地。依托晏阳初历史文化街区，开展情景式调研，强化互动和参与，不断提升晏阳初平民教育文化的教育价值和品牌影响力，实现研学教育和乡村旅游的良性互动和共赢。与北京大学、中国人民大学、北京协和医学院、中央美院、河北省社会科学院、河北农业大学等10多所院校建立合作，开展公共医疗卫生研究和社会调查，为院校师生提供“双脚沾泥”社会实践新课堂。

三是发展生态产业。始终坚持发展现代生态农业，打造美丽乡村，大力发展苗木主导产业，苗木种植面积达到7000余亩，共有1000多个品种，从事产品营销人员800余人，产品远销全国各地，年产值达5000万元。

中国乡建溯源培训研学苑

## 三、经验成效

### （一）农文旅融合新业态不断发展壮大

充分发挥基层党组织战斗堡垒作用和党员先锋模范作用，坚持完善“农业+文化+旅游”的融合创新模式，“村委会+农户”利益共同体持续构建，“乡村旅游+文创赋能”特色产业不断培育，农村民俗、农家乐、休闲康旅等特色产业持续发展壮大，走出了“产业融合化、乡村旅游化”的乡村振兴新路子。2023年，晏阳初历史文化街区成为“全国乡村旅游精品线路——定州耕读传家之旅”中的重要点位之一。

### （二）基层治理水平不断提升

建立镇村两级网格8个，纳入网格管理5260人，确定党员中心户171名，建立管理下沉“微网格”；组织村“两委”成员带头学法遵法用法，走进村委会、街头巷尾、田间地头等，构建法治“微讲堂”；发挥新时代文明实践站作用，设立党员活动室、道德宣传室、科普教育室、新农家书屋、志愿服务站等功能室，打造热心解忧“微服务”；抓住“家庭”小细胞，积极开展评选美丽“微庭院”；全面改善人居环境、提升乡风文明，推广“十户一长”包联工作机制，实现乡村“微治理”；制作“爱心存折”，建立惠民“微积分”。先后获得第三批全国乡村治理示范村、2023年省级美丽休闲乡村等荣誉称号。

## 山西省阳泉市平定县娘子关镇娘子关村

# 立足文旅产业　实现富民强村

### | 案例特点说明 |

娘子关村依托丰富的历史文化底蕴和优美的生态环境，借助创建国家AAAAA级旅游景区的契机，坚持走文化旅游战略之路，按照娘子关旅游总体规划的要求，创新旅游项目、完善配套设施、积极推出具有地方特色的文化旅游产品，提升服务品质，不断加强市场宣传营销力度，打造全域旅游新格局，实现村民稳步致富增收。

娘子关村群山环抱，绿水缠绕，交通便捷，资源丰富。村域面积8.6平方公里，常住人口2000余人，耕地1400余亩。近年来，娘子关村依托良好的生态优势、区位优势，积极探索发展新型农村集体经济的新路子，搭平台、创环境、引能人、上项目，娘子关景区成为享誉一方的旅游品牌，娘子关村也由一个名不见经传的小山村成为远近闻名的旅游村，年均接待超30万人次，旅游收入超2000万元。旅游业常年带动130余户500余人就业，从业人员人均年收入22050元。先后被评为中国历史文化名镇、山西省旅游名镇、中国传统古村落、中国最美休闲乡村等称号。

## 一、旅游项目兴村，锚定发展新思路

娘子关村坚持文化旅游战略之路，以打造国家AAAAA级旅游景区及休闲度假区为目标，依托历史人文和自然资源优势大力发展旅游产业，通过整治景区卫生、规范农家乐经营、发展果菜采摘，以及售卖上水石、水磨玉米面、压饼等，不断丰富和创新旅游项目，成为集观光游、美食游、度假游、生态游于一体的综合旅游景区。规范农家乐服务，坚持标识统一、标准统一、培训统一，整齐划一的服务，提升了景区整体接待水平。着力建设花海梯田、水磨文化园、石榴园等拓展项目，努力提升娘子关村在全省、周边省份以及全国的知名度。

天下第九关——娘子关

## 二、文化产品活村，拓宽旅游新市场

娘子关村积极创新思路，推出山水美景、产品展销、非遗展演等极具地方特色的文化旅游产品，打造河灯艺术节、老水磨面加工参与体验和娘子关清明文化节，先后举办了首届文化旅游艺术节暨2019年娘子关文化旅游产品交流会，推出全息3D水幕投影、本地特产展、非遗文化展览、爱国主义教育、旅游摄影书画创作等各类活动，让来自八方的游客以文促旅、以旅会友，在观赏、交流、互动中感受到欢乐的节庆氛围，延长了游客游玩时间，有力拉动了乡村旅游消费。

娘子关城夜景

## 三、多措并举立村，擦亮旅游新名片

完善基础设施。村内建有健身活动场所4处，文化站1所，组建了“红娘子”艺术团并配置演艺中心1处，对兴隆等古街进行了立面复古改造，村内主要街道均已实现水、电、通信、管路、线路入地，街道两旁安装仿古路灯，进一步丰富了娘子关村观光游的景观效果。组建专业队伍。组建了一支专业的生态绿化队伍和环卫保洁队伍，对娘子关村域及周边植树造林、维护植被、涵养水源等工作进行全时段作业，村域环境卫生保洁实现了高标准、日常化。提升服务水平。娘子关旅游基础服务设施配套完善，配套停车场、游客接待中心、4星级高标准卫生厕所、母婴休息室等，游憩设施人性化，景区标识标牌标准清晰，增强了游客体验感。

## 四、合作经营强村，保障增收新动能

近年来，娘子关村不断加强市场宣传营销力度，通过网络媒体、旅游推介等方式，逐步摸索管理服务经验，由开始的村集体自主经营模式转变为市场化合作经营模式。2019年5月，娘子关村以“运营+投资”的模式同山西文旅集团合作运营景区，完善景区硬件设施和配套设备，建立专用停车场、船舶码头和游客中心，进一步规范了旅游服务，通过文旅产业融合，推出山水美景、产品展销、非遗展演等极具地方特色的文化旅游产品，逐步形成规范化、规模化运营，保障了村集体成员连续3年分红。

## 内蒙古自治区包头市青山区兴胜镇东达沟村

# 文化赋能　绘就乡村振兴“新图景”

**| 案例特点说明 |**

东达沟村通过发挥好基础设施完备、文化艺术氛围浓厚、休闲农业形成规模等优势，因地制宜地将优势最大化；探索赋能“联动”机制，发挥基层党组织“联建”作用，激发农民群众“联结”潜力，“三联”并举将助力乡村振兴力量最大化；着重塑造“十景十品十主题”的“乡村品牌”，“宜居宜业宜休闲”的“度假产业”，将美丽乡村集群魅力最大化。东达沟村提升了村民在发展乡村旅游中的主体地位，让村民更好地分享乡村旅游发展红利，更好地实现乡村全面振兴。

## 一、基本情况

东达沟村位于包头市装备制造产业园区北侧，大青山以南，辖城塔汗和东达沟两个自然村。全村户籍人口230户560人，常住人口152户400人。青山区、兴胜镇奋力打造独具特色的乡村旅游产业，以东达沟村为核心建设东达山度假村项目，向外延伸拓展带动周边村发展，项目化推进乡村振兴。东达沟村获评全国乡村旅游重点村、全国乡村治理示范村、全国文明村3项“国家级”荣誉。

## 二、主要做法和成效

### （一）文化资源激活产业“内生力”

一是艺术打响乡村名片。弘扬“文化铸魂、艺术赋能”理念，连续举办8届形式多样的端午艺术节、3届农民丰收节和年猪节，累计接待游客350余万人次，民俗节日名片深入民心。二是名片聚旺乡村人气。精心打造长城馆、非遗街、胶囊民宿、观光栈道等23个项目，将爱国教育、农事体验、非遗传承等元素有机结合，汇聚成具有北方农村特色的文旅产业集群。吸引金迈圆露营园、九悦星空民宿等企业入驻，带动农家美食文化发展，让古老乡村焕发时尚活力。三是人气带动乡村收益。紧握文化艺术村热度机遇，打造“响当当”采摘园、“开心农场”体验园；东达沟村党支部牵头注册“东达山”品牌，推出具有包头兵工文化的小飞猪、象征包头精神的双翼神马和飞鹿等文创产品以及本土农副产品；成立东达山文化产业公司，建设“乡村振兴大卖场”，琳琅满目的商品销售成为村集体经济收入的最大效益点，真正做到集约化生产、规模化经营。

东达山度假村全景

### （二）文化链条贯通基层“红引擎”

一是精心打磨红色课堂。实施“头雁”提升工程，鼓励农村党组织书记讲好本村故事，通过大村帮小村、强村带弱村的结对模式，以“1+16”党群服务中心为主阵地，打造“支部书记有话说”特色课堂，将红色文化延伸到乡村的“末梢神经”。二是精准建设红色载体。严格落实党对文化艺术的领导，建设800平方米的“山里红”党员实训中心，通过邮票、素描、书法、歌曲等多种文化艺术形式，用声光电结合的方式，引导驻村艺术家和游客群众常怀爱国、爱党、爱农村、爱艺术之心。围绕铸牢中华民族共同体意识这条主线，打造民族团结文化长廊，东达沟村村史馆获批“包头市铸牢中华民族共同体意识示范性公共文化服务单位”。三是精致打造红色研学。研究制定东达山红色研学实施方案，推出5个板块38项研学项目，承接干部培训、职工团建、学生社会实践等业务。2023年7月正式运行以来，共承接各级机关、企事业单位党日活动70批次、观摩交流200余场，接待学生实践活动1500余人次，年均收入15万元。东达山研学基地获批包头市首批“少先队校外实践教育基地”，东达沟村获评包头市抓党建促乡村振兴示范村、包头市先进基层党组织等称号。

公安系统干部在党员实训中心开展主题党日活动

## （三）文化元素培育乡村“文明花”

一是筑巢引凤聚人才。建设民间美术馆、艺术大讲堂、鹿文化体验馆等特色工作室，29位艺术家入驻，并在水电等方面予以优惠保障，东达山度假村已然成为包头市的“798”艺术区。承办全国文化馆馆长现场交流会，接待了来自全国各地的文化馆长、游客5万人次。二是非遗传承塑民风。投入150万元打造了非遗商业一条街，引进皮雕、葫芦烙画、木雕篆刻、剪纸等21项非遗项目，古老文化艺术在东达山焕发出新时代的生机，东达沟村被评为“自治区级非遗传承教育实践基地”。三是文化甘露润人心。在文化艺术的熏陶下，过去的上访户、无业村民，重新拾起根雕手艺，每周课程满满；村民从之前没事就“推对子、搓麻将”转变成了现在“刻木雕、剪窗花”；建设婚俗文化馆，引导周边村民参与婚俗改革，承办了内蒙古自治区移风易俗观摩会，助力青山区打造首批全国婚俗改革实验区。东达沟村处处焕发出文明乡风、良好家风、淳朴民风的乡风文明新气象。

非遗传承人现场授课

### （四）文化符号谱写生态“绿篇章”

一是村容村貌焕新颜。推行城乡环卫一体化保障机制，村民自发划分环境卫生责任区，垃圾“随产随清”；齐备上下水管网，充足人畜饮用水，全覆盖水冲式户厕、水冲式公共卫生间；完善基础设施，硬化平整道路，铺设天然气管网入户供暖，村民的生活环境干净整洁，切实提升乡村“颜值”。二是便利便捷惠民生。区域内信息化网络全覆盖，开发“大美青山·乐享东达”智慧景区微信小程序，实现一对一智慧服务，提升东达山旅游景区服务质量和品牌推广度，实现东达山旅游景区信息透明化展示和数字化、智能化管理。三是宜居宜业助发展。持续推进大青山南坡绿化，建设党员生态林，实施危岩体整治工程，种植油菜花田，环境整治成效显著，度假村成为包头市北部的绿色“氧吧”，吸引周边市民在这里度假。

## （五）文化产业擘画农民“幸福景”

一是破解农民就业难题。随着东达山度假村项目发展壮大，村民回乡就业，从事接待、导购、讲解、保洁、厨师等工作，部分村民带头创业，自主投资积极参与到农村文化产业中，切实解决了1000余人就近就业难题。二是提高农民经济收入。农民通过出租闲置房屋和土地、就近务工、售卖农产品和手工艺品等多元化渠道增加收入，2024年人均收入超过3.2万元，村民对于文化产业的认同感越来越强，幸福指数越来越高。三是打开农民善治局面。以“四议两公开”民主决策为基础，推行“一核心六治理一监督”乡村治理模式，制定村规民约和红白理事规章制度，对照乡村治理清单梳理村民积分细则，打造爱心积分超市，鼓励村民助人为乐、孝老爱亲、爱村护村；村民自创的《东达沟情书》参加内蒙古自治区移风易俗故事汇展演，阐述东达沟村治理成效的《“三驾马车”拉动蜕变之美》一文获评自治区优秀案例，全面开启了自治法治德治善治的新局面。

村民分红现场

## 辽宁省抚顺市新宾满族自治县永陵镇赫图阿拉村

# 打造“中华满族第一村”

**| 案例特点说明 |**

赫图阿拉村地处辽宁省东部山区，是满族发祥地，有着厚重的历史文化和满族民俗文化底蕴，依托当地旅游资源，秉承绿色发展理念，大力发展满族特色文旅产业，带动一二三产业融合发展，让一产围绕旅游提升、二产支撑旅游做强、三产融合旅游延展。先后获中国少数民族特色村寨、中国美丽休闲乡村、中国传统村落、全国乡村旅游重点村、国家森林乡村等荣誉称号。

## 一、基本情况

赫图阿拉村地处辽宁省东部山区，是满族发祥地，有着厚重的历史文化和满族民俗文化底蕴，村域面积24平方公里，森林覆盖率81.5%，美丽的苏子河穿村而过，气候宜人，四季风景如画。沈通、永桓高速公路在此交会，交通便利，毗邻世界文化遗产——清永陵，全国重点文物保护单位、国家AAAA级旅游景区——赫图阿拉城。村里依托当地旅游资源，秉承绿色发展理念，大力发展满族特色文旅产业，深耕“中华满族第一村”，以“满族发祥地、努尔哈赤故里”为原点，从历史到民俗，从人文到自然，从建筑到景观，从学、游、食、玩、乐、住、购等全方位多角度，打造了沉浸互动体验满族文化的一站式旅游闭环。村民们从传统的单一农田耕种，向生态观光农业、优势特色旅游产业转型。

赫图阿拉村村貌

## 二、主要做法

### （一）坚持规划引领

2015年，结合本村少数民族特色村寨文化底蕴，制定了乡村旅游发展整体规划。在整个旅游产业链条中，休闲农业、农耕体验成为不可缺少的重要板块，既能满足游客两天一夜沉浸式旅游需求，也能为游客提供新鲜的绿色食材。村干部充分调动村民主观能动性，因地制宜打造“龙头企业+农户”模式。当前，村里已经完成“中华满族第一村”特色乡村文旅产业布局。

### （二）强化基础设施建设

交通方面，地处沈通、永桓高速交会处，有S10省道，交通十分便利，新能源城市公交汽车由高速公路出口直接通到村里和赫图阿拉城景区。水电方面，给排水管网配套设施齐全，污水集中处理，达到国家污水排放标准；全村电力设施经国家电网二次改造，线路整齐安全。邮电通信方面，采用地下通信光缆覆盖，消灭了黑杆、蜘蛛式网线，使全村整体环境整洁美观，村内无线局域网全覆盖。环保方面，采用“垃圾分类、资源化利用”运行模式，配置两台垃圾收集车，现有污水处理设施4处，均达到国家污水排放标准。

赫图阿拉村规划图

## （三）打造别具特色的旅游品牌

以农耕体验、特色民宿、观光度假、文化创意、民俗文化五大特色打造“中华满族第一村”旅游品牌。

农耕体验方面，游客游历满族特色历史、人文、自然风貌的同时，启运休闲农庄，为游客提供从认养、耕种到采摘的全链条农耕休闲体验。

特色民宿方面，以清代四大功臣家族为原型，结合满族特色民俗文化，打造功臣府邸特色民宿，将满族特色庭院、满族火炕、满族四大怪、嘎拉哈等元素与满族建筑紧密融合，打造独树一帜的满族特色“府邸”精品民宿。

观光度假方面，以清永陵、赫图阿拉城、中华满族民俗风情园与满族特色民宿联合打造“中华满族第一村”两天一夜的旅游经济闭环，满足不同层次的游客需求。

文化创意方面，以“中华满族第一村”为基础，游客从四大非遗项目的学习到现场体验和文创衍生品开发，到满族黏豆包等特色小食的DIY制作、购买，都形成了自身的文化创意衍生体系。人参、野菜等土特产品的文创化也成为一大特色。

民俗文化方面，在倾力打造“满族剪纸”“地秧歌”“满绣”“八碟八碗”4项非物质文化遗产和“满族农庄过大年”等节庆品牌民俗文化名片以外，村里组建了由115位村民参加的表演团，分别在赫图阿拉城和清永陵，每周举办努尔哈赤登基大典、乾隆祭祖、满族婚俗等演出活动，用丰富多样的表演与情景再现，让更多的游客了解满族文化、了解历史，感受“中华满族第一村”根深蒂固的满族文化。

满族特色“八碟八碗”

## （四）推进传统文化保护

作为人文历史名村，赫图阿拉村建立了传统建筑群保护机制，将村落及有重要视觉、文化关联的区域整体划分为保护区。在36公顷核心保护区范围内，对村落特有的满族聚居地进行严格保护，严禁在该区域乱拆乱建，严禁随意改变现有村落格局和建筑风貌，一切经济、社会活动都以不破坏历史文化遗产为原则。作为拥有多个非遗项目的村落，赫图阿拉村的非遗文化传承和普及工作从校园内的娃娃抓起，让“传帮带”工作成为村民日常事项之一，保证满族传统文化在村内的深耕、延续和发展。

满族民间艺术——满族刺绣

## 三、主要成效

赫图阿拉村年接待游客110万人次，旅游产业年收入6300万元，村民人均年收入2.6万元。

一是带动经济社会发展以民宿产业为基础，集景区、民俗、文化、餐饮、休闲农业、文创于一体，创建村集体经济引领的赫图阿拉满族民俗旅游产业发展有限公司，深耕“中华满族第一村”特色乡村文旅产业布局。创新经营主体，随着基础设施的完善，生态环境的提升，依托赫图阿拉城景区资源，在县、镇党委政府大力支持下，以打造精品民宿为切入点，由公司统一运行管理，村集体享有80%的经营利润分红，租赁房屋村民享有20%，做到了资源变资产、村民变股东，既发展壮大了村集体经济，也为村民增收开辟了新渠道。加快土地流转，由传统单一的大田作物耕作模式向休闲农业、观光农业生产转变，形成了御果种植专业合作社、启运湖生态园、清满益珍牌黑木耳产业基地、新宾精米牌水稻深加工等支柱产业，促进了一二三产业融合发展。

二是带动村民增收。以休闲观光农业、乡村旅游为主导的一系列产业，年接待游客超过100万人次，带动了全村经济稳步向前发展，农民人均纯收入显著提高。全村30%以上的村民都吃上了“旅游饭”，建档立卡贫困户在2018年底全部实现稳定脱贫。

## 黑龙江省双鸭山市饶河县四排赫哲族乡四排赫哲族村

# 挖掘特色文化资源　助力乡村振兴

### | 案例特点说明 |

四排赫哲族村依托民族、文化、生态优势，着力在做足做优乡村文化上做文章，以文化促旅游，打造“玩在赫哲、吃在赫哲、住在赫哲”三个品牌，叫响擦亮“山高水碧听船歌、蜜醇玉润看赫哲”旅游名片；以文化兴农业，大力发展观光农业、冷水渔业，推动休闲特色农业发展；以文化塑乡风，成立赫哲族传统文化保护和传承专班，培育传统民族工艺品和手工业，促进优秀文化传承，全力打造生态产品高地、文脉传承宝地、民族旅游胜地，走出了一条农文旅融合发展带动乡村振兴的新路子。

黑龙江省双鸭山市饶河县四排赫哲族乡四排赫哲族村位于乌苏里江西畔，东与俄罗斯隔江相望，所在乡是全国仅有的3个赫哲族乡之一，因一首歌——《乌苏里船歌》，一条江——乌苏里江而闻名，是《乌苏里船歌》的诞生地。现有户籍人口226户515人，其中赫哲族74户193人，耕地面积1.89万亩，2024年人均可支配收入4.1万元。先后被授予中国美丽休闲乡村、全国生态文化村、全国乡村旅游重点村等荣誉。

## 一、以文促旅，绘就乡村旅游新画卷

四排赫哲族村依托自然、民俗资源，大力发展特色民族文化旅游产业，打造“玩在赫哲、吃在赫哲、住在赫哲”三个品牌，初步实现了以赫哲族文化为核心、文旅发展牵头、多业融合促繁荣的新业态。

## （一）完善硬件设施，加强服务能力

打造国家AAAA级旅游景区，建设完成四排赫哲族风情园一期、二期和9栋特色村寨，为游客提供以乡村情趣和农家生活为特色的农村旅游服务，让游客置身内容丰富的赫哲族文化之中，为游客带来精彩纷呈的“赫哲渔家”文旅体验。投资近2亿元建设了“乌苏里船歌”乡村振兴示范区项目和“乌苏里船歌”百里黄金旅游带项目，进一步提高承载能力，提升旅游服务质量。四排赫哲族村已发展“渔家乐”5家、其他民宿16户、自驾游基地2处、停车场3个、广场2个、旅游服务中心1处，月均接待游客上万人次。

四排赫哲村特色民宿“渔家乐”

## （二）开展节庆活动，提升文旅体验

以赫哲族传统节庆为载体，每年举办开江节、河灯节、“嫁令阔”[①]大赛等大型活动数10次，让游客品尝赫哲族的传统美食、体验体育活动、观看文艺表演，旺季日均接待游客1000余人次。积极参加哈尔滨国际冰雪节、“哈洽会”、龙江文创会等活动，宣传推介赫哲文化，在短视频平台发布作品30余

① 嫁令阔是赫哲族民歌的一种，2021年入选国家级非物质文化遗产名录。

个，总浏览量达到400余万次，打造乌苏里江沿线最具赫哲元素旅游目的地。

赫哲族萨满舞省级传承人主持开江节祭祀仪式

### （三）打响文旅品牌，带动民众创收

搭乘全省冰雪旅游火爆出圈热度，开展“引进来+走出去”宣传模式，派出由村“两委”成员、网红达人、非遗文化传承人组成的宣传团队到“尔滨”宣传推介赫哲文化。邀请网红、音乐达人以表演、直播、录视频等方式打卡，开展赫哲族冬捕、篝火晚会、桦皮、鱼皮等非遗技艺制作互动节目，让游客看到不一样的文化。通过广泛宣传，成功吸引“索伦三部”、上海“小笼包”、海南“小海狮”等一大波旅游团队来到四排赫哲族村体验感受传统文化魅力。2024年，四排赫哲族村接待游客20万余人次，旅游产业收入达1000余万元。

## 二、以文兴农，谱写特色农业新篇章

四排赫哲族村立足浓郁的赫哲族民俗文化底蕴、优良的乌苏里江生态资源优势，积极探索文化助农致富路，推动特色农业快速发展。

### （一）融合文化元素，发展观光农业

成立赫津谷物专业种植合作社，打造“综合种养”鸭稻、蟹稻、鱼稻景

观示范田500亩，建设具有赫哲元素稻田画100亩，建设观光塔和农田栈道，让游客体验新奇的农田景色。推出“定制农业”，发展“私人订制”优质稻花香米示范田5000亩，与省外企业签订长期供货协议，年均接收订单500吨，与快手网红合作直播带货，进入“耕种食客”南海区智慧养老综合服务管理平台，日均接单500公斤以上。同时，借助电商、“农博会”、“哈洽会”等平台，推出“我在赫乡有亩田”预售营销模式，2024年底已落实次年“一亩田”预订1000亩，实现预售300万元。2023年赫津谷物专业种植合作社荣获国家级生态农场称号。

“蜜淌乌苏里 鱼跃赫哲乡”稻田画

## （二）守护渔猎文化，发展冷水渔业

利用乌苏里江流域水源优势，成立“伊玛哈”赫哲水产养殖农民专业合作社，采取“合作社+农户+示范区”发展模式，开展名特优养殖示范推广，初始建社农户6家，网箱养殖鳌花10万尾，小龙虾130亩。2024年入社报名农户增至15家，网箱养殖鳌花20万尾，小龙虾300亩，初步建成乌苏里江名优鱼养殖基地。

## （三）传承食鱼习俗，发展“舌尖”经济

帮助“赫哲族食鱼习俗”非遗传承人注册赫乡“渔家乐”商标，通过做好“食鱼文化”这篇大文章吸引游客。依托水产养殖资源，成立“尤克勒”鱼产品有限公司和黑龙江赫香鱼产品公司，建设生产车间，生产赫哲族风味鱼

毛、鱼干、鱼罐头、鱼松月饼、熏制鳇鱼等15类产品，推动传统产业向现代产业转变。2024年，合作社带动村民20余人就业增收，年收入50万元左右。

## 三、以文铸魂，焕发文化传承新活力

四排赫哲族村聚焦赫哲文化传承发展，成立赫哲族传统文化保护和传承专班，实施专题推进。

### （一）活化非遗传承，激活发展动能

组织村民排演赫哲族歌舞，传承人教授村民学习“伊玛堪”[①]“嫁令阔”，让游客欣赏了解赫哲族传统文化，同时带动经济发展，让特色文化变为特色产业。村“两委”还联合四排赫哲族村村民、党的二十大代表卢艳华录制了赫哲语单词1088个，“说胡力”和“特伦固”20个，让“只有语言、没有文字”的赫哲民族语言文化永久性地载入人类语言文化史册。

赫哲族村民学习“伊玛堪”“嫁令阔”

### （二）推动非遗文创，助推产业发展

依托四排赫哲族风情园创客孵化中心，开展鱼皮和桦树皮制作技艺学习，

① 伊玛堪是赫哲族的曲艺说书形式，流行于黑龙江省赫哲族聚居区。

传承非物质文化遗产项目，培育传统民族工艺品手工业，组建了合作社和工作室。同时，建立和申报县级非遗就业工坊，组织赫哲族民间手工艺爱好者通过微信、直播自媒体、公众号等载体开展线上学习交流。围绕赫哲族渔猎、图腾、图案等元素，创作了一批具有赫哲元素的鱼皮纪念本、鱼皮钱夹、桦木酒具等文创作品，不断满足游客对赫哲文创产品需求，推动民族特色“指尖经济”快速发展，累计促进工艺品销售增收30余万元。

## （三）强化非遗保护，赋能文化振兴

精心推出“三文”举措，成立赫哲族“文史”“文艺”“文创”专班，不断扩充赫哲人才队伍，加强赫哲非遗文化传承，打造赫哲风情农文旅融合发展示范基地。收集挖掘各类民族文化资料，开展赫哲族语言文化学习班，创新旅游文化产品，并邀请省、市级“伊玛堪”传承人深入乡村举办赫哲文化传习班10期，开办鱼皮画、桦皮画制作培训班12期，累计培训80余课时。同时，将赫哲族“伊玛堪”“嫁令阔”、桦树皮、鱼皮制作技艺等非遗传承文化融入学校特色教学。通过“送”“种”相结合，不断推动赫哲的文化传承，保持赫哲族文化的可持续性发展，擦亮饶河县“山高水碧听船歌、蜜醇玉润看赫哲”的旅游名片，展现四排赫哲族村乡村振兴“文化答卷”。

市级鱼皮技艺传承人教授赫哲族村民制作鱼皮画

# 江苏省苏州市相城区黄埭镇冯梦龙村

# 传承“梦龙文化” 引领乡村振兴

## | 案例特点说明 |

冯梦龙村以“梦龙新言”党建品牌为统领，有效借用冯梦龙文化这一不可多得的特色文化资源，注重挖掘冯梦龙文化、廉政文化、民俗文化的历史渊源，厚植文化产业发展理念，通过深挖传统文化资源、提升基层公共文化服务质效、促进一二三产融合发展，探索形成了一条“以党建引领为核心、以冯梦龙文化为特色、以农文旅融合为业态”的乡村振兴之路。先后获评全国文明村、中国美丽休闲乡村、江苏省乡村振兴先进集体、江苏省民主法治示范村、江苏省生态宜居美丽示范村、江苏省乡村旅游重点村等荣誉称号。

冯梦龙村位于江苏省苏州市相城区黄埭镇，是明代著名的文学家、戏曲家、思想家冯梦龙故里。全村总面积3.2平方公里，共19个自然村，685户村民，常住人口3000人左右。在乡村振兴的具体实践中，冯梦龙村活化利用“冯梦龙”文化IP，厚植文化产业发展理念，通过深挖传统文化资源、提升基层公共文化服务质效、深化文旅融合发展，走出了一条独具特色的乡村振兴之路。2024年，吸引参观游玩游客超28万人次，村民人均年收入超6万元，村集体收入1000万元。

## 一、以彰显文化特色创新组织领导

**坚持党建引领乡村振兴。**围绕“党建强村、产业富民”的发展理念，创建“梦龙新言”党建品牌，发布“治村明言”“富村通言”“美村恒言”新“三言”。立足林果业，建成林果、水稻两个“千亩基地”，种植东魁杨梅、翠玉梨、黄桃等水果品种，建设高标准农田933亩。在以“蓝莓哥”李志峰为代表的一批农民的带领下，形成了“党员＋农户＋产业”的农业发展新模式。

**开展特色公共文化活动。**常态化开展冯梦龙乡村大舞台，举办“冯梦龙文化旅游节”、冯梦龙中秋灯会等丰富的主题活动。开设“梦龙书场”，实现城乡互送优质文化资源。推出“冯梦龙村驻村作家行”活动计划，通过组织丰富多彩的文学艺术系列活动，创新基层公共文化供给方式，塑造有格调、有深度、有内涵、有江南特色的公共文化服务品牌。

格桑花花海

## 二、以彰显文化形象创新强村之路

**高标准打造乡村文化场馆。**建设提升冯梦龙纪念馆、冯梦龙书院、广笑府、卖油郎油坊、山歌文化馆、梦龙书场等公共文化空间资源，不断丰富乡村公共文化业态，形成一批群众“身边好去处”，使公共文化服务“最后一公里”变成“最美一公里”。

**差异化打造梦龙文化阵地。**冯梦龙纪念馆和故居以冯梦龙文学、戏曲、艺术作品及廉政教育为主题，展现冯梦龙诗书传家的家风、勤学苦读的品质和风雅生活的情趣，全年免费对外开放。冯梦龙书院以冯梦龙著作收藏为核心，致力打造全球收集冯梦龙相关书籍最全的图书馆。广笑府作为苏州市首批江南小剧场以及村综合性文化服务中心特色场馆，通过苏州戏曲、评话等传统曲艺，营造杂谈生活的茶馆文化氛围，成为集梦龙文化、舞台“广笑”演绎、品茗休闲等多功能复合型的公共文化场馆。

冯梦龙书院

## 三、以彰显文化内涵创新乡村治理

**发挥阵地集群作用。**依托冯梦龙纪念馆、梦龙乐园、新言堂、德本堂、卖油郎油坊等载体场所宣传冯梦龙文化，德本堂被评为苏州市首批新时代文明实践示范站，新时代文明实践广场、新言堂等文化场馆也不断发挥教育基地作用。

**实施文化惠民工程。**开展“我们的节日”“乡村大舞台”等深受村民朋友欢迎的系列活动。连续3年举办“耕读梦龙”乡村阅读季活动，包括农事体验、梦龙读书会、刻书体验等系列活动；倡导文明乡风，坚定信念把“家风”立起来，连续3年评选出文明户217户，为全村村民书写家规家训。

**举办各类大型活动。**2021年成功举办首届冯梦龙中秋灯会，亮灯仪式当天，游客人数超4万人次，国庆期间吸引游客超16万人次。2023年第二届冯梦龙中秋灯会期间，日均接待游客数量超2万人次，吸引多家国家及省市级媒体关注报道，进一步扩大了冯梦龙文化的影响力。协助举办“苏州美丽乡村健康行”暨苏州中国农民丰收节、廉政文化论坛等大型活动。

冯梦龙中秋灯会

## 四、以彰显人居环境提升乡村质量

**升级改造基础设施。**拓宽西塘河路、新巷大道等6条道路，增设特色步道、临时停车场，对冯梦龙大道、太东路等重要路口节点，实施景观亮化和标识系统改造，提升冯梦龙村承载力和对周边的辐射力。

**加快推动业态布局。**加快对现有资源的开发和利用，打造集多元化产业为一体的小型商业综合体和冯梦龙文化艺术中心载体。推进露营基地、真人射击、卡丁车等契合大众潮流项目的建设和运营。依托冯梦龙核心文化大力发展农家乐、民宿、文创产品和土特产经营，让村民增收创收，真正享受到乡村振兴发展成果。

**提升生态宜居水平。**对19个自然村全部进行三星级康居乡村建设提升，不断丰富冯梦龙笔下田园乡村的新内涵。充分发挥“美丽田园”行动支部作用，举办“青年手绘美丽乡村”“妇联共创美丽庭院”“村民共建美丽菜园”等活动，推行“梦龙文明银行积分”，试行“垃圾分类积分兑换”，持续推动人居环境整治。

## 浙江省衢州市柯城区沟溪乡余东村

# 农民画以文兴业

### | 案例特点说明 |

余东村位于浙江省衢州市柯城西南部，800多人的村子现有300多人会画画，被誉为“全国十大农民画村”、美丽宜居村、中国十大美丽乡村，入选全国“一县一品”特色文化艺术典型案例、浙江省习近平新时代中国特色社会主义思想研究中心首批调研基地、浙江省乡村振兴十佳创新实践案例。2020年9月，余东村按照全面推进乡村振兴战略部署，坚持以文兴业、以文化人，启动未来乡村建设，深挖农民画特色文化，延伸农民画产业链条，以一幅农民画，吸引50余位归乡人、新乡人回村创业，引入24家不同业态主体入驻余东，新增50余家文创、民宿、餐饮等产业业态，推进余东由卖画到卖文创、卖版权、卖风景、卖旅游的转变，获国家级媒体报道50余次。

余东村位于浙江省衢州市柯城区西南部，是远近闻名的农民画村，被誉为“中国第一农民画村”，获得中国美丽休闲乡村、全国“一县一品”特色文化艺术典型案例、浙江省习近平新时代中国特色社会主义思想研究中心首批调研基地、2021年度浙江省乡村振兴十佳创新实践案例等多项荣誉，入选住房城乡建设部公布的第四批美丽宜居村庄示范名单。近年来，余东村积极响应浙江省委、省政府打造“千万工程”升级版、推进山区共同富裕和未来社区总体谋划的决策部署，深入挖掘余东农民画特色文化资源，全面推进农文旅产业融合创新，成为国内首个文化艺术与美丽乡村结合的示范村，走出一条文化振兴乡村、实现共同富裕的新路径。

## 一、以文兴业，推动产业更加兴旺兴盛

余东村坚持用艺术点亮乡村，将人文资源转化为经济发展优势，不断延伸农民画的产业价值链，推动实现由卖画到卖文创、卖版权、卖风景、卖旅游的转变，形成了有人来、有活干、有钱赚的生动局面。一是做大农民画线下产业。在积极鼓励发动农民画家画墙绘的同时，进一步加强与杭州万事利集团、中国美院等第三方合作，开发丝巾、抱枕、床单等农民画衍生品百余种，全面带动农民增收。二是拓宽农民画线上渠道。通过举办农民画网上作品展，进一步打响农民画知名度的同时，与华为公司合作开发余东农民画手机主题壁纸，进驻华为主题商城，收益由村集体与农民画家五五分成。三是拉长农民画产业链条。通过村企合作组建余东旅游发展有限公司，发展露营休闲、研学写生、陶艺体验等文旅业态，带动新增文创、民宿、餐饮等50余家主体。2024年，余东未来乡村农民画相关产业产值超过2500万元，农民人均收入达到5.12万元，余东旅游发展有限公司实现营收173万元，远高于同地区平均水平。

余东村通过村企合作组建了研学旅游公司，发展露营休闲、研学写生、陶艺体验等文旅业态，带动新增文创、民宿、餐饮等50余家

## 二、以文塑景，推动环境更加宜居宜业

余东村村民以画为媒，用自己的双手装点村庄，形成了一幅文化与生态的互相交融的优美生态画卷。一是“微改造”留住乡村肌理。按照“微改造、精提升”理念，将村内闲置农房收储改造成为原生态的文创店、咖啡屋、民宿、酒吧；将房屋修缮后的边角料、溪边的鹅卵石用于建设石子路、小巷道，很好地留住了那一抹原汁原味的乡愁。二是“一米菜园”绿化乡村空间。不选用外来树种植被，而是通过本地时蔬瓜果将村民房前屋后的“边角地”打造成为“一米菜园”，既利用了空间、美化了环境，又吸引了游客、带来了收益，形成农村独有的田园画意。三是“十里画廊”美化乡村风貌。以民居院墙连片的农民画墙绘，与周边的青山绿水相映成趣，带动了乡村整体环境的显著跃升，形成“人在画中、画在村中”的别致景象。近年来，余东村先后被评为美丽宜居村庄、中国十大美丽乡村、中国美丽休闲乡村。

在余东村内，一间间闲置的农房被改造成具有农民画元素的原生态文创店、咖啡屋、民宿、酒吧，每逢节假日，游客络绎不绝

## 三、以文化人，推动村民更加自信自强

余东村以“画一个未来、晒一脸幸福”作为未来乡村建设的总目标，特别注重村民物质和精神的共同富裕。一是拓眼界。通过“走出去、请进来”的方式，一方面组织农民画家到杭州、北京，甚至国外举办画展，推动农民画家走上更高舞台；另一方面建成中国乡村美术馆，经常性邀请业内大咖开展农民画艺术交流，帮助村民拓宽视野、放大格局。二是强本领。集聚村内工匠人才成立“乡建”联盟，开展小吃、文创、文艺等技能培训，带动越来越多的农民成为农民画家、农民设计师、农民主播、农民创客、乡土工匠。三是树新风。如今，余东村内近半数百姓参与画画，整天打麻将、无所事事的人变少了，文明法治程度不断提高，余东村已有40余年未发生信访和刑事案件，先后获得全国民主法治示范村、全国文明村等荣誉称号。

余东村村民握笔在手，画出诗意生活

## 四、以文智治，推动治理更加现代高效

坚持从需求出发，积极打造乡村“大脑”，有效推动“141”基层治理体系（“1”指县级社会治理中心；“4”指乡镇（街道）基层治理“四个平台”；“1”指村社网格），围绕“一统三化九场景”①，全方位赋能乡村治理。一是以数字化赋能智慧党建更加高效。打造数字“三联工程”，落地“浙里党群心联心”数字化应用，实施“微权力e监督”工程，构建网上议事厅，促进党员以严实务实的作风服务群众。二是智慧服务让群众办事生活更加便利。老人在智慧健康驿站就能享受医生远程就诊，小孩在儿童之家就能享受到优质教育，村民不出村就能享受“一键办事”，农民画设计师在线就能卖出自己的文创产品、数字手机壁纸。三是数字治理让工作更加快捷。无人机巡检系统、不戴头盔人脸识别教育系统、水位监测系统等场景应用，打通四平台，发挥“县乡一

色彩斑斓的余东农民画上墙，与青山绿水相映成趣

①指浙江省未来乡村建设的指导思想，“一统”指以党建为统领，“三化”指以人本化、生态化、数字化为建设方向，“九场景”指打造未来产业、风貌、文化、邻里、健康、低碳、交通、智慧、治理等场景。

体、条抓块统”机制优势，推进“微事网格快办、难事点兵点将”。余东数字化实践成为浙江省未来乡村数字化改革试点，入选浙江省首批数字社会未来教育重大场景先行试点单位。

## 五、以文为媒，推动生活更加富裕富足

坚持以党建为统领，通过支部联建、文化联姻、产业联动，成立九村共富党建联盟，携手共绘未来乡村共富蓝图。一是村民联手共创。通过成立强村公司，打造村民产业、商户、就业三大联盟，并建立“226”分红机制，实现村民齐参与、收益共分享的可持续良性循环。二是村企合作共赢。出台创业帮扶政策，已吸引50余位归乡人、新乡人到村创业。同时，以村集体参股的方式，引入“南孔文创”为代表的24家不同业态的主体入驻余东，搭建共享共建共赢的未来乡村发展平台。三是村村联盟共富。成立余东未来乡村九村共富联盟，带动瓷画碗窑、诗画余西、书画后坞等9个村庄抱团发展、跨村联动。2024年，联盟村累计接待游客超55.2万人次，带动旅游营收超3700万元。

余东村农民画以文兴业，让村民口袋里腰包鼓鼓、心里幸福融融、脸上笑容盈盈、身上自信满满

## 江西省吉安市泰和县万合镇坪上村

# 用“活”农家书屋 赋“能”乡村振兴

**| 案例特点说明 |**

坪上村秉持“党建引领文化繁荣”理念，把农家书屋提质增效建设作为文化振兴的重要一环，注重盘活闲置旧祠堂，探索创新实施了“祠堂式农家书屋+”工程。将人气旺的平山书院（旧祠堂）作为媒介，抓好农村留守少年儿童阅读，开展阅读示范推广活动。同时对接新时代文明实践志愿服务活动，将平山书院打造成了政策理论的宣传讲堂、农民致富的充电学堂、非遗文化的展演礼堂、留守儿童的校外课堂。从2019年开始，坪上村已连续六年发动本村老党员、退休教师、返乡大学生等志愿者在“平山书院”内开办周末托管班，冬令营、夏令营。2023年，坪上村农家书屋举办的“书屋读经典 农家颂新风”读书活动荣获中宣部、农业农村部“新时代乡村阅读季”全国示范活动。

## 一、基本情况

坪上村位于江西省吉安市泰和县万合镇，距泰和县城约25公里，毗邻广吉高速万合出口，辖15个村小组，12个自然村，共973户3114人。坪上村历史悠久，文风鼎盛，从开基至今已有800年历史，先后被评为市级文明村镇、省三星级新时代文明实践站。近年来，坪上村秉持“党建引领文化繁荣”理念，把农家书屋提质增效建设作为文化振兴的重要一环，注重盘活闲置旧祠堂，探索创新实施了“祠堂式农家书屋+”工程。坪上村将人气旺的平山书院

（旧祠堂）作为媒介，以抓好农村留守少年儿童阅读为重点，开展阅读示范推广活动，对接新时代文明实践志愿服务活动，将平山书院打造成了政策理论的宣传讲堂、农民致富的充电学堂、非遗文化的展演礼堂、留守儿童的校外课堂。

从2019年开始，坪上村已连续六年发动本村老党员、退休教师、返乡大学生等志愿者在平山书院内开办周末托管班，冬令营、夏令营，这个“关爱留守儿童、关心下一代”的做法多次被中央、省、市、县多家媒体采访报道。

## 二、主要做法及成效

### （一）坚持问需于民，提档升级“优”阵地

一是强化党建引领，筹谋农家书屋建设新突破。坪上村党支部紧扣“抓党建促文化振兴”目标，强化“哪里人多，书屋就建到哪里”的导向，打破过去农家书屋主要放在村委会的模式，充分发挥古祠堂地理位置便利、凝聚力强、号召力广的独特作用，整合现有图书资源和阵地资源，深度挖掘本村优良家风家训，按照“统筹兼顾、就地取材、一体建设”的思路，谋划建设了集农家书屋、党建教育、新时代文明实践服务、乡村治理示范、乡风文明展示等于一体的“平山书院”，化散为聚、握指成拳，实现基层公共文化资源1+1＞2的效果。

“书屋读经典 农家颂新风”读书活动

二是强化责任落实，树立农家书屋建设新标杆。坪上村将农家书屋（平山书院）工程作为落实全面推进乡村振兴的实事来办，村“两委”成立了农家书屋建设工作领导小组，明确了负责人和农家书屋管理员的岗位职责，制定了详细具体的农家书屋管理使用规划和年度实施计划，组织人员狠抓落实，保证了农家书屋高效运行。自2018年以来，坪上村采取“县里拨一点、乡镇补一点、社会捐一点”等办法，多方筹措资金，先后建成平山书院、霞边书院，累计投入资金百万余元，各书屋均配有图书5000余册、中小学辅导教材20余种，涉及政经、科技、生活、文化、少儿、综合六大类，因地制宜配置了可供上网的电视、投影仪及桌椅等配套设施。

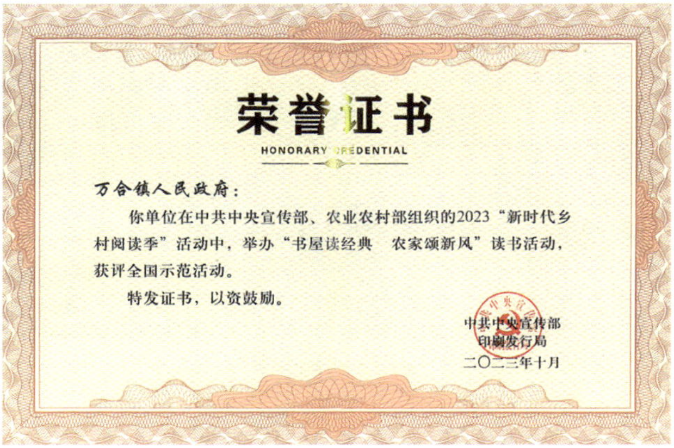
荣誉证书
HONORARY CREDENTIAL

万合镇人民政府：

你单位在中共中央宣传部、农业农村部组织的2023“新时代乡村阅读季”活动中，举办“书屋读经典　农家颂新风”读书活动，获评全国示范活动。

特发证书，以资鼓励。

中共中央宣传部
印刷发行局
二〇二三年十月

2023年，在坪上村农家书屋举办的“书屋读经典 农家颂新风”读书活动荣获中宣部、农业农村部“新时代乡村阅读季”全国示范活动

三是强化服务保障，提升农家书屋建设新品位。建立健全农家书屋管理、服务等工作机制，坚持“专人管理、专人负责”原则，县图书馆安排专业老师对农家书屋管理员开展集中培训，增强管理人员的服务意识和水平，为村民提供书籍推荐、借还登记等服务，促进书屋管理员从图书“看门人”向阅读“引路人”转变；建立“点单式”服务模式，在确保意识形态安全的基础上，按照“百姓点单、按需制单”的要求，结合民风民俗、村经济结构、阅读人群喜好等实际，由各书屋自主选定一批“口味对群众路”的书报，更好满足不同

层次、不同年龄读者的文化需求；针对村民年纪较大的特点，书屋还配备老花镜、放大镜等设备；将农家书屋开放时间通过公众号、微信群、乡村大喇叭等渠道公示公告，农闲时节延长开放时间，让广大群众切切实实享受文化惠民的成果。

农家书屋开展暑期夏令营活动

## （二）凝聚人才合力，携手打造"强"书屋

坪上村通过吸纳爱心人士等社会力量资源，引导社会公益组织常态化入驻，各书屋管理员联合开展工作、志愿服务资源共享、活动内容共融等方式实现资金、场地、队伍、活动等各方面资源的全面融合，形成"阅读空间更加宽敞、设施设备更加齐全、服务内容更加丰富"的良好局面。

一是聚群智，润桑梓。坪上村积极动员村民及热心人士共商教育大计，捐赠图书、筹集教育基金，不断完善平山书院的硬件设施。从刚创建时仅有的20余张老式木质桌凳，到目前配备的课桌椅、大黑板、彩纸、笔墨和投影仪等，逐步形成书院新貌，为孩子们提供学习书画、锻炼身体、休闲娱乐的活动场所，使平山书院成为全村多元文化的交汇、融合、聚集地，真正实现文化共享。平山公教育基金会截至2024年底，已资助40位大学生顺利完成学业，其中研究生4名；奖励平山书院高考优秀大学生共计44名，其中“985”高校7名、“211”高校7名。

二是凝群众，建队伍。为深化坪上村农家书屋建设，积极组织本村党员、退休教师、“五老”人员、妇女、返乡大学生等志愿者力量，连续5年组织村内留守儿童开设周末托管，冬、夏令营，以“关爱留守儿童关心下一代”为主题，逐步成为陪伴孩子们健康成长的第二课堂，已惠及青少年800余人次，受到家长学生的广泛好评。

三是寻专家，强服务。为使书屋活动开展得更专业、高效、有特色，坪上村积极引进“壹基金”公益团队在平山书院内开展“儿童安全关爱行动”；平山书院于2024年1—3月与中国儿童少年基金会联合举办“守护童年，牵手共成长”假期关爱服务儿童活动。自2018年起，平山书院通过链接社会资源，面向村中不同群体开展了多个动静结合的特色活动。加强示范引导，不定期邀请“田教授”农技专家到平山书院为村民开设农业技术、助农知识讲座，让农民真正学到知识，掌握新的农业技术；邀请本村著名书法家刘清景为孩子们传授书法知识，采取现场讲课辅导与示范相结合的办法，手把手地指点书法技

农家书屋开展“童心迎国庆 巧手绘祖国”主题活动

巧、运笔要点，让平山书院真正成为老百姓致富的“加油站”，成为群众乐意去、愿意待的基层文化阵地。

## （三）坚持创新载体，拓展服务“惠”民生

坪上村紧盯“建好是基础，管好是关键，用好是目标”的工作原则，在发挥农家书屋的作用上下功夫、做文章。

一是农家书屋+阅读分享，定期组织志愿者在平山书院内开展“书屋读经典 农家颂新风”等主题活动，向群众推荐好书、组织阅读分享，推进移风易俗。

二是农家书屋+好人宣讲，积极挖掘宣传身边好人事迹，通过定期开展“身边好人我来评”“坪上善举我来颂”活动，以身边的凡人善举教育引导更多的善行义举，用实际行动践行“善”。

三是农家书屋+家风家训，在平山书院内设立“家风家训大课堂”，增加弘扬传统文化、传承良好家风的新功能。

四是农家书屋+科技推广，开展实用技术培训活动，年培训在50人次以上，使每名群众都掌握1～2门实用技术，着力提升群众就业能力。

五是农家书屋+非遗传承，解锁文化传承新阵地，结合“华盖双狮舞”“钟埠拖龙船”等非物质文化遗产，利用传统节日开展“非遗文化飘万家”文艺汇演主题活动，为群众送去别样的“非遗大餐”，潜移默化增强文化自信，让游客和群众领略非物质文化遗产的魅力。

## 山东省济宁市曲阜市小雪街道武家村

# 以优秀传统文化涵育文明乡风

### | 案例特点说明 |

武家村牢记习近平总书记“使孔子故里成为首善之区”的殷切嘱托，立足孔孟文化底蕴优势，坚持以党建为引领，将文化“两创”与乡风文明建设紧密结合，推动优秀传统文化创造性转化、创新性发展，充分发挥优秀传统文化在凝聚人心、引导村民、淳化民风中的作用。通过筑牢文化阵地、加强榜样引领、深化文明实践、创新治理手段、发展文旅产业，由表及里、立体打造，以优秀传统文化涵育文明乡风、良好家风、淳朴民风，使之成为推动乡村振兴的精神支撑和道德引领。

武家村地处曲阜市城南，明洪武十三年建村，距今已有640多年的历史，共有村民580户2460人。2013年11月，习近平总书记视察曲阜时提出“使孔子故里成为首善之区”的殷切期望。近年来，武家村始终牢记习近平总书记殷切嘱托，立足文化底蕴优势，坚持以党建为引领，将文化“两创”与乡风文明建设紧密结合，以优秀传统文化涵育文明乡风，培育崇德向善、健康文明的生活方式，凝聚形成向上向善、和谐有序的乡村文明新格局。2024年武家村集体收入达到100万元，先后获评全国村级“乡风文明建设”典型案例、全国民主法治示范村、全国示范性老年人友好型社区、山东省文明村、山东省生态旅游村等荣誉称号。

## 一、突出“培根铸魂”，筑牢文化阵地，丰富活动载体

2018年4月，武家村成立济宁市首个新时代文明实践中心，高标准打造乡村记忆馆、家风家训展室、文化广场等文化阵地，积极开展“讲、评、帮、乐、庆”等形式多样的文化活动。一是开好“讲”座。创办“儒学讲堂”，邀请儒学讲师和农林牧技术人员、卫生文化人员、法律工作者，为村民讲法治、讲道德、讲技能、讲理论、讲政策、讲文化。二是做好“评”选。常态化开展“文明家庭”“美丽庭院”等评选活动，促进形成“人人讲孝顺、家家讲诚信、户户比光荣”的良好村风。三是组织“帮”扶。成立移风易俗、绿色环保、理论宣讲、敬老孝亲、扶贫帮困、义务巡逻、“和为贵”调解7支志愿服务队伍，为村民排忧解难。四是活动“乐”和。组建腰鼓、太极拳、广场舞等文明实践队伍12支，创新开展“点单”式活动，让村民从活动的观众成为主角，累计开展各式活动600余场。五是佳节“庆”祝。在中秋节、端午节、重阳节等中华传统节日，举行丰富多彩的庆祝活动，形成了“家风正、民风淳、党风端”的良好氛围。

武家村新时代文明实践活动

## 二、突出“孝老爱亲”，加强榜样引领，倡树清正家风

武家村将“四德”“家风家训”“好儿媳”“好婆婆”等贴上宣传栏，用会说话的“文化墙”补齐群众“精神短板”。一是开展“亮家风”“晒家训”活动。共收集17个姓氏来源和家风家训，在新时代文明实践站里专门设立一面“家风墙”进行展示，很多村民自觉把家训悬挂于屋子里的醒目位置，发挥其对子孙立身处世、持家治业的教诲作用。二是开展“好儿媳”“好婆婆”评选。村“两委”研究制定了五个条件：不吵一次嘴、不红一次脸；保证和公婆吃住在一起；家庭卫生一定要搞好；邻里关系一定要处好；学习强国的积分不能少。近年来，武家村共评选“好儿媳”“好婆婆”126人，300余户文明家庭、孝和家庭、书香家庭登上新时代文明实践站文明墙。三是创新开展“相约黎明”党员志愿服务活动。65名党员干部包保全村70岁以上的孤寡、留守老人，每天早上查看老人健康、生活状况，有困难第一时间解决。在党员示范引领下，80名村民自发组成志愿者队伍，每日入户帮扶老年人、残疾人，定期开展各类尊老敬老爱老服务活动，切实将“新二十四孝”转化为实践。

武家村“孝德建设”文化墙

## 三、突出“崇德向善”，深化文明实践，涵养淳朴民风

武家村深入推进移风易俗，推崇蕴含优秀民俗、体现时代风尚的婚丧新文化，破除旧陋习旧风俗，树立文明新风。一是推行“新时代文明礼堂”。为村民举办“家门口”的婚礼，村委会为新人送上村规民约、家风家训“两个红包”，并制作家训牌匾免费赠送，让良好家风家训传承下去，让绿色节俭、喜事新办的文明村风树立起来。二是建设“民享资源库”。物品和“能人”入库，先后有147户村民贡献出自家物品342件，32名“能人”长期免费提供理发、修车等服务，切切实实让村民感受到便利和“帮助别人、快乐自己”的成就感。三是不断完善修订村规民约。将儒家仁爱思想、“和为贵”调解流程、文明创建约定、社会主义核心价值观、遵法守规要求等80多个小条目纳入村规民约，广泛宣传、户户发放，推行民事民议、民约民守、民事民管，倡导村风淳朴、邻里和睦、平安和谐新风尚。

武家村新时代文明礼堂

## 四、突出"以和为贵"，创新治理手段，弘扬优良党风

武家村以现代乡村治理体系为抓手，积极探索党建引领、多元参与的乡村治理新格局，为实现乡村振兴和乡村治理现代化积蓄力量。一是打造"新时代"党建主题广场。夯实基层党建基础，实施"党员儒学修身行动"，探索情景剧、独角戏、快板说书等喜闻乐见的方式，让无形的理论说教变成有形的实物展示，让村民随时感受到党建文化的熏陶。二是充分发挥"和为贵"调解室作用。村"两委"干部时刻把村民的事情放在心上，及时发现并调处邻里纠纷，当有苗头性矛盾隐患出现时，及时联系街道领导、管区书记、相关部门负责人，与村"两委"干部一起组成化解小组，全力解决群众合理诉求，切实营造"小事不出村、大事不出镇、矛盾不上交"的良好格局。三是建立"美丽庭院＋家风传承＋志愿服务"工作模式。通过观摩评比、积分兑换等激励机制，建立"吾爱武家"积分超市，提升"美丽庭院"创建热情，建设环境优美、书香氛围浓厚的"雅致小院"，"人人彬彬有礼，户户和和美美、处处干干净净"成为村民自觉。

武家村"吾爱武家"积分超市

## 五、突出“文旅融合”，发展文旅产业，赋能乡村振兴

武家村不断加大儒家文化与娱乐、休闲、旅游的融合度，将美丽村貌、文化资源转化为经济效益。一是讲好本村文化故事。武家村着力将深厚的文化底蕴和儒学脉络作为村品牌，充分挖掘“九龙山传说”“白马河传说”“编笆接枣、锯树留邻”等传统文化故事，以传统文化助力乡村振兴，吸引了大批游客到村参观旅游，带动村经济效益和社会效益，每年增加村集体收入50万元，提供就业岗位100多个。二是推进农文旅融合发展。“星之谷”休闲度假区以武家村风土人情、地理地貌为基础，深入挖掘武家村传统文化特色，将乡村旅游产业和研学旅行有机集合，共打造20个特色体验区和7套传统民宿，每周吸引游客5000余人次。三是探索推进“文化养老”模式。修建占地1000平方米的日间照料中心，内设棋牌室、健身活动室、医疗保健室、书画室和独立的食堂、餐厅，构建以“居家养老为基础、社区服务为依托、机构养老为补充、医养融合发展”的养老服务体系，让老年人“老有所养、老有所医、老有所为、老有所学、老有所乐”。

武家村“星之谷”休闲度假区

## 湖北省宜昌市夷陵区太平溪镇许家冲村

# 赓续三峡移民精神<br>唱响乡村振兴“渔鼓调”

### | 案例特点说明 |

许家冲村毗邻三峡大坝，是“三峡茶谷”东大门、长江三峡黄金旅游带上的重要节点，被誉为“坝头库首第一村”。2018年4月24日，习近平总书记视察许家冲村。许家冲村牢记总书记嘱托，感恩奋进，大力发展乡村文化，培育文明乡风、良好家风、淳朴民风，以“党员公约”引领党员担当作为，以“村规民约”引导村民崇法向善，引联各类组织兴业富民。先后获得全国模范人民调解委员会、全国民主法治示范村、全国示范农家书屋、全国乡村旅游重点村、全国先进基层党组织、全国示范性老年友好型社区等国家级荣誉。

## 一、基本情况

许家冲村面积6.87平方公里，人口599户1449人，党员72名，其中三峡移民占90%以上。自20世纪90年代以来，许家冲村经历了多次移民和重建。一段时期，村级债务高达200多万元，100多名移民无法安置，一批遗留问题亟待解决，甚至出现了群体上访、越级上访现象，背上了“上访村”“扯皮村”的坏名声。近年来，特别是2018年4月24日习近平总书记视察许家冲村以来，该村立足村情，强化以文铸魂，深入挖掘峡江文化、移民文化，创新提炼“三约三引”支部工作法，充分发动群众“共谋、共建、共管、共评、共享”，不断改善人居环境，发展文化旅游产业，凝聚村民共识，塑造共同精神，提升人民群众的获得感、幸福感、安全感，没有再发生一起群体性事件或集体上访事件，实现了“搬得出、稳得住、逐步能致富”。

## 二、主要做法

### （一）举旗定向，抢占宣传思想文化阵地

一是筑牢基层战斗堡垒。组建许家冲“大党委”，深化“初心424”“峡江红·太平颂”品牌建设，公开选拔优秀年轻后备干部充实村“两委”班子，40多名党员骨干发挥党员先锋的头雁引领与模范带动作用，引领基层治理、产业发展、乡村建设、生态文旅、民生实事等竞相建功、争当先锋。组建党员先锋队，建设村级应急中心，带领干部群众成立家政便民、巾帼卫生、和谐调解、清河护江、治安联防5支服务队，积极参与村级事务。

二是放大“党员公约”带动效应。坚持取智于民、问计于民，引导党员群众围绕建强支部、村级发展、群众需求等大事要事，通过支部主题党日、屋场会、党员群众大会、网络交流平台等途径，线上线下积极参与公约制定，广泛征集公约形式、讨论公约内容，最终确定以三峡渔鼓调填词为公约基本形式，公约内容做到年年更新。村党员们在党员大会上公开承诺、立约上墙，全过程接受群众监督。

三是建设综合教育阵地。建设初心馆、村史馆、移民馆等“三馆”，成为综合性教育阵地。2024年，许家冲村接待参观学习335批次2万余人，进一步为红色旅游产业提效赋能。通过初心馆展示村民共谋、共建、共管、共评、共享全过程，实现群众全过程参与、全过程监督。村史馆展现许家冲村的搬迁壮举、建设征程、未来展望，传承“许家报国”的爱国精神。移民馆展现三峡工程建设以来移民搬迁及不断开拓进取建设家乡的奋斗过程，传播“顾全大局、舍己为公、万众一心、艰苦创业”的移民精神。

## （二）崇法向善，加强道德文化建设

一是议事恳谈促共识。实行“四议两公开”，以议事恳谈形式达成共识，重要工作、重大项目、重大事项均在村党支部主导下，由集体商讨决定，让群众“决定自家的事”。创新公开形式，村民在家通过数字电视、“夷陵一家亲”等平台就能查看村务公开事项，做到一目了然、心知肚明。

二是基层治理更精细。建立完善家庭文明诚信档案相关制度，调动村民参与乡村治理的积极性。充分发挥文明爱心积分超市功能，将群众参与厕所革命、垃圾分类、污水治理等工作纳入积分制管理，用于换购农用物资等，逐步改善群众生产生活习惯。

三是群策群力谋发展。广泛征求群众意见，提出接地气、贴民心的意见建议80余条，带动200余户群众参与村级发展规划，将许家冲发展目标定位为“美丽乡村示范村、产业兴旺标杆村、带动致富核心村、基层善治幸福村”，通过打造“一心一馆四街四园”，谋划发展民宿、旅游、文化等产业。

许家冲村非遗牵花绣

## （三）铸魂育人，加强精神文化建设

一是村规民约有实效。围绕村级治理的重点难点问题，更新细化看得懂、易操作、能遵守的村规民约，创新以村民为主体的运行机制，让群众的事群众管，小事不出村，诉求有回应。根据近年来村内征地拆迁、公路硬化等项目建设多的特点，及时将“不无故阻挠施工，不漫天要价”等条目写入村规民约，引导群众讲大局、知奉献、利长远，让上墙文字内化为自觉言行。

二是文明乡风有提升。发挥退休老党员、老干部和产业带头人作用，以自监自管的“接地气”，赢得与村民的“零距离”。成立红白理事会、道德理事会及和事厅，召集村民就喜事规模、烟酒桌席、人情往来等统一制定标准，引导群众红事少办、白事简办、事事文明办，村民人情往来的担子轻了，摆宴铺张的风气刹住了。组建花鼓、舞蹈、门球等8支文体队，参加活动成为村民的“必修课”，无事生非的没了、打牌赌博的少了，村民面貌焕然一新。

地花鼓民俗表演

三是非遗文化有传承。围绕“牵花绣”非物质文化遗产，组建了宜昌绣女工艺品专业合作社，注册“峡江绣女”商标，开发出牵花绣挂画、艾草绣花工艺枕、艾草车饰系列、艾草手工挂件等纯手工工艺品。推动手工艺特色化、品牌化发展，形成具有地域特色的传统工艺产品和品牌，把“指尖技艺”转化为“指尖经济”。

## 三、取得成效

### （一）集体经济“活起来”

培育一批特色农家乐、峡江民宿、本土电商，涌现了4家本土规模企业，村内自主创业112人，民宿、手工、茶叶等产业带头人15名，年接待游客12万人次、旅游收入1200余万元，带动周边移民吃上四季旅游饭。在农旅融合路径探索下，村集体经济逐步壮大，2024年村经济总收入11.5亿元，比2017年增加6665万元，增幅79.9%。集体经济收入由过去20万元增至90万元，村民人均可支配收入3.6万元。

### （二）创业兴业“旺起来”

不断放大红色文旅资源优势，推出大国重器游、高峡平湖游、三峡茶谷游等精品旅游线路，先后建成群众活动中心、三峡许家冲培训中心、巾帼创业就业车间、初心馆、“双创”示范街、民宿一条街等核心项目，发展“三峡绣娘”“三峡艾”、5D游三峡等特色文化旅游产品，发展民宿餐饮38家。“85后”青年望华鑫放弃了原先优越的生活条件和工作待遇，回乡自学茶艺、快板等技能，开展“移民新生活”“三峡茶姑娘”等宣讲60余场次，在抖音平台以“茶二代”身份分享亲身经历、弘扬移民精神、传播茶文化，发布短视频300余条、点赞8万余次。

### （三）移民新村“美起来”

先后投入资金1200万元改善村容村貌、升级人居环境、配套完善各项功能，垃圾分类、污水处理、文明积分管理等长江大保护举措走在全国前列。实施林相改造升级工程，增绿补绿，森林覆盖率达85%以上。组建村级清运公司，更新垃圾清运配套设施，垃圾清理实现日清日洁。推进每周五村庄清洁日行动，持续推进美丽村湾、美丽庭院建设，实现庭院绿成片、处处见风景。

## （四）广大村民“富起来”

扶持村民自主创业，鼓励党员、群众办企业当老板，组建土地股份合作社，建起了“穴盘育苗”智能大棚、木本油料加工厂、茶博园、游客接待中心，安置村民就业1200余人。“全国三八红旗手”谢蓉传承发展“牵花绣”产业，培训周边合格绣娘近800人、培养非遗传承人6名、带动70余名“5060”移民妇女灵活就业，人均年增收近万元。双狮岭茶业合作社推广“公司+基地+农民”模式，稳定带动社员630户，安置三峡移民就业近百人，季节性就业达400余人，带动周边农户1000户。

## 湖南省益阳市赫山区谢林港镇清溪村

# “三塑三培”赋能新“山乡巨变”

**| 案例特点说明 |**

清溪村坚持以文化振兴推动乡村全面振兴，立足“城市文化主题公园、智慧乡村展示平台、田园养生体验基地”发展定位，走“乡村＋文学＋旅游”的特色产业发展道路，逐步形成了“一轴两核五廊六村”的发展格局，着力打造乡村振兴样板区、现代农业改革示范区、一二三产业融合发展先行区。

## 一、基本情况

清溪村地处湖南省益阳市赫山区谢林港镇，是中国现代著名作家、乡土文学巨匠、斯大林文学奖获得者周立波先生的故居所在地，也是其文学著作《山乡巨变》《山那面人家》等小说的创作背景地，被誉为“山乡巨变第一村”。该村面积9.5平方公里，现有村民小组60个，人口7222人，其中党员263人。近年来，清溪村深入贯彻习近平总书记关于“三农”工作的重要论述，立足本地文脉资源、自然禀赋和产业基础，坚持“三塑三培”，推进乡村全面振兴，书写新时代“山乡巨变”新篇章。央视一套《山水间的家》栏目走进清溪村，该期栏目在黄金档播出47分钟；新华社内刊对“新时代山乡巨变”经验予以推介。

## 二、主要做法

### （一）坚持文化“塑魂”，培树文旅融合新标杆

清溪村因人而名、因文而兴，始终注重保护好、传承好文化资源，推进文化旅游融合。

一是建好“标志性”文化项目。运用市场化机制，高标准建设中国当代作家签名版图书珍藏馆，收集入藏签名版图书近5万册；隆重推出中国当代作家文学成就展，高质量建成王蒙、莫言等21家清溪书屋，形成全国唯一以当代著名作家冠名的书屋群落；建设国版链文化产权（益阳）综合服务基地，打造辐射中南六省的文学版权交易中心。

二是办好“沉浸式”文学活动。成功举办中国作协“新时代山乡巨变创作计划”启动仪式和新时代文学实践点授牌仪式、2023年中国作协作家活动周、中国文联影视艺术名家走基层等活动，每月邀请一位知名作家、艺术家、茅盾文学奖或鲁迅文学奖得主到清溪村开展主题活动；开展“到清溪去读书”大学生“文学之乡”游学活动，吸引复旦大学、中南大学等高校学生来清溪村读书打卡。

清溪村周立波故居一角

三是搭好“多元化”融合平台。打造以立波红色文化为纽带的14个特色景点，培育“文化+研学”新业态，开通长沙至益阳的高铁冠名文旅专列，与携程、喜马拉雅等文化领军企业达成战略合作，线上推介清溪书香民宿、文学资源。清溪村已成功创建中国美丽休闲乡村，游客人数突破120万人次，吸引400多名“新农人”“土专家”返乡创业。

清溪村中国当代作家签名版图书珍藏馆

## （二）坚持产业“塑根”，培育乡村发展新引擎

清溪村注重运用现代科技和信息化手段，赋能做好“土特产”文章，为乡村发展固根基、强引擎。

一是强化科技驱动。与湖南师范大学刘少军院士团队合作，建设鱼苗繁育基地40亩、垂钓基地100亩、稻鱼种养示范基地1050亩；与湖南农业大学官春云院士团队合作，建设千亩高油酸油菜与水稻轮作示范基地；与上市公司国联水产合作，建设小龙虾种繁科研示范基地2100亩，聚力打造“国联水产小龙虾”“合方鲫”“清溪高油酸油菜”等农产品品牌。

二是强化数字带动。建有总面积3000余亩的清溪智慧生态农场，可通过手机App进行远程管理、远程投料；在“水稻+生态种养”无人农场，建设虫情灯、气象站、土壤墒情仪、水位仪等田间智慧管理系统，远程控制进、排水阀开关，实现智能管理；在智能农机管理平台，实现农机无人作业、远程操作，推进耕、种、管、收各环节数字化。

三是强化项目推动。做强国家级农业产业化龙头企业国联水产的小龙虾及水产品加工项目，冷藏库储藏能力达15000吨，建成2个生产车间、6条小龙虾生产线，年销售收入5.6亿元，解决就业2000人。做优农业产业化国家龙头企业益阳味芝元食品有限公司的预制菜加工项目，建成水产品初精加工、冷链物流中心、电商中心现代化厂房等项目，打造“中央厨房”餐饮标杆，带动周边就业2600人，人均务工收入达4.8万元。

清溪村智慧农业展示馆

### （三）坚持治理“塑形”，培植和美乡村新形象

清溪村不断加强乡村建设和村民服务，以现代化治理手段，塑造宜居宜业的和美乡村形象。

一是筑牢“组织网”。创新“党建+治理”机制，推行村级集体事务由“村民提议、村委审议、代表决议、小组实施、村务监督”的“五步工作法”，广泛发动村民参与村级自治，对村级项目质量、资金拨付、福利发放、财务开支等事项实行全程阳光操作，其过程和结果在党员大会和村民代表大会上通报。

二是织密“服务网”。近年来，共完成乡村道路硬化58公里，安装路灯78盏，改厕1017座，完成2100米溪流整治和278户村民污水处理，完善垃圾收转运系统，美化村舍458座，拆除和改造棚屋300余栋。选聘德高望重的乡村能人，配备到每个村组“网格”，及时掌握民情民意、化解矛盾纠纷。开展村民代表联系服务群众、“党群连心网”服务工作，实施文明创建党群积分制管理，从人居环境、移风易俗、党群连心等三个方面，分解细化48个小项考核积分内容。2023年以来，妥善解决低保、救济、帮困等民生问题370多起，均得到群众认可。

三是扎紧“安全网”。建设900多个摄像头，并与“雪亮工程”、“天网工程”融合，村民通过手机民情直通车就可反映诉求，实现视频巡逻、视频调解、视频信访、视频法律咨询，做到治安巡逻全天候、治安防控全覆盖、服务管理全方位。2023年以来，全村没有发生一例“黄赌毒”案件、一件强行参工参运行为、一起缠访闹访事件、一个刑事案件和重大治安案件。

清溪民宿

## 三、取得成效

一是乡村面貌更美了。该村生活垃圾、污水处理实现全覆盖，村民住房通过统一改造，成为湖湘风貌特色农民新居的典型代表，成功创建省、市两级美丽乡村示范村，成为省级乡村振兴示范创建村。

二是群众腰包更鼓了。2024年，该村村民人均可支配收入4.1万元，超全省平均水平1.9万多元。村集体经济资产达3000余万元，全年实现集体经济收入139万元，同比增长15.8%。

三是乡风民风更淳了。该村坚持文化振兴引领乡村振兴，不断擦亮“文学清溪、文旅清溪、文明清溪”三张名片，文学润心、文化铸魂使村民展现出新时代新风貌，成为和谐共生、和睦共处、和乐共享的现代化新农村。

## 四川省遂宁市安居区常理镇海龙村

# 挖掘沼气文化　打造低碳村庄<br>创新推进乡村产业发展

### | 案例特点说明 |

海龙村以沼气为媒、以文化为介，推进农文旅深度融合，推动低碳产业链条延伸，打造成为具有历史文化传承的“中国沼气能源革命第一村”。发展有机农业和生态种养模式，探索推广十大固碳减排模式，打造全国首个低碳社区。联合相邻7村组建海龙联村党委，建立“国有企业+村集体+社会资金”三方合作的经营模式，探索“五金”模式助农增收。深度挖掘沼气文化，建成“中国沼气文化之乡”。

海龙村位于四川省遂宁市安居区常理镇，辖5个村民小组，户籍人口507户1539人，是全国沼气池技术发展及推广的源头之一，早在1970年，建成第一代第一口沼气池，率先实现全村沼气化。近年来，海龙村以沼气为媒、以文化为介，推动低碳产业链条延伸和农文旅深度融合，打造成为具有历史文化传承的“中国沼气能源革命第一村”。2022年以来，累计接待游客328.8万人次、综合旅游收入达2.86亿元，2024年农村居民人均可支配收入达3.1万元。先后获得全国乡村旅游重点村、全国民主法治示范村、中国美丽休闲乡村、天府旅游名村等殊荣，央视《新闻联播》《四川新闻联播》等主流媒体宣传报道60余次。

## 一、坚持绿色发展，筑牢发展本底

一是发展循环农业。引进华西生态集团，村企共建无废循环农业示范园，发展有机农业和“稻鱼共生”“稻藕共生”等生态种养模式。与农业农村部沼气科学研究所、贵旺养殖场等合作，通过铺设管道将生猪养殖场与粮油、脆桃等生产基地联结起来，实现沼气、沼液、沼渣综合利用，产品品质、品相提升，“凯歌牌”农产品售价高于市场同类产品20%。大力推广轮作模式，高标准建设高粱油菜轮作基地1.6万亩，大豆油菜轮作基地3000亩。引进舍得酒业、美宁食品等13家公司，开发“一袋米、一桶油、一壶酒、一罐桃”凯歌好礼特色农产品，年销售量达到5万余吨，实现销售收入1.5亿元。

海龙村油菜产业基地

二是打造低碳村庄。完善农村垃圾、污水处理设施，发展高标准沼气工程及户用沼气池，探索推广可再生能源替代、垃圾污水低碳管理、秸秆离田综合利用等十大固碳减排模式，建设生活垃圾投放收集点16个、污水处理厂1个，新改建农村户厕465座，完成380余户农房改造，打造全国首个低碳社区，每年减少约1200吨二氧化碳当量的碳排放。

三是优化生态环境。按照“大地景观化、庭院果蔬化、农村田园化”要求，扎实开展乡村绿化、村庄洁化、水体净化、杆线序化、道路美化、庭院靓化六大专项治理，全域推进畜禽粪污资源化利用、秸秆综合利用、农膜使用回收，建设环湖生态隔离带，鼓励发展小果园、小菜园、小花园，打造生态庭院216个，建设小型湿地8个，精准提升180亩森林质量，连片建设“春种彩稻夏观景、冬种油菜春赏花”的多彩田园。

## 二、坚持外引内联，集中资源共谋发展

一是突出多村联营。以海龙村为核心，联合相邻7个村组建海龙联村党委，建立联村产业发展联席会，实行各村集体经济、相关企业、运营人员的“定期交流、定期协商、定期调研”机制，推进各村之间经验互鉴、事务共商。聘请四川美术学院、中国建筑西南设计院专家团队，编制海龙凯歌乡村振兴总体策划和片区村庄规划（2021—2035年），以海龙村为核心区辐射周边2镇7村，对7个村实行统一的产业规划布局，统筹各村资源资产、包装发展项目，对接招商平台和相关部门，择优招商、精准招商，以共同行动争取匹配政策和项目实施条件，降低项目落地难度。

二是突出多元合作。创新“国有企业+村集体+社会资金”三方合作的经营管理模式，由遂宁市安居区国资局全资成立四川凯歌农旅发展有限公司，牵头招引人才组建团队专职负责产业规划、项目建设，对外招引业主70个、吸引投资2.9亿元，与村集体共同组织实施项目78个，形成国有企业发挥投资先导优势、社会资金发挥经营优势、村集体发挥资源整合优势的高效分工协同格局。

三是突出共建共享。探索土地流转得租金、入股分红得股金、产业发展得现金、就业务工得薪金、旅游创业得真金的“五金”模式助农增收。村集体组建凯歌建筑公司、“百人工匠队”等，承接基础设施建设，对外提供劳务服务。村集体领办合作社组织农户发展特色农业，开发“土特产品”。支持和引导本地农户自主创业发展餐饮、住宿等乡村旅游新产业新业态，村集体为其提供行政审批、市场监管、消防申报等支持。创新龙头企业与村集体五五分红机制，即产业纯利润的50%为引进企业自有，另外50%纳入村集体收入；探索集体经济“622”分配机制，即六成收益作为集体经济积累、投入再发展，两

成用于村集体民生事业发展、帮扶救助困难群众和维护基础设施，两成作为农户分红，2024年实现集体经济收益310万元。

海龙村沼气博览园

## 三、坚持传承创新，做优农旅融合文章

一是挖掘沼气文化。深度挖掘海龙村兴办沼气的人文故事、精神传承和历史内涵，对全村48处沼气旧址进行修缮保护，成功申报市级保护文物5处，建成中国沼气博览园、沼气陈列馆等特色园馆，讲好农村沼气能源革命的演进史、实践史、发展史，打造中国首家以沼气IP为主题的文旅项目，成功举办全国农业绿色低碳发展暨农村沼气高质量发展研讨会，建成“中国沼气文化之乡”、农村沼气能源特色实践基地。

二是打造怀旧场景。重构公社历史叙事，采用“EPC+自建”模式，创新幸福乡村、凯歌公社、共富之源三大主题区建设，搭建一批知青旧居、供销社、邮电所、人民食堂等特色场景，集成省级非遗观音绣等10余项“安居手艺”，创作情景音乐剧《凯歌记忆》，推出特色美食“海龙九大碗”和稻田集市丰收节等20余项乡愁体验活动，形成特色“沉浸式怀旧游”。

三是推进农旅融合。按照田园变乐园、园区成景区的思路，建设“稻乡凯歌、荷香凯歌、果香凯歌”三大片区，发展海龙仙谷、稻田迷宫等35个农旅融合业态，打造“凯歌故事、创意故事、智慧故事、乡村能人故事、荷趣故事、山居故事、湖畔故事”七大文化IP，策划“凯歌研学、凯歌田作、凯歌农创、凯歌拾趣”四大农旅路线，有效增强游客体验感和吸引力。2024年累计接待游客110.85万余人次，旅游综合收入达到7760余万元。

## 贵州省黔东南苗族侗族自治州榕江县

# “村超”厚积薄发　赋能乡村振兴新动力

**| 案例特点说明 |**

榕江县坚持村民主办、村民参与、村民收益原则举办贵州“村超”赛事，火爆全网，由“村超”衍生的“超经济”，推动夜经济、特色产业、文体旅融合发展，干部群众发展信心大幅度提升。通过“村超”赛事，推动榕江“村超”夜间消费集聚区获评2023年省级夜间消费集聚区、获评第四批省级夜间文化和旅游消费集聚区，助力榕江县位列2023年全国县域旅游发展潜力百佳县、入选全国首批文化产业赋能乡村振兴试点。

## 一、基本情况

2023年，榕江县立足乡村足球运动的传统优势，创新举办榕江（三宝侗寨）和美乡村足球超级联赛（以下简称“村超”），推动足球运动与民族文化、乡村旅游等融合发展，成为国内外备受关注的足球比赛和文体符号，成功探索足球运动赋能乡村振兴新路子。自2023年5月13日“村超”开赛以来，全平台综合浏览量超过900亿次，吸引游客1682.77万人次，实现旅游综合收入超过190.44亿元。

## 二、主要做法及成效

### （一）立足群众，打造全民“村超”

一是坚持人民主体。队伍组建、赛程安排、晋级规则、节目表演均由村民自发组织、自行决定、自行实施，球员来自各行各业的当地群众，奖品也是本地小黄牛、小香羊、小香鸡等农特产品，让“村超”保留“村味儿”。二是坚持人民主创。“村超”依靠群众力量、尊重群众首创，各村自发组织啦啦队编排并表演侗族大歌、苗族芦笙、齐跳多耶等民族歌舞，做到主意大家拿、办法大家想、事情大家做。三是坚持人民主推。充分发挥新媒体优势，群众自发拍摄制作“村超”的精彩瞬间、感动画面进行宣传推介，对餐饮、住宿、交通等行业不涨价做法进行大力宣传。“村超”出圈带来无限流量，本地群众腾出闲置的房间免费接待游客，自发组成车队免费接送游客，积极主动回答游客疑问，营造“人人都是形象大使、处处体现流量担当、事事关系‘村超’品牌”的城市氛围。

2023年6月22日，榕江（三宝侗寨）和美乡村足球超级联赛现场民族舞蹈表演

## （二）彰显文化，打造特色“村超”

一是与足球文化融合。榕江依托群众对足球的热爱，挖掘近十年来榕江校园足球队在全国、省、州各类官方赛事中的光荣事迹，树立一批如“老男孩足球队”等足球先进典型人物，切实将足球赛事与足球文化深度融合。二是与民族文化融合。赛场将侗族大歌、侗族琵琶歌等非物质文化遗产深度融入，在每个“超级星期六”的比赛现场上演侗族大歌合唱、吹奏芦笙、齐跳多耶舞等民族文化节目，为赛事加油助威。三是与美食文化融合。以“村超”赛场为核心，提升周边基础设施和升级旅游业态，设置指定摆摊点，打造“村超美食小吃一条街”，满足游客对“舌尖上的榕江”的美食需求。2024年全县农特产品线上线下销售额达7.08亿元，同比增长13.1%；新增餐饮市场主体1195家，餐饮行业营业收入13.41亿元，增长9.3%；住宿行业营业收入为16935.2万元，增长7%。

## （三）精准服务，打造贴心“村超”

一是靠前服务。开展“我能为榕江足球做什么？”“村超有我，榕江因我更美丽”等系列活动，引导榕江各酒店开设“村超”特价房，鼓励各村（社区）群众为游客提供免费住宿服务。二是保障观赛。开通“村超”公交专线，

2023年6月3日，当地村民助威榕江（三宝侗寨）和美乡村足球超级联赛

增设高铁站到“村超”现场公交专线10台。开放公共停车场，提供免费停车服务。停靠榕江站的动车由22趟增加至40趟。县人民医院、县中医院主动承担活动期间医疗保障服务，免费提供解暑凉茶等用品和医疗服务。三是维护秩序。加强赛事期间市场监管，对违规摆摊设点、无证经营等违法行为依法进行清理。严查哄抬物价、不明码标价等违法行为，确保市场价格平稳有序，保障广大消费者合法权益。

### （四）全媒体宣传，打造共享“村超”

一是营造全民参与氛围。策划推出“乡村足球·榕江村超”有奖征集活动，征集相关短视频作品、文旅攻略，评选“村超”宣传官，通过统一话题，带动更多网民自发在自媒体平台上制作推出更多榕江“村超”攻略、视频、笔记，营造全民宣传正面氛围。二是把握正确舆论导向。积极向网民和其他各类媒体受众发布赛事信息，对网上可能存在恶意报道、歪曲事实、抹黑“村超”用来博取流量的信息，组织相关部门会商研判，正面回应群众关注事宜，有效引导和处置负面舆论。三是引起社会广泛关注。积极对接全国和省、州各级权威媒体赴榕江采访报道，传播“村超”好声音。外交部发言人、中国驻外使馆发布推文向世界推介“村超”。贵州省人民政府网站开设“贵州村FA来了！”专栏，第一时间报道“村超”相关新闻。《人民日报》、新华社、央视频等224

2023年7月28日，在“村超”现场开展百香果品鉴会

家媒体关注“村超”，50余家权威媒体对“超级星期六”比赛现场进行直播。

## （五）着眼长远，打造持久“村超”

一是维护品牌形象。坚持“村超”姓“村”，不让“村超”过度商业化，场内只允许得到许可经营的榕江县本土特色产品在指定地点宣传推介，防止滥用“村超”品牌。对接省州相关部门指导落实“村超”品牌商标、图标等相关注册，避免恶意抢注，确保“村超”品牌持久运营。二是强化人才支撑。加快青少年足球运动普及力度，探索设立新型足球学校，筹办中小学生足球联赛，开展少儿足球培训夏令营、冬令营等活动，为足球事业培养优秀的接班人。有针对性地培养裁判员、教练员、运动员、社会指导员和乡村基层活动组织者，为“村超”品牌的长久发展提供坚实的人才基础。三是注重体旅融合。积极争取资金项目，加快提升核心赛场及周边基础设施和业态升级，结合“村超”特色与民族文化，开发“村超”系列文创产品，围绕主导产业和体育用品制造等开展招商推介会，引进一批优强企业和优秀人才来榕发展。将“村超”赛事融入旅游产业发展规划，推出周边一日游、县内精品游、省州深度游等主题旅游路线，加强与从江岜沙苗寨、黎平肇兴侗寨、西江千户苗寨、荔波小七孔、台江台盘乡等景区联动，共同构建旅游全域化的新发展格局。

“村超”现场夜摊经济全景

## 甘肃省白银市会宁县会师镇南什村

# 依托红色资源　串联三色资源<br>融合发展乡村旅游

**| 案例特点说明 |**

南什村聚力建设“会宁南川·红军村乡村振兴示范点”，以农、文、旅相融合为切入点，按照“因地制宜、协调布局”的原则，提升改造村庄风貌，打造了“红色旅游+农业观光”“红色旅游+农事体验”“红色旅游+休闲度假”“红色旅游+研学实践”“红色旅游+主题培训”“红色旅游+乡村集市”的旅游景区，逐步形成了“以旅塑文、以文彰旅、复合创新、三产融合、多元销售”的产业发展模式。从“扶持农户创业、带动农民就业、发展特色产业、建设宜居宜业乡村”四个方面助力推进乡村振兴，让农民有土地流转收入、有务工收入、有经营收入、有分红收入，群众收入逐年增加。

## 一、基本情况

会宁是中国革命圣地，1936年10月，中国工农红军第一、二、四方面军在会宁会师，会师镇南什村是三大主力红军非常重要的宿营地、水源地和粮草征集保障基地。南什村位于会宁县城南部，距离县城中心5.8公里，现辖5个村民小组，人口609户2230人，辖区总流域面积25平方公里，其中耕地8006亩，林地9760亩，有塑料大棚3000座，日光温室23座。南什村毗邻国道312线和平定高速公路，国道247线贯通南北，交通便利、区位优势明显。全村以乡村旅游为统领，以全膜玉米、黑膜马铃薯、塑料大棚、日光温室种植等为基础，以猪、羊养殖为拓展，以劳务输转为延伸，全面提升“吃住行游购娱”各大要素，形成优势突出、要素齐备的产业布局。

2020年以来，南什村立足当地自然条件和红色文化资源，开始建设以“红色文旅、观光农业、现代康养”三个板块为核心的乡村旅游、研学实践乡村振兴示范点，秉承“因地制宜、协调布局”的原则，按照“一街、一景、三板块、七大功能片区”进行规划建设，形成了以“红色文化体验园”为主基调，以“红色旅游+农业观光”“红色旅游+农事体验”“红色旅游+休闲度假”“红色旅游+研学实践”“红色旅游+主题培训”“红色旅游+乡村集市”为主题的文旅景区，逐步形成了“以旅塑文、以文彰旅、复合创新、三产融合、多元销售”的产业发展模式，为城乡消费群体提供了一处“望得见山、看得见水、记得住乡愁、文化内涵丰富”的快乐驿站，提高了旅游惠民收入。

会宁南川·红军村乡村振兴示范点建设宜居宜业和美乡村[①]

① 红军村是南什村通过土地流转新建成的村中村，是当地乡村振兴示范点。

## 二、主要做法

### （一）坚持红色引领，讲好红色故事

南什村以红色文化为引领，深入挖掘文化印记、历史印记，通过复原凝练红色故事，重点打造“聆听红色故事、观看红色演出、体验红军粮、寻找红色印记”等沉浸式体验项目，让来自全国各地的游客在接受初心教育的同时体验消费，带动当地产业发展和农民增收致富，2024年接待游客214.62万人次。

### （二）突出金色教育，打造研学品牌

南什村紧紧依托会宁县作为西北教育名县的亮丽名片，把“三苦两乐精神”与“古老农耕文化、科普教育展览和非遗文化传承”有机融合，以“学生课外研学实践”为主题向全国推广，建成了状元文化和农耕文化主题食堂、消防科普教育馆、农耕户外实践基地及一些配套项目，开设了一日研学、三日研学、七日研学和定制化研学等课程内容，2024年接待中小学生1.86万人次，因研学产品实现产业收益突破210万元。

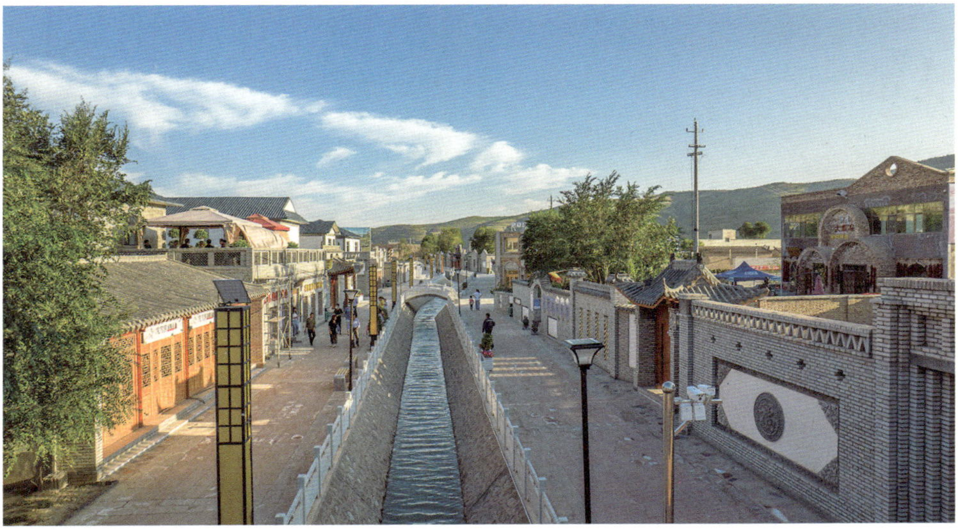

会宁南川·红军村乡村振兴示范点

## （三）注入游乐活动，激发市场活力

南什村在建设和运营过程中通过调研分析，精心设计规划市场定位，充分考虑了不同游客群体的需求，先行建设和运营亲子互动游乐项目，大大激发了市场活力，游客流量有了保障，经营效益见到了实效，产业互动更加紧密。2023年“五一”假期以来，因游乐项目吸引的一小时旅游圈游客量占到了总游客流量的60%以上，冬季戏雪场的建设持续升温。

## （四）帮扶农户创业，立足发展“三农”

南什村通过“扶持农户创业、带动农民就业、发展特色产业、建设宜居宜业乡村”4个抓手全面助力推进乡村振兴。2024年，共计扶持42户农户创业、近3000人季节性或稳定性就业，创业农户户均收入7.56万元，务工和就业农民人均年收入4.2万元。通过东西部协作发展产业建成了蔬果种植采摘基地、特色美食农民孵化街、农特产品展销馆，村内建成了产业路4.1公里，在街区、景区道路投放了环保垃圾箱264个，安装了太阳能路灯238个，村容村貌得到彻底改善。

蔬菜采摘基地

## （五）培植传统文化，繁荣集市大年

南什村把传统文化的保护、发扬作为一项长期的提升工程，并持续推向高潮。每年春节前后组织皮影戏演出、秦腔自乐班、红歌演唱会、写春联剪窗花等并举办年货节，群众文化生活和精神世界进一步富足，周末农村集市得到了恢复和发展，2023年会宁南川·红军村除夕举办的“欢乐祥和过大年”被中央电视台直播报道。

2023会宁南川·红军村大年“欢乐祥和过大年”

戏曲演出

## 三、取得成效

南什村结合县情、镇情、村情实际，紧紧围绕“以发展产业带动县域经济高质量发展”的核心目标，按照全县“依靠红色资源优势引领，融合红色旅游和金色教育、绿色农业和谐共生”的思路，聚力实施以南什村建设会宁南川·红军村乡村振兴示范点为突破口的乡村建设行动，带领当地农户充分参与，探索出了一条适合会宁当地的乡村振兴之路，刷新了和美乡村建设的靓丽底色。2023年被西北师范大学授予“乡村人才振兴示范基地”，被中国关心下一代工作委员会、全国妇联中国妇女网、共青团中央中国青少年发展基金会和全国红军小学建设工程理事会联合授予“全国红军小学建设工程爱国主义研学基地”，同年被评为国家AAA级旅游景区。红军村乡村振兴项目分别获得2023年度省、市文创大赛优秀奖和一等奖，并入围中国报业协会、中国旅游报社、中国社会科学院新闻与传播研究所“2023年红色旅游创新发展典型案例”。

## 青海省果洛藏族自治州班玛县灯塔乡班前村

# 保护传统村落　打造特色村寨

**｜案例特点说明｜**

班前村是藏族地区高山村落的典型代表，是一个文化底蕴丰厚的藏族村庄，被誉为“中国历史文化名村”“中国最美村镇”和“中国少数民族特色村寨”。近年来，班前村坚持保护和发展并重，持续优化改善农村人居环境，强化精神文明建设，大力培育文明乡风，村内良好社会风气蔚然成风，乡村文化底蕴显著提升，传统村落焕发出新的活力。

班前村是一个文化底蕴丰厚的藏族村庄。近年来，班玛县班前村借力乡村振兴，坚持保护与发展并重，深入挖掘乡村文化资源，加强文化阵地建设，人居环境“全新颜值”不断刷新，乡村振兴“幸福底色”持续擦亮，打造了“甲居藏寨、百年碉楼、石砌童话”的“印象班前”新形象。现在的班前村，正在以古老又年轻的姿态迸发出别样的生命力、焕发出新的光彩，成为既有乡村韵味，又具现代气息的宜居宜游之地。

## 一、深挖乡村文化资源

保护和传承传统文化是班前村乡村振兴的首要任务。村内有碉楼近百座，部分建筑有300年以上的历史，其中班玛碉楼营造技艺被列入国家级非物质文化遗产。班前村藏戏在民间广为流传，是集说唱、表演、歌舞、文学于一体的综合艺术，被誉为藏文化的“活化石”。班前村春耕仪式是世世代代延续下来的农耕风俗。每年藏历2月1日是藏族的春耕节，这一天，班前村举行隆重的节日庆典活动，农牧民群众穿新装、跳锅庄、敬献丰富的美食美酒等，用这种隆重的形式祈祷农作物的丰收。独特的自然风光、民俗民风、藏族建筑等元素，让班前村尽显迷人风采。如今的班前村被誉为“中国历史文化名村”“中国最美村镇”和“中国少数民族特色村寨”。

村落全貌

## 二、加强文化阵地建设

利用乡村振兴示范试点村项目资金，建成村级文化广场、篮球场、农家书屋、妇女之家等活动场所，文化基础设施不断完善。依托村内红色资源，建成村级红色文史馆、李先念旧居，多次开展爱国主义和红色教育活动，吸引全省各地单位和组织前来参观学习，班前村成为爱国主义教育、革命传统教育、国防教育和社会主义精神文明建设的重要阵地。村级综合办公服务中心悬挂藏汉双文村党支部委员会、村民委员会牌匾，设有村干部形象栏，亮明身份、亮明村级阵地，接受村民监督。

班前村建筑布局

班前村藏式碉楼外景

## 三、村容村貌焕发新颜

班前村通过实现村庄硬化、亮化、绿化、净化、美化，为传统村落增添了现代元素。近年来，全村开展道路硬化2800多米，修建排水沟1900多米，购置垃圾斗箱50个，新建封闭式压缩垃圾场1处。新建、维修太阳能路灯60多盏，村庄绿化树木800多株，维修改造集中供水管网，建设小口机井13座。通过“厕所革命”、全域无垃圾示范建设等，村容村貌不断改善，传统村落与现代元素叠加的“甲居藏寨、百年碉楼、石砌童话”的“印象班前”新形象正在形成。

## 四、良好社会风气蔚然成风

在传统文化与现代文明的熏陶下，班前村人才辈出。全村获得过全国性荣誉称号的人员有7名，其中，全国优秀教师1名、全国模范教师3名、全国

班前村玛可河

劳动模范1名、全国民委系统先进工作者1名，国家级非物质文化遗产代表性项目藏族碉楼营造技艺代表性传承人1名。开展“最美家庭”“五星级文明户”等家庭文明建设活动，带动形成整个村庄良好的社会风气，全村有“五星级文明户”15户，全体村民养成了不喝酒、不赌博、不打架、邻里和谐、家庭和睦，尊老爱幼的淳朴民风。村内设有生态管护员65名，肩负政策宣讲、护林防火、河道保护、负责巡查并报告管护区内发生发展情况和防治工作、制止乱采滥挖和乱捕滥猎国家和省级重点保护野生动植物、长江禁捕等10项职责，未发生过一起乱采乱挖、盗伐林木、盗猎等现象。同时，班前村借助文化广场、文化宣传栏等文化宣传阵地，通过制作集宣传、教育、警示等于一体的文化长廊，切实发挥社会主义核心价值观、法治文化建设在乡村建设中潜移默化、润物无声的作用。促使文化理念、法治理念在不经意间传播，在言行当中转化，崇尚科学、崇尚道德、崇尚法治的氛围不断形成。

## 新疆生产建设兵团第十四师昆玉市四十七团

# 赓续老兵精神血脉　赋能乡村全面振兴

### | 案例特点说明 |

乡村振兴，既要塑形，也要铸魂。近年来，新疆生产建设兵团第十四师四十七团立足“沙海老兵精神”这一核心文化资源，以传承弘扬和践行老兵精神为引领，将屯垦戍边历史、老兵故事等元素融入推进乡村全面振兴，通过系统整合红色资源、创新体制机制、强化产业协同，构建“一区三基地”发展格局，全力打造红色文旅。以红色基因赋能乡村振兴，四十七团探索出了一条独具特色的农文旅融合发展路径，助力职工群众就业增收，增进民生福祉；通过大力发挥先进文化示范区作用，不断促进各族职工群众全面交往、广泛交流、深度交融；通过擦亮乡村文化繁荣底色，持续激发职工群众内生动力和团连发展活力，有形有感有效铸牢中华民族共同体意识。

习近平总书记强调：“兵团人铸就的热爱祖国、无私奉献、艰苦创业、开拓进取的兵团精神，是中国共产党人精神谱系的重要组成部分，要用好这些宝贵财富。”四十七团党委牢记习近平总书记殷殷嘱托，大力弘扬兵团精神、胡杨精神和老兵精神，深入挖掘红色资源，进一步丰富时代价值、拓展传承载体，打造了一批优质文旅项目，红色沃土绽放出“文旅之花”。

## 一、基本情况

四十七团前身是八路军一二〇师三五九旅七一九团，解放战争时期改编为中国人民解放军第一野战军一兵团二军五师十五团。1949年12月，十五团1803名官兵徒步横穿塔克拉玛干沙漠胜利进军和田。1953年，部队就地转业，屯垦戍边至今。四十七团地处塔克拉玛干沙漠南缘，昆仑山北麓，穿插嵌入墨玉县境内，距昆玉市62公里。2019年9月挂牌老兵镇，全团总面积20.04万亩，下辖社区、连队10个。

四十七团党委深入贯彻落实习近平总书记关于新疆和兵团工作的重要讲话和重要指示批示精神，完整准确全面贯彻新时代党的治疆方略，按照“红色+文化体验”“红色+全域旅游”“红色+兵地融合”模式，构建国家AAAA级沙海老兵红色旅游区和爱国主义教育示范基地、党性教育基地和红色文化研学基地的“一区三基地”发展格局，打造在兵团、新疆乃至全国具有影响力的特色红色文旅镇。2024年，接待游客14.74万人、实现旅游收入400万元，分别同比增长129%、31%。

## 二、主要做法

### （一）实施“红色+文化体验”战略，传承老兵精神之魂

**参观一次红色展览。**用好用活“老兵精神发源地”红色资源，建设中国人民解放军进军和田纪念馆，分设“挺进新疆、解放和田；剑犁交响、屯垦戍边；扎根大漠、永不换防；深化改革、砥砺前行”等四大主题，馆藏文物1000余件。精心打造沙海老兵村，设立老兵故事展厅，带领游客走进一段穿越时空的旅程，重温老兵屯垦戍边的历史岁月。2024年累计接待兵地党员干部职工1914批次8.42万人次参观。

**接受一次红色教育。**坚持把红色资源利用好、把红色传统发扬好、把红色基因传承好，开发党性教育课程15个，2024年接待社会各界教育培训活动达1620批次4.21万人次。组织开展老兵精神宣讲小分队选拔赛，团域内选拔队员12名，老兵精神宣讲小分队开展宣讲130场次，选派队员赴北京市以及和田地区各县市开展老兵精神宣讲45场次。组织老兵故事话剧《沙海老兵》展演34场次，赴师市各团场巡演10场次。

**重走一次老兵路。**1949年12月22日，中国人民解放军二军五师十五团的

1803名官兵历时18天，日夜兼程1580里，徒步横穿塔克拉玛干沙漠，胜利解放和田。随后，官兵们响应号召，就地转业、扎根大漠，把一生奉献给了新中国屯垦戍边事业。为追寻红色足迹、重温红色历史、体悟老兵精神，依托沙漠、老兵驿站等资源，开展“重走沙海老兵路”体验活动，2024年接待全国各地游客1025批次、2.11万人次。

“重走沙海老兵路”体验活动

## （二）实施“红色＋全域旅游”战略，弘扬老兵精神之风

**红色文化与主题线路相结合。**盘活老兵村、老兵驿站等旅游资源，整合中国人民解放军进军和田纪念馆、沙海老兵红色旅游区游客服务中心等具有老兵精神文化特色的红色地标，串联形成1～3天、3～5天等4条精品旅游线路，打造沉浸式研学路线。2022年以来，累计创建国家AAAA级景区1个、丙级民宿1家、三星级农家乐2家、三星级旅游酒店1家。

**红色文化与民族团结相结合。**发挥先进文化示范区作用，举办系列兵团沙海老兵节以及老兵精神体验季系列文旅活动。以“五共同一促进”为抓手，推动371名干部与644户少数民族群众结对帮扶、走访互动，举办民族团结联谊活动50余场次，参与群众5000余人次，累计解决困难诉求417件，慰问物资17.1万元。2023年，四十七团“聆听老兵故事 凝聚团结力量”入选旅游促进各民族交往交流交融新疆十大案例。

**红色文化与城市名片相结合。**成立老兵精神研究会，在习近平总书记给四十七团9位老战士回信十周年之际，召开老兵精神研讨会。打造红色文化旅游节庆品牌，举办十三届文化月活动、组织开展“送文化下基层”、“群众法治大培训”法治文艺汇演、“沙海新兵”杯越野跑等系列活动，编排《追赶太阳的脚步》等文艺作品，演出80余场次、惠及各族职工群众15万余人次，“红色文旅”名片愈发响亮。

老兵驿站

## （三）实施“红色+兵地融合”战略，赓续老兵精神之志

**深层次合力提升老兵精神影响力。**牢固树立“兵地一盘棋”思想，深入实施《沙海老兵》话剧、《沙海老兵》舞蹈诗、《大爱无歌》舞台剧三剧提升工程，赴地方展演60余场次，惠及12万余人次。联合地方结对共建村开展美食节、丰收节、音乐节等系列活动，同歌共舞、共话盛世。举办首届穿越塔克拉

玛干沙漠徒步挑战赛，吸引27支队伍177名选手报名参加，兵地1万余人次参与，自媒体浏览量达10万+。

**全方位统筹提升老兵精神感染力。**探索兵地共享机制，打造“1+1+8”工作模式（1个团党委、县委共建联席机制、1个连村联合党总支、8个连队结对村共建机制），8名团、县机关干部，18名连、村委员双向交流挂职，助力红色文化传播。实施“文化惠民”“医疗惠民”“教育惠民”共享工程，创建“1+N”模式，推动团场医院与2所地方卫生院、团场中学与10所地方学校结对融合发展，惠及各族群众10万余人，创作“兵地融合”特色主题文艺作品758个。

**多角度全面推进老兵精神传播力。**打造《回到1949，锤炼老兵意志党群训练营》等精品示范课程，创建国内党政群体、少年军校等研学品牌，让“红色”渗入血液。打造“老兵文旅甄选”“沙海昆玉文旅优选”等网络直播平台4个，组织辖区居民情景再现父辈“永不换防”的生活故事，累计制作宣传短视频1000多个。开展建党、建军、国庆等节日庆典，接待党员干部、中小学生等群体共计1500余批次到中国人民解放军进军和田纪念馆参观学习。

举办沙海老兵节活动

## 三、取得成效

### （一）激发红色旅游产业发展新动能

依托沙海老兵红色旅游区，做强老兵精神红色文化品牌，延伸红色文化产业覆盖面，新增纪念馆讲解员、酒店服务员、文旅投工作人员等新就业岗位近10余种，解决团场120余人就业。催生新业态、新模式，首届穿越塔克拉玛干徒步挑战赛带动百余个体商户摆摊设点，带来经济效益47万余元。2024年，团场连队居民人均可支配收入达到2.64万元，同比增长7.8%，较全国农村居民人均可支配收入高14.3%。

### （二）推进团场连队建设呈现新风貌

推动实施“百连示范工程”，投入1365万元资金巩固提升2连红色美丽连队建设，以点带面带动乡村建设迭代提升。投入4370万元实施人居环境整团推进整治项目，清除偏远散危旧住房355户，加大垃圾治理力度，实现垃圾堆放点全覆盖。新建游客接待中心、人行步道、停车场等基础设施，丰富老兵驿站业态，旅游业发展要素保障不断完善，旅游服务水平不断提升。

### （三）助力涵养乡风文明焕发新气象

深化基层群众性精神文明创建活动，培育“红色文化+文明实践”模式，广泛开展“我们的节日”活动，以老兵精神激励职工群众向善向上。用好用活中国人民解放军进军和田纪念馆等红色资源，构建覆盖全团、辐射地方的现代公共文化服务体系，推动乡村文化振兴与基层治理深度融合，2024年各类矛盾纠纷事件同比下降19.27%，“五个认同”持续增强，中华民族共同体意识进一步铸牢。

# 四、生态振兴

## 山西省晋城市高平市北城街道许庄村

# 擦亮生态底色　逐梦共同富裕

**| 案例特点说明 |**

许庄村借助晋城市生活污水治理项目，确定“三改”同步工作方案，全村系统推进“改水、改厕、改污”，村容村貌、人居环境得到极大改善。在“三改”工程的示范带动之下，许庄村进一步深化人居环境整治提升，对村庄主干道开展了立面改造、道路铺装、管线入地，打造了乡村记忆、一米菜园、文化大院等景观节点，人居环境达到五星级标准。现在的许庄村，从空中到地面，从屋舍到田野，秩序井然，颜值靓丽，俨然一幅村美人和的现代版“富春山居图”。

许庄村隶属于山西省晋城市高平市北城街道办事处，位于太行一号旅游公路乡村振兴示范带沿线。全村共331户1048人，面积2.5平方公里，耕地1834亩，林地500亩。近年来，许庄村协同生态保护与乡村振兴，大力开展“三改”工程，纵深推进人居环境整治，积极发展生态产业，以山水为媒，用生态作本，不断拓宽绿水青山和金山银山的转化通道。2023年，该村被评为“山西省第六批历史文化名村”。

## 一、污水治理为契机，“三改”同步齐推进

许庄村围绕群众急难愁盼的供排水问题，一体化推进改水、改厕、改污，让污水治理真正实现系统化、科学化、生态化。一是开展水网改造，让村民

吃上放心水。之前由于管道老化，村民一到夏天就面临吃水困难的问题。现在，借助实施农村生活污水治理的机遇，许庄村投资80余万元同步进行了全村水网改造，实现24小时全天候供水，真正解决了老百姓吃水难问题。二是开展户厕改造，改善群众如厕环境。旱厕改水冲厕所一直是许庄村民的盼望，许庄村投资42万元对农村旱厕进行了集中改造，全村完成改厕321户，改厕率97%。三是开展污水治理，实现雨污分流。实施晋城市农村生活污水治理项目，建成并投运污水收集管网12600米、污水处理终端2座，整村实现雨污分流。

许庄村航拍图

## 二、基础设施大改善，人居环境质提升

在“三改”成效的示范带动下，许庄村进一步坚定生态优先、绿色发展的理念，高水平实施环境综合整治，完善基础设施，建设美丽宜居乡村。一是由治破题，全面重塑人居环境。以农村人居环境整治为切入点，全面推进“三大革命”，大力开展“六乱”整治，先后清除陈年垃圾1.1万吨，拆除老旧危

房、废旧厕所猪圈等450座；有序运行“户收集、乡转运、市处理，垃圾不落地”的生活垃圾收运处置体系；通过煤改电、煤改气实现清洁取暖全覆盖，实现了由“脏乱散差”到“整洁有序”质的跃升。

村内开展人居环境整治后的墙体彩绘

二是由浅入深，精心打造美丽乡村。进一步深化整治提升内容，对村庄主干道进行立面改造、道路铺装、管线入地，打造了乡村记忆、一米菜园、文化大院等景观节点，人居环境达到五星级标准，实现了由“整洁有序”向“美丽乡村”的二次跃升。《人民日报》先后3次对许庄村的人居环境整治进行了报道。现在的许庄村，从空中到地面，从屋舍到田野，秩序井然，颜值靓丽，俨然一幅村美人和的现代版“富春山居图”。

## 三、抓好产业促振兴，立足长远谋发展

许庄村聚焦做好“土特产”文章，坚持向土地要效益，靠产业促增收，培塑美丽经济主体。从土地租赁，到规模流转，再到村庄运营，不断更新发展理念，逐步转变发展方式，激活了乡村振兴的一池春水。一是以租换金打

许庄村绿化街景

基础。将30亩建设用地对外出租，每年获利10万元；成立服务公司承接周边煤矿的铁路线煤炭装卸工作，年创收20万元，为发展集体经济赚得“第一桶金”。二是规模发展创优势。坚持产业生态化、生态产业化的理念，在田和林上做文章，向绿水青山要效益。一方面，发挥土地成片流转的规模优势，村集体流转土地1600亩，发展千亩黄梨、百亩黄芩；另一方面，进一步挖掘土地潜力，唤醒沉睡资源，流转荒山292亩，种植连翘、油桃、李子等药材果树，探索出了集生态农业、休闲观光、采摘体验于一体的现代农业发展模式，带动集体增收12万元，搭上了共同富裕的“绿色班车”。同时，探索建立联动发展机制，村集体流转5亩耕地，种植绿色有机无公害的时令蔬菜，向城市社区居民直供，促进村集体增收近4万元。生态产业的落地，带动70余村民就地务工就业，人均增收1.5万元。三是村庄运营提质效。采取“政府+农投公司+村集体”的运营模式，盘活2000多平方米闲置农房，高品质打造乡村工作室、农家工坊和医养小院共10处，村集体握产权，农投公司来运营，带动村集体增收13万元。许庄村的绿水青山已然成为集体增收、村民致富的“动力引擎”。

黄芩茶基地

人不负青山，青山定不负人。如今，以“花田乡舍、山居许庄”为定位的许庄村青山妩媚、瓜果飘香、村美人和、百姓开颜，诸如此类生态、绿色、宜居的乡村振兴新面貌正在晋城市域内不断展现。

许庄村南北大街

## 吉林省白山市长白朝鲜族自治县马鹿沟镇果园村

# 加快美丽乡村建设　推动乡村特色发展

**| 案例特点说明 |**

果园村坚持先规划后建设、无规划不建设，以组织建设为基础，以美丽乡村建设为导向，以发展特色产业为抓手，以增强治理能力、提升百姓收入为目标，持续推动乡村振兴。不断优化人居环境，发挥民族特色文化和自然资源优势，厚植生态底色，激发绿色动能，在巩固拓展脱贫攻坚成果同乡村振兴有效衔接中走出一条“文化和美乡村之路”。

## 一、基本情况

果园村坐落于长白山南麓，鸭绿江源头，与朝鲜民主主义人民共和国两江道惠山市隔江相望。全村面积2.3平方公里，山林1500多亩，耕地580亩，共有112户249人，其中朝鲜族66户188人，是朝鲜族聚居的村落。近年来，果园村坚持规划先行，以文化赋能，巩固拓展脱贫攻坚成果，助力乡村全面振兴。2005年10月，顺利通过国家AAA级旅游景区认证，2014年9月被评为中国少数民族特色村寨，2015年7月被评为全国文明村镇，2015年10月被评为中国最美休闲乡村，2020年被评为吉林省青少年爱国主义教育基地。

## 二、主要做法

### （一）“旅游+生态”服务管理创一星

完善基础建设，增添生活动能。建设果园村新村部，共计3层，总建筑面积1519平方米。组建民族打击乐队和朝鲜族舞蹈队，创编和表演朝鲜族传统节目，开展民俗运动表演，承办多场大型篝火晚会，并先后承办了首届金达莱山花摄影节开幕式、长白朝鲜族民俗文化节暨高山草原露营节开幕式、朝鲜族民俗文化节等活动。同时成立的朝鲜族婚寿庆典协会，每年承办各类婚庆仪式100余场次，为村民增收数万元。

果园村委会办公楼

优化产业结构，打造特色村寨。深入实施“朝鲜族特色村寨”建设项目、“生态引水”工程，对广场、景点、设施全面翻新，打造水系景观带3200米，完善“千家万铺”特色民宿工程，发展朝鲜族风格民宿，在最大化保留朝鲜族传统民居特点基础上，融入电热板、无线局域网、有线电视等一系列现代设备，年接待省内外游客20万人次，实现旅游创收25万元。同时，果园村利用自然资源优势，积极发展蓝莓、蓝靛果、葡萄、沙果、李子等特色水果种植，建设食用菌栽培温室4座、蔬菜大棚8座，村集体经济提质增效。

果园村民宿

改善村容村貌，构建美丽乡村。争取“一事一议”资金和美丽乡村建设资金380万元，建设果园村玄武岩人行道，新建景观灯44盏、木栈道，维修原有房屋，新建导游牌，改造民居木栅栏，新建木门70樘等，有效改善人居环境。实施果园村美化亮化工程，安装瓦楞灯1175套，洗墙灯784套，线条灯1825套，泛光灯380套，投光灯178套，步道灯36套，点光源126套，一束光灯20套，提升果园村夜间整体风貌。

## （二）“村容＋生态”示范带动抓一优

坚持规划先行，深入开展整治提升。果园村将村内主街道两侧水渠的日常清理和维护纳入“门前三包”。自人居环境整治活动开展以来，出动车辆20台次，清理村屯垃圾50吨，清理沟渠1.5公里，清理乱堆乱放11处。主街主路及巷道安装路灯16盏，已基本完成全村亮化工程。新铺设柏油路面3600延长

果园村村内夜景

米，新铺玄武岩路面487.2平方米，新修木栈道428平方米，新建木栅栏2246延长米，实施整村品质提升项目，院落栅栏增加仿古帽檐，改造房屋檐板、高丽馆外立面及屋顶。

建立长效机制，不断巩固示范成果。多角度建立“门前三包”等责任体系，让群众在自己的“责任区”能够各尽所能、各展所长，激发环境整治意识。通过挂贴“美丽庭院·干净人家”标识牌，全面激发群众参与整治的积极性。按照示范村创建“九有六无”标准，村干部开展上门服务指导。以网格化为单位，成立卫生管护小组，由村“两委”成员任网格长，结合村内工作实际，采取“定期清理+重点清理”方式，对村内环境卫生进行清理与管护，实现路面清洁、道边简洁、庭院整洁的“三洁”景象。

### （三）“文化+生态”服务管理创一星

培育文化载体，打造特色品牌。以朝鲜族民族特色为载体，新建占地300平方米的电商销售馆，有效打通了“网货下乡、土特产进城、农产品代销”城乡双向流通渠道，为贫困户和村民构建创业、就业平台。新建占地300平方米的朝鲜族民俗文化演艺馆，先后承办白山市基层党组织书记轮训班2期。新建占地350平方米的朝鲜族民俗文化展览馆，全方位展示朝鲜族民俗文化，于2018年被白山市委宣传部评为“爱国主义教育基地”。

文艺表演——朝鲜族长鼓舞

搭建文化平台，构建乡建格局。坚持以社会主义核心价值观为统领，积极打造“民俗文化+乡村建设”新模式，深入挖掘和传承优秀传统文化，扎实开展“七星级文明户”评选活动，注重培育文明乡风、良好家风、淳朴民风。整合文化资源，在节假日期间开展系列文化活动，2018年举行中国·长白庆端午民俗文化节，近2万人聚集在果园村，努力打造成乡风文明、治理有效的社会治理新典范。

宣讲浸润人心，渲染乡建氛围。抓住有利契机，利用春节、“千山节”等少数民族传统节日大力宣传少数民族文化，在实践中实现文化传承保护和创新融合，促进民族团结进步。扎实开展精神文明建设，每年9月集中开展一次“民族团结宣传月”活动，以“热爱伟大祖国、建设美好家园”为主题开展宣讲活动，广泛进行民族团结进步宣传教育。

## 黑龙江省大兴安岭地区漠河市北极镇北极村

# 时刻牢记嘱托<br>努力把绿水青山保护得更好

### | 案例特点说明 |

北极村时刻牢记习近平总书记殷切嘱托，坚持以“党建红”引领“生态绿”，守护好这片绿水青山。突出党建引领，树立“最北红坐标 · 致富排头兵”党建品牌；突出发展文旅产业，探索实行“党建进景区”教育模式，创新开展跨地域、跨行业、跨类型的开放式党课“我在北极上党课”成为一张名片；突出改善村庄环境，遵循“绿水青山就是金山银山，冰天雪地也是金山银山”的发展理念。建立“党支部＋志愿服务队＋志愿者”志愿服务体系，深入实施“乡村提颜、生态提优、民生提标”工程，小山村发生了翻天覆地的变化，以实际行动践行“身在最北方 · 心向党中央”的政治忠诚，走出了一条生态优势转化为发展优势的最北村落生态振兴之路。

## 一、基本情况

北极村坐落在大兴安岭北麓的七星山脚下，黑龙江上游北岸，与俄罗斯阿穆尔州的伊格纳斯依诺村隔江相望，素有“金鸡之冠”“神州北极”和“不夜城”之美誉，现有常住人口1919人。2023年9月6日，习近平总书记视察北极村，提出了“希望广大干部、群众共同努力，把乡村建设得更好、把生态保护得更好、让人民生活得更好，共同奔向中国式现代化的美好未来”的殷切期望。北极村牢记嘱托，感恩奋进，遵循“绿水青山就是金山银山，冰天雪地也是金山银山”的发展理念，坚持以“党建红”引领“生态绿”，深入实施“乡村提颜、生态提优、民生提标”工程，大力发展绿色生态富民产业，走出了一条生态优势转化为发展优势的最北村落生态振兴之路。2024年，村民人均可支配收入达到5万元，近3年增长56.5%。

## 二、主要做法及成效

### （一）坚持党建引领，培育生态动能

一是实施规划先行，组织有力挺起主心骨。聘请北京华汉旅规划设计院量身打造了北极村提档升级规划方案，将北极村纳入“大北极”旅游体系。结合中国最北地缘优势，开发以北极村为核心的精品旅游线路6条，打造北极村至黑龙江源头界江游览、国家森林公园森林穿越、俄罗斯鄂伦春民俗体验游等线路。通过统一规划建设，北极村旅游接待服务设施日臻完善，现有民宿、家庭宾馆271家，商超、山特产品店26家，餐饮店59家，呈现出“干创新事、吃生态饭、走开放路、打特色牌”的乡村旅游发展新局面。

北极村流动党员驿站

二是发挥支部功能，红心向党架设连心桥。北极村党支部坚持党建引领乡村振兴，通过把党员管理、组织生活、学习教育等党组织业务搬上云端，使党支部各项工作不再受时间、空间限制。积极推广运用“有事您说话、有事请扫码”网格化服务平台，充分发挥网格员作用，解决村民、群众、游客有意见建议不敢说、不想说、不愿说的问题。村内50余名党员认领了政策宣传、党课教育、村史讲解等志愿服务岗位，向村民、游客征集“解放思想，推动旅游业高质量发展”意见建议130余条。

三是加大投入力度，完善设施打好组合拳。为深入挖掘原生态村落文化，突出最北林区风貌特征，实施了北极村整体修复改造工程，保留原有俄罗斯民居木刻楞、林区板夹泥房屋特色，合理规划院落空间布局，划分居住区、农具摆放区和种植区，保持原有民居风貌。投资3000余万元，实施北极村商业区配套改造、旅游业务用房配套改造、室内供暖改造及冰雪雕塑建设等工程项目，开发现有资源，完善基础设施，打造休闲特色景观，夯实生态旅游产业发展基础。

神州北极广场

## （二）坚持多元共治，优化生态环境

一是突出宜居宜业，奏响生态环境“奋进曲”。坚持把“美丽庭院”示范建设与乡村环境改善、居民生活品质提高紧密结合起来，以“美丽庭院”示范户建设确立标杆，以优美环境潜移默化，以先进典型带动全民参与，串点成线、以点带面推动“美丽庭院”示范村创建，全力打造干净、整洁、有序、文明的人居环境。2024年创建地级“美丽庭院精品户”4户、县级“美丽庭院精品户”21户。

二是加强队伍建设，壮大生态实践“主力军”。党员干部自觉走在志愿服务的前列，充分发挥示范带头作用，带动身边的亲人、朋友共同参与志愿服务，全力打造良好的生产生活和旅游服务环境。组建了以村民为主体的林管队，经常开展巡查，防止村民进山乱砍滥伐，巩固封山育林成果。截至2024年1月，北极村志愿者注册人数26人，累计开展志愿服务活动96次，清理

北极村村民美化人居环境

农村生活垃圾1万余立方米，出动车辆600余台次，累计发动干部群众投工投劳3780余人次。

三是促进移风易俗，用好生态文明“指挥棒”。组织开展了“党的二十大精神”“推动移风易俗 树立文明乡风”“移风易俗树新风”等主题宣讲活动30余场次，把讲理论和讲政策、讲道理和讲故事、讲“国之大者”和讲群众利益有机结合，不断加强爱国、爱党、爱社会主义教育，动员和引导居民在日常生活中积极履行村规民约，真正实现全民参与村庄环境建设。

## （三）坚持因地制宜，做强生态产业

一是靠产业拉动，提高绿色生态附加值。突出中国最北的地缘优势、寒地黑土的特色优势，全力打造北极特色观光型农业。成立丰农种养专业合作社，推动寒地生物产业落户北极村，开发“北极雪菊”特色农产品，年种植雪菊3万余株。“北极丰农”商标已涵盖粮食、药材、果蔬三大类12个品种农产

建设巾帼生态小菜园

品，产品质量过硬，价格公道，成为本地商户和游客购物的首选。

二是靠示范带动，畅通群众增收新渠道。结合游客对当地特产及休闲农业需求，通过村干部带头、示范引领、以点带面，引导农民利用房前屋后闲置土地开展“菜园革命”，将“小菜园、大民生”理念贯彻到每家每户，为小菜园购买种苗、化肥等生产材料，对现有栅栏及菜园附属设施统一进行完善，鼓励农民种植小菜、甜瓜、马铃薯、鲜食玉米等经济作物，在提高菜园效益的同时，进一步提升了“美丽庭院”建设水平，“菜园革命”覆盖率达100%。

三是靠旅游牵动，推进三产融合促发展。依托鄂温克族、鄂伦春族、锡伯族、土家族等少数民族的传说和轶事，建成了版画和俄罗斯油画创作基地、北方民俗园、“北极人家”文化产业园等，增加东北民俗元素，融入红灯笼、冰灯、窗花等地域文化符号，打造冰灯雪人、灯笼墙等冰雪文化景观，开展冬季捕鱼活动，丰富游客旅游体验。2024年，北极村共接待游客272万人次，同比增长81.12%，旅游收入实现2809.85万元，同比增长84.53%，再创历史新高。

体验马拉爬犁活动

## 上海市浦东新区川沙新镇连民村

# 产业为基　生态为本<br>扎实推进乡村振兴示范村建设

### | 案例特点说明 |

连民村以“水乡花村，宿游连民”为主题，打造宜居宜业宜游的“宿游村”。对4.62平方公里村域进行整体规划，既保持江南田园的特色、水乡村庄的肌理，又提升传统建筑的风貌，形成新兴产业的亮色。依托区位优势和资源禀赋，导入新业态，吸引了一大批年轻人创业，逐渐成为一二三产融合发展的实践平台。通过“一管”“两增”“三完善”，实现原有生态资源优化提升。借力于产业优势，建成了集农业生产、农产品加工、农事体验、休闲观光、旅游配套等于一体的综合性、多功能、多主体的乡村文化复合生态系统。2019年连民村被农业农村部评为“中国美丽休闲乡村”，2020年获评“上海市乡村振兴示范村”，2021年作为浦东唯一示范村代表入选上海市城市规划展示馆乡村振兴板块长年展，2022年获评“上海市乡村振兴先进集体”。

## 一、基本情况

连民村位于上海浦东之心，迪士尼之侧，区域面积4.62平方公里。骨干河道五纵五横交织穿插，131条水体星罗棋布，1737家农户依水而居。连民村是传统的江南水乡，有白墙黛瓦的建筑，有余音绕梁的丝竹，也有底蕴深厚的农耕文化。自2019年纳入上海创建乡村振兴示范村以来，经过几年的建设，连民村获评中国十佳小康村、中国美丽休闲乡村等荣誉，形成了“水乡花村，宿游连民”的独有特色，已成为新时代上海乡村振兴的标杆示范。

航拍连民湖

## 二、主要做法

### （一）坚持产业兴旺，在“旺”字上有突破

引进一产龙头企业、2018年新三板十大领军企业之一——上海乓乓响农副产品配送有限公司，与连民村经济合作社等共同组成生鲜产业化联合体，通过提高农产品收购价、销售利润反哺等措施，让连民村经济合作社和农户更多分享产业链增值收益。

引进二产龙头企业、援疆企业——上海闽龙实业有限公司，将新疆玫瑰种植基地和本土玫瑰精油生产、加工、展示、体验相结合，在连民村深入开发玫瑰花的高附加值，为乡村增色，为农民增收。

培育三产龙头企业——五星级“宿於”民宿，按照“一栋一品一故事”模式整体有序开发，按“民宿+互联网”“民宿+合作基地”“民宿+农业合作社”3个方向齐头并进。

乒乓响产业联合体展示的农产品

玫瑰工坊

“宿於”民宿

## （二）坚持生态宜居，在“宜”字上做文章

在建设过程中，对原有生态资源进行优化提升。一是落实“一管”。进一步明确农村环境综合管理事权，以清单化方式，做到责任到点项目到人，确保管理无盲区。二是实现“两增”。增绿和增彩，聚焦公共休闲场地、乡村道路、河渠堤岸、房前屋后，打造百亩玫瑰园及小花海种植、小景小品衔接等，使村庄五彩缤纷、四季有景。三是实施“三完善”。完善基础设施，完成村内“四好农村路”建设、道路“白改黑”和亮灯工程建设；完善建筑风貌，邀请浦东建筑设计院分类分析存量建筑风貌，在保持主要建筑群落风格肌理的基础上，引导新增建筑装修实施新江南风格设计，为村落再添清雅韵味；完善村容村貌，引导村民自觉开展小花园、小菜园、小果园建设，通过梳理小、杂、散农业，以石、木、垂直绿化等点缀，实现大小三园有机衔接，打造清静淡雅的田园建筑风貌。同时，充分利用水资源丰富的独特优势，增强水功能、修复水生态、营造水景观，呈现了浓郁的田园风光和大气灵秀的独特气质。

## （三）坚持乡风文明，在“文”字上有提升

连民村具有悠久的历史文化，有屹立百年的符氏老宅，也有非物质文化遗产——江南丝竹的传承团队，村域内沿道可见氨水池、渡槽、纺织机等农耕文明遗迹，乡村文脉在这里延续传承。借力于产业优势，连民村多层次、多维度地挖掘绿色循环经济中的文化价值，开发配套书屋、主题民宿和衍生产品等，建成了集农业生产、农产品加工、农事体验、休闲观光、旅游配套等于一体的综合性、多功能、多主体的乡村文化复合生态系统。通过整村运营公司上海涟民旅游发展有限公司，连民村充分整合与本村相关的抗日历史、传说故事等，并配合开展“最美连民人”“百人全家福”等系列新时代文明实践活动，以丰富的精神内在涵养文明乡风，为现存的乡村建筑和景观赋予更深厚的底蕴和更深远的意境，进一步增加了广大村民对乡村的自豪感和归属感，因此提升了连民村文化的黏合度和影响力。作为上海桃花节六大会场之一，连民村成功举办“寻桃之旅”“古风体验”“草坪音乐节”等主题活动，为游客献上“桃花大餐”。

桃花节现场

### （四）坚持治理有效，在“效”字上有实招

既注重硬件建设，也注重软件提升，发挥党建引领作用，突出农民主体地位，注重高品质服务的供给。一是发挥村民自治作用。通过村规民约和各项微制度，引导村民积极投身美丽庭院、乡村振兴示范村建设，形成乡村建设的强大内生力和聚合力。二是发挥专业运营公司作用。由镇集体经济公司整体运营村内资源，对接市场主体，吸引优质企业及新型农业经营主体入驻，通过市场化运作破解乡村振兴示范村持续发展中的资金瓶颈问题。三是发挥家门口服务中心作用。严格落实办公空间最小化、服务空间最大化，把更多的空间用在服务群众的功能性建设上，本村的7个家门口服务点已成为服务群众的功能性平台，村民礼堂为村民文体娱乐活动和老年人助餐、日托服务提供有效空间。

## 三、取得成效

### （一）去芜存菁，打开田园空间

通过开展大小三园清理、花卉城整治、土地减量化和农民集中居住，促进耕地集中连片，为进一步引进优质农业项目打开了广阔的田园空间，也凸显了江南美丽田园风光。目前，百欧欢有机稻米、高标准蔬菜设施基地两个农业项目已顺利落户。

### （二）因地制宜，提升服务设施

创意性地进行设计，活化了农村存量资源。家门口服务中心、7个家门口服务点及村民礼堂建设，为村民提供了更多的综合服务场所；符氏老宅、稻花香里馆、玫瑰工坊等项目建设，让游客有更多打卡点，提升了旅游体验度；“四好农村路”——鹿湖路、邮佳大道等村内骨干道路亮灯工程、繁强路道路拓宽及沿线景观提升工程、骑行道和人行步道建设工程、主要路口安装监控等项目建设，为村民提供了更好的交通体验与前所未有的安全感；全村1462户村民污水纳管，生活污水处理率100%，为村民和游客提供更优的生态环境。

## （三）腾笼换鸟，涵养优质企业

依托区位优势和资源禀赋，在传统农业上大胆创新，在新兴领域里积极探索，成功导入新业态，吸引了一大批年轻人创业，逐渐成为一二三产融合发展的实践平台。2020年8月，“宿於”民宿被评为上海市第六批星级体育旅游休闲基地。

## （四）自我造血，促进集体经济增长和农民增收

“宿於”民宿增加了村民的房租收入、就业收入、农产品销售和采摘体验收入，村民人均收入从2015年的2.03万元上升到2024年的5.5万元。乓乓响生鲜产业化联合体约定将销售利润的30%返还给村集体经济，销售利润的50%返还给农业合作社成员，“宿於”民宿约定将利润的15%返还村集体经济，整村运营公司约定将运营利润的30%返还村集体经济，进一步完善了集体经济造血机制。

## 福建省南平市邵武市水北镇龙斗村

# 念“生态经” 走“富民路”

**| 案例特点说明 |**

龙斗村坚持绿色生态发展理念，加强森林生态资源保护与开发利用，将2.5万亩生态林入股龙头企业发展康养旅游业，流转盘活林下空间大力发展林下中药材种植和蜜蜂养殖，探索“森林生态银行·四个一”模式，发动村民林权入股分红，培育“明星农民合作社”，引进果蔬加工厂，成功申领萝卜、杨梅“绿标”，做好“土特产”文章，推动一二三产融合发展。2024年村民人均可支配收入达3.3万元，村集体经营收入达240万元。龙斗村先后被评为全国乡村治理示范村、国家森林乡村、省级文明村、福建省乡村振兴试点村、福建省金牌旅游村等荣誉称号。

## 一、基本情况

峰峦叠嶂，碧水如镜；龙斗新颜，倒影翩翩。龙斗村位于316国道旁，距邵武市15公里，总面积68平方公里，耕地面积4033亩，山林面积8.7万亩，公益林面积2.5万亩，下辖15个村民小组，户籍人口564户2195人，常住人口1160人。沿着习近平总书记当年指引的方向，26年来，龙斗村牢记嘱托，坚定走吃“生态饭”路子，促进生态增优、林业增效、群众增收，从一个老区基点村发展到小康示范村、省级文明村、全国乡村治理示范村，成为全省“千万工程”现场推进会现场考察点，实现山村华丽蜕变，让绿水青山变成了“金山银山”，绘出了一幅宜居宜业和美乡村的新画卷。

## 二、主要做法

### （一）守绿护绿，让村落因“绿”得福

为了做好林木资源的保护文章，龙斗村深化集体林权制度改革，实行林地均山到组和村集体经营相结合的林业经营利益分成机制，将近5万亩山林均山到组，与福建广森营林有限公司开展合作造林预先分红，采伐共享收益分成，2022年以来，村集体林业经营收入达50余万元。推广“森林生态银行·四个一”经营模式，获得农商行“福林·股权贷”整村授信184户、金额1890万元，流转林下空间20000余亩，将分散、零碎的林业资源规模化，让林农和村集体获得长期持续稳定的收益，把绿水青山培育得更加壮实。积极探索林业碳汇生态价值转换，将7765亩毛竹林纳入碳汇开发，率先实施“一元碳汇”项目，助力乡村振兴点“碳”生“金”。

龙斗村林下经济——黄精种植

## （二）因地制宜，使村落长出“元宝”

深入梳理挖掘自身优势，依托好山好水发展特色种养，沿316国道打造1200亩美丽田园项目，特色绿色生态农产品年产值达2200余万元。组建杨梅产业协会、果蔬专业合作社，建立3000亩龙斗杨梅和1200亩富硒蔬菜绿色食品种植基地，每年邀请省农院专家到村里指导，解决杨梅树、蔬菜病虫防治难、种植技术弱等问题，对接闽北地质大队开展土壤专业调查评价，取得龙斗土壤富硒富锌的专业认证报告，并助杨梅、萝卜取得绿色食品商标认证，由村集体统一对龙斗杨梅、硒壤萝卜、山花蜜、富锌花生进行产品包装设计与印制，打造龙斗特色农产品品牌。2024年杨梅种植年产值达3000多万元，萝卜种植年产值达1800余万元。

龙斗高山杨梅

立足资源优势发展林下经济，成立邵武众星农业种植合作社，建立200亩黄精种植示范片，对接农业科技专家和药企指导全村的黄精种植产业发展，同时引进承天药业，就地加工中药材，为村民提供就地务工岗位，在产业延链补链和联农带农上迈出新步伐。2024年村民人均可支配收入达3.3万元，村集体经营收入达240万元，两项收入均排在邵武市第一位。

龙斗富硒萝卜

## （三）环境整治，为村落美容换面

从人居环境整治“小切口”入手，龙斗村在村容村貌上狠下功夫，将村庄人居环境提升改造项目、乡村文明培育、“美丽庭院”创建活动紧密结合，擦亮美丽乡村的幸福底色。针对环境杂乱，卫生保洁“家家自扫门前雪”的情况，开展村庄清洁行动，组织村民清理生活垃圾、村内塘沟、畜禽养殖粪污等，聘请保洁员与村民“门前三包”结合，推进“三清一改村庄清洁行动”，整治提升农村人居环境。对影响村容村貌又没有实际用途的旱厕、畜禽舍等无效建筑、违章搭盖，开展清理拆除，拆除光彩钢瓦2000多平方米，既消除安全隐患又美化了村庄。

村党支部联合邵武市春暖社会工作服务中心成立乡风文明促进会，鼓励村民积极投身“美丽龙斗”“美丽庭院”创建，村里免费赠送花苗，组织评选“最美花王”，让村民自发参与村容村貌美化建设，把农村人居环境整治工作由原来“村里事”，转变为“百姓自家的事”。不仅在“净”上下功夫，更要在“美”上做文章，积极引进乡建乡创团队——福州随坪一里建筑设计有限公司进行村庄规划设计，实施龙斗乡村振兴党建文化公园、村主干道及房屋立面改造、村主干道路“白改黑”和污水管网建设、光伏停车场建设、污水处理站建设、村庄环境“三化”改造等项目，龙斗村容村貌实现“五年一小变，十年一大变”，瑶理田园驿站还获得首届海峡乡创大赛乡建乡创类金奖。

瑶理咖啡屋和美丽田园

## （四）生态文旅，给村庄打造“名片”

用好本地资源优势，让那些沉睡的资源“活”起来，将云灵山的生态资源转化为生态资产，引进云灵山旅游发展有限公司，将福禅溪流域以及2.5万余亩生态林资源经营权打包入股，投入2亿元开发峡谷漂流、体育康养等旅游项目，村集体以云灵山峡谷流域资源入股云灵山景区，村集体每年享受分红20万元。云灵山景区已获评为国家AAAA级旅游景区，2024年接待游客20多万人次，旅游营业收入达1000余万元，带动120多位村民在这里就业。

依托富屯溪畔龙斗自然沙洲，引进福建双拾有限公司筹建邵武市第二届国际沙雕节，打造150亩沙雕文化艺术园，以武夷山国家公园多样性生物和环武

云灵山漂流

夷山国家公园发展带人文历史为题材，创作45座精品艺术沙雕作品，让游客在潜移默化中感受邵武特色文化的魅力，用文旅带动乡村产业经济发展。2022年，龙斗村被评为福建省金牌旅游村，2023年被评为南平市乡村振兴五星级示范村。

## 山东省青岛市西海岸新区铁山街道杨家山里村

# 厚植生态优势　激活绿色引擎<br>以农文旅融合发展谱写强村富民新篇章

### | 案例特点说明 |

杨家山里村始终牢记习近平总书记关于打造乡村振兴齐鲁样板的殷切嘱托，深入学习运用“千万工程”经验，坚持“绿水青山就是金山银山”的发展理念，统筹绿水青山的生态资源和革命老区的红色资源，坚持抓党建促乡村振兴，因地制宜探索出生态优先、红色传承、农文旅融合的乡村振兴发展路径。通过打好规划引领、文化铸魂、品质提升“三张牌”推动景村融合；通过深化“三产融合”，将生态等特色优势转化为乡村产业发展优势，打通“两山转化”路径；通过“一体两司三社”共富机制有力推动强农惠农富农，推动村庄从高水平建设美丽乡村迈向高质量运营共富乡村。如今村庄山水村浑然天成、产景村一体提升、农文旅深度融合，努力为打造乡村振兴齐鲁样板贡献“杨家山里样板”。

杨家山里村面积20平方公里，含8个自然村，现有村民1023户3131人。村庄三山环抱、一河贯穿，山水村浑然一体，是全国生态文化村。同时作为抗战时期党在胶东的重要根据地，红色文化底蕴深厚，是全国红色美丽村庄。杨家山里立足得天独厚的生态和文化禀赋，坚持抓党建促乡村振兴，以生态优先、红色传承、农文旅融合为发展路径，以8个自然村连片规划、整体打造、一体运营、抱团提升为建设模式，聚焦“产景村”共融促共富，成功创建省级乡村振兴齐鲁样板区，努力开创三生共融、三产共兴、“三农”共进的乡村振兴新局面。2024年村集体收入超400万元，村民人均纯收入超3.8万元，多次承接山东省、青岛市乡村振兴现场会议，获评山东省乡土产业名品村、山东省乡村旅游重点村、山东省景区化村庄等荣誉。

杨家山里优良的生态风貌

## 一、打好“三张牌”，塑造“景村融合”新风貌

### （一）坚持规划引领，打好生态优先“绿色牌”

突出规划先行。坚持“一张蓝图绘到底”，以“原山原水原生态、原汁原味原生活”为建设理念，聘请浙江大学、北京农道天下等团队对村庄布局、生态建设、土地利用、产业发展等做出长远规划。在青岛市率先启动村庄规划编制，划定传统村落、山林景观等四大风貌区，因地制宜引导各村差异化发展生态旅游、红色研学、乡村影视、旅居产业等，实现乡村规划、建设、运营有序衔接、持续发展。突出生态底色。践行“绿水青山就是金山银山”理念，推进山林绿化修复2.2万亩，森林覆盖率达75%，负氧离子浓度达Ⅰ级，最高达1.38万个/立方厘米，水库水质达标率稳定在100%。突出原乡风貌。秉持“把农村建设得更像农村”，“修旧如旧”式修缮保护“白墙红瓦、石栏砖梯”的胶东传统村落风貌，守好百年国槐、百年村落，获评省级传统村落。

## （二）坚持文化铸魂，打好人文底蕴“红色牌”

讲好红色故事，用好用活革命老区丰富的红色文化资源，高标准建成杨家山里红色教育基地、中共青岛工委旧址、杨家山里红色驿站等13个现场教学点，构建“1+N”红色教育阵地，组织开展红色教育3000余场次，覆盖60余万人，获评全国党刊红色教育基地、省级党史学习教育基地、省级红色研学基地等。赓续长城文脉，建设国内首个齐长城文化馆，创建省级齐长城文化体验廊道重点村，打造“游长城古迹、赏山里风光、品齐鲁文化”打卡地。发展乡村影视，在后石沟自然村打造“绿水青山间的乡村影视基地”，吸引《温暖的味道》《南来北往》等27部影视剧到村拍摄取景，后石沟村村集体经济由负债36万元发展到年收入60万元。打造国际交流样板，黄泥巷村与北美洲格林纳达红泥村结成国际友好村，这是国内首个与“一带一路”美洲国家建立的国际友好村，格林纳达留学生在村庄过大年活动被外交部评为“公共外交优秀案例”。

杨家山里红色教育基地

## （三）坚持品质提升，打好景区村庄“特色牌”

实施环境整治提升工程，常态化引导村民开展垃圾分类、厕所改造、美丽庭院等“五大行动”，入村道路硬化率、生活垃圾分类覆盖率、生活污水治理率均达100%，8个自然村全部达到省级美丽乡村示范村标准。实施基础设施建设工程，坚持标准化建设、景区化提升，对5.5万平方米进出村道路、2.6万平方米建筑外立面进行修缮提升，布局11处停车场、6处公共厕所、2处污水处理模块等，同时聚焦打造“零碳乡村”，试点安装虚拟骑行、零碳智跑打卡、智慧垃圾桶等设施，不断提升村庄承载力与服务力。实施公共服务配套工程，升级改造3所村卫生室、2处助老食堂，1所村办幼儿园，建设12处“微景观”节点和乡村大舞台、峥嵘广场等文化地标，创新打造数字乡村一张图，实现产业发展、乡村治理、医疗服务等场景全覆盖。

## 二、深化“三产融合”，蹚出“两山转化”新路径

### （一）以集群化培育主导产业

有效利用杨家山里独特的地理风貌和生态资源，推进6000亩高标准农田建设，试点安装智能虫情监测仪、土壤墒情检测仪等，切实提升农业综合生产能力。因地制宜标准化培育5000亩樱桃和1000亩茶叶、杜鹃花、猕猴桃、葡萄、蓝莓等“一个五、五个一”优势产业体系，打造24个百亩产业园和400家特色种植园，500多农户抱团年增收1000万元，5个自然村获评省级乡土产业名品村。

杨家山里片区农特产品展销

## （二）以深加工延长产业链条

支持21家专业合作社、家庭农场发展初加工，招引朝日食品、尚臻百果酒庄等19家企业开展精深加工，形成果酒、薯干等25条特色农产品产业带，特色产品入选《全国农耕农品记忆索引名录》、青岛市首批农业文化遗产资源库，4家企业入选市级农业产业化重点龙头企业。打造“山宝一家”IP形象，推出“樱有尽游”“三生有杏”“万梨挑一”等山里好物乡村伴手礼，获评山东省乡村文创品牌。

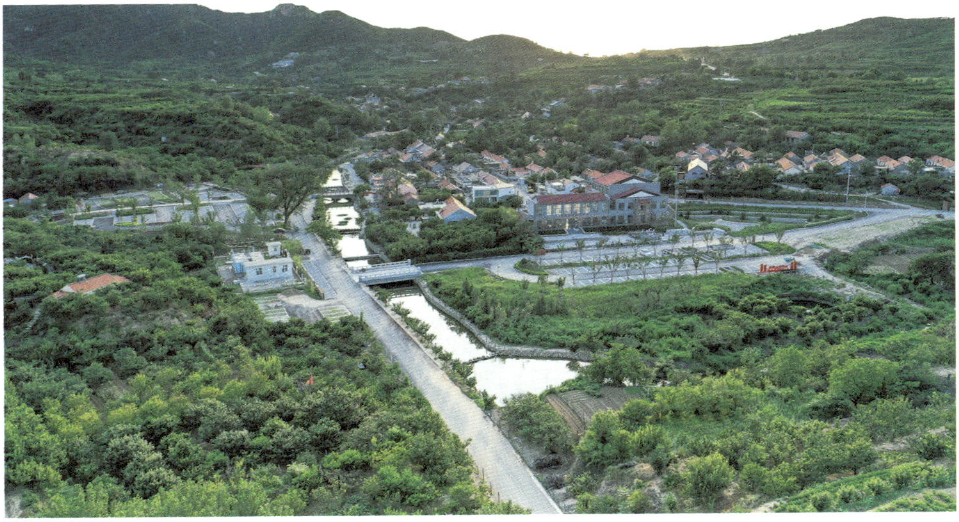

杨家山里乡村振兴示范片村居样貌

## （三）以新业态提升品牌价值

围绕“生态+文旅+体育+节庆”农文体旅融合模式，落地隆禾智慧农业、“三农”直播大厅、星空研学馆等53个项目，打造無比方花园、月季山冰雪大世界等23处旅游示范点，做强休闲采摘、民宿餐饮、星空研学等多元业态，构建“春观樱山、夏游花海、秋尝百果、冬享雪趣”全季旅游新模式。高标准举办22届樱桃采摘节、8届花海旅游节、3届乡村足球邀请赛等特色节庆活动，以多元业态与活动为乡村引人气、聚商气、添财气，院子旅居民宿获评省级五星级民宿，村庄获评山东省乡村旅游重点村。

## 三、创新“三大机制”，谱写“生态富民”新篇章

### （一）以一体运营链接市场，完善利益联结机制

先行先试打造山东省首家乡村振兴一体化运营平台，深入实施村庄一体化运营改革，建立“打造一个平台、打响一个品牌（杨家山里品牌）、N个主体（村企民）共建共享”的“1+1+N”联动运营模式。打包村庄内景点、民宿、农家宴、研学基地等资源，由运营单位聚焦游客需求开展“订单式”运营，联动策划宣推活动、开发多元旅游线路、设计推出优惠套票。2024年开展樱桃采摘节、悦享新年游园会等33项一体化运营活动，接待游客60万人，民宿、餐饮订单同比增长超30%，旅游收入突破1亿元。

### （二）以两家共富公司联村强村，盘活壮大集体经济

成立杨家山里强村共富公司与红色教育中心，整合资金、资源、人才等，吸引优质资本，通过资产经营、订单生产、研学服务等多元模式推动村集体经济增长。如订单生产增收，通过打造“杨家山里甄选”农特产品品牌，由强村共富公司托底收购农特产品，与朝日食品、欧乐宠物食品等22家企业达成长期、稳定产销合作意向，对产品进行统一包装、销售，并利用“三农”直播大厅、“易游山里”小程序、乡村驿站等线上线下渠道，构建订单农业模式。如樱桃采摘节期间，收购总额超300万元，种植收入户均增收1.3万元。

### （三）以三大合作社联农带农，实现农民增收致富

围绕一二三产，由村党组织领办田园土地合作社、精深加工合作社、民宿餐饮合作社，全面盘活“人、地、房、钱”等乡村资源，将村民嵌入产业发展全链条，实现订单保底获益、就近劳务获益等7类收入，带动村民就业1080人。以民宿合作社为例，村集体每年收取管理费16.8万元，村民获得6000 ~ 10000元不等的保底收益，民宿平均入住率达42%，年均接待游客5万余人次。

## 河南省开封市兰考县三义寨乡白云山村

# 坚持产村融合　展现生态宜居乡村美

### | 案例特点说明 |

白云山村在村党支部的带领下，围绕设施农业和特色种植业，探索"合作社＋农户＋村集体"发展模式，对温室大棚进行提档升级，带动群众就业增收和集体经济发展壮大。探索农文旅融合发展新路径，构建"番茄＋文化＋教育＋研学体验＋民宿"的多业态深度融合发展格局，推动"农业经济"向"美丽经济"转变，"卖产品"向"卖文化""卖体验"转变。整村推进"一宅变四园"，实现"推窗见绿、出门入园、抬头赏景、起步闻香"，展现生态宜居乡村美。

白云山村位于河南省开封市兰考县县城西南部，全村315户1100人，耕地1700亩，党员25名，2024年村集体收入83万元。近年来，白云山村坚持以党建引领乡村振兴，做强做大特色产业，整村推进"一宅变四园"，有效盘活村内闲置资源，逐步从贫穷落后的村变成远近闻名的美丽宜居村，探索了有特色可复制的乡村振兴之路。白云山村获得全国乡村治理示范村、市级文明村、河南省民主法治示范村等称号。

## 一、"小番茄"做成"大产业"

白云山村积极谋划产业发展，先后6次组织村干部、村民代表到山东寿光等地考察学习温室大棚种植经验，认真研究市场行情、产销链条等情况，最终确定了“种植日光温室大棚蔬菜，壮大集体经济”的发展思路。投资400余万元建造温室大棚38座发展番茄种植，号召15名党员、模范等带头承包，每座大棚年净利润达10余万元。群众看到效益后，纷纷加入承包队伍。

随后，又投资3600万元提升温室大棚165座，占地1034亩，成立白云山水果番茄合作社带动农户进行规模种植，实行统一选品、管理、采购、销售，单座大棚产值达到15万元以上。联合浙江小六石乡村运营有限公司成立兰考县小六石喜番文化发展有限公司，打造“云上喜柿”品牌，拓展番茄电商销售渠道，实现由“我找市场”向“市场找我”转变。现在，白云山村已发展成为豫东地区最大的集中连片番茄种植基地，年产大棚番茄1000多万斤、“绿宝”甜瓜200多万斤，带动本村和周边村庄群众就业500余人，每户年均增收2万多元，村集体年增收30万元。

白云山村番茄大棚鸟瞰

## 二、“新路径”激发“新动能”

白云山村积极探索农文旅融合发展新路径，依托乡村运营中心，将番茄产业与休闲农旅结合发展，构建“番茄+文化+教育+研学体验+民宿”多业态深度融合发展格局，推动“农业经济”向“美丽经济”转变，从“卖产品”向“卖文化”“卖体验”转变。大力发展研学经济，以白云山番茄种植基地为中心，积极发展蜜瓜、冬枣、草莓、火龙果、猕猴桃等特色种植，村内配套建设了“白云书院”“印象白云山大舞台”和农耕体验园等研学场所，利用“互联网+”，拓展温室大棚番茄家庭认购种植营销的模式，为外地游客了解农业生产、体验农耕生活提供服务。白云山村与河南焦裕禄干部学院、兰考三农职业学院、兰考县委党校等建立长期合作关系，年内培训50余批次、培训人员达2600人次。大力发展民宿经济，打造特色民宿6家，日接待能力达到300人。通过环境综合整治，民宿院落周边实现“四季常绿、三季有花”，保留展示小瓦罐、簸箕、农具等老物件，融入“乡愁”元素，保持农村特色。同时，积极延伸民宿经济产业链条，向特色化、精品化发展，精心打造特色商业街，引导群众参与文创产品、小吃等经营，让群众在家门口享受到乡村发展带来的红利。大力发展平台经济，通过乡村运营平台，对全县特色农副产品进行品牌包装、运营传播、营销推广，建立集产品选品、直播策划、场景搭建、包装设计、仓储物流、售后服务于一体的运营体系，打通线上销售渠道，实现“买全

将家中老物件变成“一宅变四园”的乡愁景观

县卖全国”，解决了初级农产品营销手段不足、销售渠道单一等问题，促进群众增收致富。

## 三、“小村落”变成“小公园”

白云山村坚持“保持乡土味道、保留乡村风貌、留住田园乡愁”的发展理念，统一规划村庄建筑风貌，以整村推进“一宅变四园”为抓手，动员鼓励村民积极参与支持拆墙透绿，形成了“村内有游园、院中有花园、花园临菜园、菜园挨游园、游园靠果园、村庄像公园”的新景象。目前，全村农户院墙已全部拆除，建起花园、果园、菜园、游园，实现“推窗见绿、出门入园、抬头赏景、起步闻香”，村容村貌焕然一新，展现生态宜居乡村美。同时，通过拆除空心院、清理空闲地，腾退整合村内土地56亩，用于种植果树、苗圃，发展集体经济。

针对留守老人逐年增多的情况，白云山村募集资金建成白云之家老年公寓，安排村内失独老人、特殊困难户、五保户居住。建成幸福照料中心，设

空心院改造后的小游园

拆墙透绿后的花园式农户小院

有棋牌室、理疗室、休息室等，60岁以上老年人都可以进行休闲娱乐、理疗按摩，还可以就餐，每人只需要两块钱就能吃上丰盛的饭菜，过上了“居在本村，住在自家，安享晚年”的幸福生活。

变“养老”为“享老”的白云之家

## 广东省河源市连平县绣缎镇金溪村

# 党建引领乡村绿化 合力共建绿美乡村

**| 案例特点说明 |**

金溪村将人居环境整治和村庄绿化美化一体规划、统筹推进，通过制定村庄绿化规划、完善基础设施、建立常态化工作机制等，成功打造一批房前屋后的小花园、小菜园、小果园。坚持党建引领，绘制绿美蓝图，组织发动村党支部和企业党支部等多方力量，通过党员结对、示范带头种树栽花的方式，带动村民一起造好村内小园景致。着力提升改造，夯实绿美成果，基本实现连片有绿、见缝插绿、绿富双赢。发动全民参与，深化绿美机制，落实“两种制度，一项活动”，即“门前三包”责任制，严格执行大扫除制度，积极推行“绣缎镇乡村振兴‘美丽家园’建设积分制暨‘党建助耕+’活动”，实行定期考核机制，农村人居环境不断提升。

金溪村位于广东省河源市连平县绣缎镇，近年来，按照中共广东省委关于实施“百县千镇万村高质量发展工程”和“绿美广东生态建设”的工作部署，将人居环境整治和村庄绿化美化一体规划、统筹推进，通过制定村庄绿化规划、完善基础设施、建立常态化工作机制等，成功打造一批房前屋后的小花园、小菜园、小果园，初步实现村庄整洁美、绿化美、乡风美，探索形成乡村绿化美化经验做法。

## 一、坚持党建引领，绘制绿美蓝图

金溪村党总支坚持“党建引领、群众参与”的总体思路，紧扣“村庄绿美、绿富双赢”发展目标，结合村级用地发展实际，科学谋划“植绿+产业”的增绿行动，抓实抓细党建引领乡村绿化工作。

粤赣高速公路从金溪村穿村而过

一是建立健全工作指挥体系。根据《2023年绿美绣缎生态建设实施方案》，镇里成立绿美乡镇建设工作领导小组，包联指导金溪村抓好人居环境整治和绿化美化，分片包干抓落实，做到力量统一整合、指挥统一调度、工作统一推进。

二是绘制绿美乡村建设蓝图。充分利用广东省“双百行动”[①]政策契机，联合深圳技术大学，科学规划《金溪村绿化位置示意图》，剖析问题困境，提出愿景目标，精准分析研判，提升绿美行动的可行性和可靠性。

①即广东省百校联百县助力“百县千镇万村高质量发展工程”行动，简称广东省“双百行动”。

三是党员引领绿美乡村建设。按照河源市关于开展城乡绿化“四个一”工作要求，结合金溪村实际，进一步细化工作方案，组织发动村党支部和企业党支部等多方力量，通过党员结对、示范带头种树栽花的方式，带动村民一起造好村内小花园、小公园、小果园。目前，全村建有“小菜园”325个、“小花园”30个、“小果园”35个、“小公园”3个。

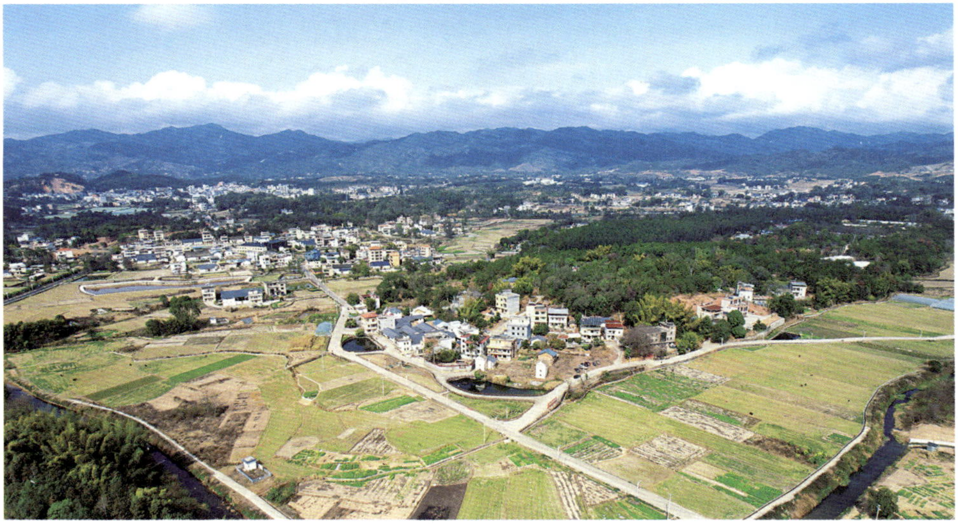

金溪村溪东片民房和田园风光

## 二、着力提升改造，夯实绿美成果

围绕优化环境工作目标，以“绿化、美化、亮化”为重点，着力夯实绿美乡村发展基石。

一是实施提质改造工程。对村庄房屋外立面和道路进行分期改造，完成建筑外立面78栋和沥青路面2200平方米改造目标，村庄风貌和品质得到极大改善提升。

二是实施添绿补绿工程。组织村“两委”干部开展植树活动，种植苗木树200余株，给群众发放柚子苗等经济林苗3000株，可绿化面积达3000平方米。先后投资200万元大力实施道路绿化、公共场所绿化等工程，在进村主要街道两侧种植香樟、红榉木、金香木、紫薇树约16000株，村内主干道、房前屋后、院内院外的空地闲地均实现美化绿化，并建有管护制度、党员包片责任岗。

金溪村沃柑种植基地

三是开展冬季造林备耕行动。结合河源市“全民绿化，河力备耕”冬季造林备耕行动及“一名党员一棵树，一个支部一片林”行动，县、镇、村党员干部70余人，在村内计划栽种地块开展集中备耕打穴行动，为春季植树造林工作打下坚实基础。目前，金溪村已基本实现连片有绿、见缝插绿、绿富双赢。

## 三、发动全民参与，深化绿美机制

为提升村内农村人居环境卫生状况，金溪村进一步加大人居环境整治力度，推行“两种制度，一项活动”。

一是全面落实“门前三包”责任制。与所有村民签订“门前三包”责任书并发放责任牌，增强村民爱护环境的意识，签订率为100%，“门前三包”工作逐步走向规范化、制度化，做到有责任、有监督、有标准、有奖惩。

金溪村口一景

二是严格执行大扫除制度。不定期组织村“两委”干部及群众开展环境卫生大扫除活动，2024年开展常态化大扫除近20次，发动群众200余人，清理卫生死角200余处。

三是积极推行“绣缎镇乡村振兴‘美丽家园’建设积分制暨‘党建助耕+’活动”。实行“每月一检查、季度一评比、全年一总结”的考核机制，以实地查看的方式进行积分制管理，并公示评比结果，促进农村人居环境提升。

# 广西壮族自治区崇左市大新县堪圩乡明仕村

# 坚持“绿水青山就是金山银山”在生态振兴中实现增收致富

## | 案例特点说明 |

明仕田园景区作为知名电视剧《花千骨》取景地，环境优美，宛若仙境。近年来，明仕村作为明仕旅游度假区的核心景区所在地，自觉推进生态文明建设，树牢“绿水青山就是金山银山”理念，以创建明仕旅游度假区为抓手，大力推进绿色低碳发展，在开发中保护、在保护中开发，推动“生态＋旅游”深度融合发展，有效带动乡村振兴。

## 一、基本情况

明仕村位于广西壮族自治区崇左市大新县堪圩乡西北约4公里处，著名的明仕田园景区所在地，全村辖19个自然屯，共计786户3233人。明仕村全境地属喀斯特地貌，位于广西西南边陲，与中越边境德天跨国瀑布景区相距37公里，与越南相距10公里，有着“山水画廊”和“隐者之居”的美誉。近年来，明仕村积极践行“绿水青山就是金山银山”理念，依托独特的自然资源优势，强化农业、文化、旅游融合发展，走出一条发展生态旅游促乡村振兴之路。明仕村先后被评为全国乡村旅游重点村、广西“民族团结进步示范村”、第一批广西兴边富民示范村、广西乡村振兴改革集成优秀试点村、广西乡村振兴示范村。2023年1月，大新明仕旅游度假区被文化和旅游部确定为国家级旅游度假区。

## 二、主要做法

### （一）加强环境建设，保护自然风光

坚持把自然生态环境作为支撑发展的“命根子”，全方位悉心呵护。将环境保护纳入明仕村村规民约，强化人民群众保护生态环境意识。加强环境基础设施建设，在明仕河沿线10个村屯建设9座生活污水处理站，对明仕河周边农家乐、酒店、民宿等进行整治，指导安装油水分离器或隔油池和化粪池等设施，统一排放标准。持续开展环境整治活动，重点对明仕田园核心景区的弄斗、叫荼等10个村屯外立面进行提升改造，着力挖掘民俗文化内涵，打造精品乡村旅游重点村。开展“红船”助力修复明仕河生态活动，种植水草植物60箱共1万多株，进一步改善明仕河生态自然环境。

明仕村丰收时节稻田美景

### （二）传承农耕文化，保护田园风光

围绕明仕田园核心景区，规划建设乡村旅游一条街项目、登山步道项目、特色民俗村寨体验项目、生态采摘园等项目，让游客于田园山水中体验吃、住、行、游、购、娱。打造特色文旅品牌，联合文旅龙头企业明仕山庄，依托明仕独具特色的地道风物、丰富灿烂的农耕文化以及新时代乡村的新风

采，将壮乡传统节日和大新侬垌文化有机结合，打造“明仕旅游度假区丰收节”“三月三边关风情侬垌节”等旅游品牌。企业对水稻种植后期进行科学管理，优先给周边农户提供水稻种植管理岗位，打造“明仕香米”“明仕富硒米”品牌。采取“政府+企业+农户”的模式，通过村集体经济合作社与农户签订租地协议，由当地企业承担租金的方式，将核心区范围内未种植水稻及其他闲置的土地区域，进行水稻种植，目前已恢复水稻种植2000亩，明仕山庄、那里酒店、秘境酒店等景区周边田园风光得到有效提升，并以庆丰收为载体，创新运用抖音直播、小红书等新媒体宣传方式，营造休闲度假浓厚氛围。

### （三）强化党建引领，保护营商环境

随着一批重大旅游项目的进驻，优化营商环境显得尤为重要。明仕村将机关党支部、村党总支、驻边企业党组织等组成党建联合体，成立旅游服务专班，解决企业用地、用工、供应、运营、增收、招商等六大问题，共为企业征租地1000多亩，落实380人在企业就业。推行“支部+协会+农家乐”模式，成立农宿协会并设立党支部，对加入协会的农家乐进行统一培训、统一标准、统一管理，规范市场健康经营，有效破解农家乐经营无序竞争、服务质量差等难题，农家乐由原来的5家发展至目前的92家。

### （四）发展观光旅游，开发绿水青山

依托“山水画廊”的秀丽风光，强化招商，支撑明仕国家级度假区的创建，引进明仕秘境酒店、长留山居主题酒店、明仕·那里酒店、明仕田园宿集、明仕帐篷客度假酒店、非遗世家、明仕景区服务区等项目，涉及总投资约4.21亿元，均已完成建设并投入运营。10公里沿河休闲绿道、明仕夜景夜间游览项目的建成，以及明仕秘境酒店成功开业，为游客在明仕旅游度假区进行休闲观光、度假养生、骑行健身、摄影写生、企业沙龙等提供良好的旅游体验，显著提升明仕旅游度假区品质。设立“旅游红色驿站”，开通服务热线，为游客全方位提供优质的旅游服务。主动协调解决旅游体验服务问题，游客满意度进一步提高。

明仕旅游度假区

## （五）完善带动机制，共享金山银山

立足资源优势，联合芦山、民智等行政村利用财政扶持壮大村级集体经济项目资金219万元，实施了明仕旅游度假区蓄电池观光车游览服务项目，游览观光设计线路长达10公里，历时45分钟，游览线路覆盖度假区多个重要游览区，现已完成试运营并成功为村集体经济创收。通过“政府+企业+农户”，带动群众实现“三金”增收。即每年明仕村集体经济可收获12万元“股金”，群众以土地入股的形式，每亩每年可获1300元“租金”分红，农户个人在企业务工，每人每月可获约3000元“薪金”，形成了集体、农户、个人共享“三金”红利发展的良好态势。村党总支部与农宿协会党支部结对共建，建立乡村振兴人才培训基地，定期开展特色种养、旅游经营管理、餐饮客房服务等技能培训。结合群众培训意愿和企业用工需求，采取室内教学、现场实训、外出参观学习等培训方式开展专题培训班，为企业输送100多名乡土人才，实现企业提效、群众增收“互利双赢”效果。

明仕村骑行绿道

## 三、取得成效

一是自然环境更加优美。通过下大力气、全方位保护，明仕村生态环境得到有效改善，水更清、山更绿，地面更干净，风景更秀丽。二是村集体经济得到有效发展。明仕村通过“经济能人+经联社+公司+农户”，参与发展旅游，2024年已为村集体经济增收25万元，有效带动村集体经济发展。三是群众有效实现增收。通过“政府+企业+农户”等方式带动群众参与，广大群众有效实现增收。据统计，明仕村2024年度脱贫户人均纯收入达到1.9万元，较上年度增长13%。当地真正实现变绿水青山为金山银山，用金山银山保护绿水青山。

## 重庆市巫溪县通城镇龙池村

# 探索山区库区和美乡村建设新路子

**| 案例特点说明 |**

近年来，龙池村立足山区库区资源环境条件，因地制宜开展宜居宜业和美乡村建设，积极开展“和美家园”创建、农户诚信体系建设“两项试点示范”，推动农旅、文旅、城乡“三项融合”，实施“五清”“五建”“四季清洁”“两评比”“四项行动”，实现了乡村善治、产业兴旺、生态宜居。龙池村先后获评全国文明村、第三批全国乡村治理示范村、重庆市文明村镇、重庆市乡村旅游重点村、重庆市美丽宜居乡村、重庆市民主法治示范村。

## 一、基本情况

龙池村位于长江三峡腹地、大巴山东段南麓，地处渝陕鄂三省交界，紧邻湖北神农架林区，平均海拔900米，属典型山地地形地貌特征。距离巫溪县城14公里，面积4.14平方公里，辖4个村民小组，652户1855人，常住人口1562人。近年来，龙池村深入学习运用“千万工程”经验，坚持以和美乡村建设为抓手，通过“两项试点”“三项融合”“四项行动”等具体举措，着力提升乡村产业发展水平、乡村建设水平、乡村治理水平。先后获评全国文明村、第三批全国乡村治理示范村、重庆市文明村镇、重庆市乡村旅游重点村、重庆市美丽宜居乡村、重庆市民主法治示范村。

龙池村鸟瞰图

## 二、主要做法

### （一）开展“两项”县域试点示范，探索乡村治理模式

一是创建“和美家园”。建立完善党建网格、生产互助会、村级联席会、村级大院“一网两会一大院”的村自治组织体系，将全村划分为2个网格、10个微网格（院落），组建1个村级大院管理组、10个院落管理小组、10个院落生产互助会。推行群众事自己办、村里事商量办、跨村事乡镇办的“三事分流”制度，每季度召开村级联席会议，研究解决乡村规划、基础设施、人居环境、产业发展、乡风文明、惠民政策等建设事项。征召热心公益事业的村民77人，组建文艺宣传队、爱心服务队、义务巡防队、公共服务队等公益队伍9支，建成龙池议事堂、龙池村史馆、理疗馆、文化活动广场、田野秀场等群众活动阵地7个。二是建设农户诚信体系。建立完善农户诚信档案，将个人品德、家庭美德、职业道德、社会公德等纳入农户诚信指数评价范围。建立农民守信联合激励和失信联合惩戒机制，依法依规运用信用激励和约束手段，将惠民政策、社会福利、公共服务等与农户诚信挂钩。累计评选“龙池好人”12名、树立反面典型案例5个，持续培育乡村社会主义新风尚。

### （二）推动“三项”融合，大力发展乡村特色产业

一是农旅融合。推行“企业+专业合作社+农户”模式，打造“五色田

龙池村一隅·春组团

园”，种植冬梨500亩、冬桃50亩、草莓50亩、葡萄50亩、大樱桃50亩、夏梨300亩、晚李1800亩，积极发展田间采摘经济，推动农旅融合发展。二是文旅融合。围绕二十四节气文化与农耕文化，将全村划分为春生、夏繁、秋收、冬憩等四个组团，对村容村貌、业态布局、节气活动、运维管理等进行多维升级改造，打造具有独特乡村韵味的二十四节气传统农耕文化名片，推动文旅融合发展。三是城乡融合。布局四时奶茶、时令茶摊、岁俗小吃街、龙池二十四饮、自然康养屋、有家咖啡、游乐园、汉服体验店、观光自行车租赁店、星空露营、音乐围炉等14个新业态，招商引资建成肉串加工厂、五味子加工厂、龙门客栈，努力让城市业态在乡村场景中焕发新的活力。

龙池村一隅·立夏组团

龙池村一隅·秋组团

龙池村一隅·冬组团

## （三）实施“四项”行动，持续改善人居环境

一是实施“五清”行动。坚持“干净整洁就是风景、规范有序就是景观”的理念，聚焦蓝顶棚、废弃房、杂物堆、废弃物、蜘蛛网等杂乱差问题，引导村民自觉清理、主动拆除，还原乡村美丽底色。清理蓝顶棚85户、废旧房屋25处、房前屋后杂物堆275户、田间废弃物5吨、蜘蛛管线256户。二是实

龙池村城乡融合新业态——
四时奶茶、龙池24饮

施“五建”行动。秉承“最小成本投入、最大环境提升”理念，对房顶、庭院、入户、微田园、收运站等进行改造，持续推动乡村旧貌换新颜。采取以奖代补方式，围绕村核心区域和产业园周边，改建坡顶125户、庭院263户、入户路15公里、微田园56亩，全面建成垃圾清运体系，构建乡村生活宅、院、园、巷、街统一和谐的公共空间。三是实施“四季清洁”行动。围绕地面净、水池清、道路畅、空气新、环境美五大目标，积极开展春夏秋冬四季村庄清洁行动。坚持党员干部、公益性组织带头，以村民群众为主体，春季重点清洁祭祀产生的火炮燃放、纸钱灰烬等残渣，夏季重点清洁农药胶瓶、化肥包装等农事废弃物，秋季重点清洁田间玉米、水稻等田间收获物，冬季重点清洁秸秆、枝条等田间遗弃物，有力推动村庄环境从“一时美”转变为“四季美”。四是开展“两评比”。树立“赛马比拼促实干、创先争优做表率”鲜明导向，健全人居环境整治比拼工作机制。建立农户人居环境整治责任清单，将农户家里、门口、周边等环境卫生纳入评比范围。深化“文明乡风积分兑换”活动，采取“月月评、季季兑”方式，动态评选“环保先进户”“美丽家庭”等，2024年积分兑换物品价值超35万元。开展公益性岗位评比，细化公共区域环境卫生评比细则，以村为单位每季度开展公益性岗位考核评比，评出环境保护“先进岗”“落后岗”，给予激励或提醒。

龙池村乡村治理示范院落 · 周家院子

## 三、取得成效

### （一）实现由“政策主张”向“共同愿望”转变

把乡村振兴的总体要求和宏伟目标与本地实际和群众意愿结合起来，努力探索“干部生活在群众中、群众活动在集体中、组织扎根在乡村中”的实现路径，让各级各类干部深入基层、扎根群众、开展工作，有效推动乡村振兴规划与人民群众意愿高度统一，获得群众理解和支持，持续激发群众主动性和创造性，进一步密切党群、干群关系，形成“同心同向同行”的浓厚发展氛围。群众认可度由2021年末的92.5%提高至2024年末的96.8%。

## （二）实现由“政府包办”向“共同责任”转变

把党建引领的总体要求和职能责任与群众主体、共同担当结合起来，通过健全“一网两会一大院”组织体系，推行“三事分流”工作制度，形成“党建扎桩、治理结网”的党建统领基层治理长效机制，“政府主导、共建共管”的乡村建设长效机制，“生产互助、共同富裕”的产业发展长效机制，“主动尽责、共管共享”的乡村自治长效机制，加快构建“人人有责、人人尽责、人人享有”的乡村社会治理新格局。2023年，龙池村获评全国巩固拓展脱贫攻坚成果村级实践交流基地、第三批全国乡村治理示范村。

## （三）实现由“行政命令”向“共同参与”转变

把管党治党和转变干部作风的总体要求与打通联系群众“最后一米”的客观实际结合起来，广泛发动群众开展“党群融和、产教融和、人居融和、礼乐融和、治制融和”五项行动，让农村基础设施更加完备，产业发展更加兴旺，人居环境更加优美，民生福祉持续改善，治理效能持续增强，乡风文明持续提升，“美得自然、过得自在、活得自豪”的和美乡村初步展现。2024年，龙池村群众参与矛盾调解、村庄清洁等自治活动223次、3200余人次；参与乡村旅游、晚李、冬梨等产业发展322户，人均可支配收入增长13.6%；参与产业党建联盟125户、330余人，带动村集体经济收入翻番、超50万元。

## 四川省眉山市丹棱县齐乐镇梅湾村

# 厚植美丽生态底色　建设宜居幸福乡村

**| 案例特点说明 |**

近年来，梅湾村坚持生态打底，大力开展农村人居环境整治，精准实施厕所革命、污水治理、垃圾处理、废物资源化利用、村容村貌提升、乡风文明建设六大行动，创新厕污共治、垃圾处理、废弃农资回收利用等乡村建设管护机制，建成美丽宜居现代乡村，成功创建全国生态文化村、中国美丽乡村、四川省乡村振兴示范村。

梅湾村位于四川省眉山市丹棱县齐乐镇，面积14.12平方公里，辖9个村民小组，常住人口4811人。近年来，梅湾村坚持生态打底，精准实施“六大行动”，大力开展农村人居环境整治，努力建设美丽宜居新梅湾，成功创建全国生态文化村、中国美丽乡村、四川省乡村旅游示范村、四川省乡村振兴示范村，2024年全村人均可支配收入达4.35万元。

## 一、厕所革命强推进，营造净美环境

一是“统一标准”示范带动。按照有门、有顶、有水箱、有便池、有洗手盆，无异味、无污垢、无垃圾、无杂物、无积水“五有五无”标准，根据群众接受、经济适用、维护方便原则，选择厕屋改造和粪污无害化处理方式，群众自筹一部分、政府补贴一部分，通过打造示范点、党员干部示范带动，快速推动改造工作。二是“角色转变”群众主动。召开村、组两级动员会议，组织村民代表到示范点参观，全方位、多角度、高密度立体宣传，引导村民自愿改厕，从“政府唱主角”转为“群众唱主角”，从“政府自己干”转为“群众主动干”，群众积极参与，全村改造920户，达标率达96.8%，实现人居环境净化、美化、无害化。三是“专家服务”全程联动。县农业农村、住建、水务等部门成立技术指导小组深入村里，根据建设过程中的痛点、堵点，组织“点对点”现场培训，对存在的问题现场答疑，提出具体解决方案，帮助推动，真正将民生工程落地落实。

## 二、污水治理全覆盖，恢复秀美生态

一是因地制宜妙处理。根据梅湾丘区农户分布情况，探索建设生态湿地池、一体化污水处理设施相结合的农村生活污水治理模式。针对散居农户，“单户单建”湿地池，将农户洗衣污水、厨房污水等接入湿地池，经多次降解后，排出浇灌农田。针对相对集中农户，“多户联建”安装一体化污水处理设施，有效处理生活“灰水”“黑水”。同时探索“人工湿地池+生态湿地沟（农户菜园、花园）+村级生态湿地渠”三级净化，实现了“建造本钱低、实验难

梅湾村村容村貌

度小、运行管护易”。二是落实“河长制”工作。村“两委”班子落实了区域内河段分工责任，争取上级部门支持，大力实施水质改善提升行动，完成河道清淤、沟渠清理约5.8公里，实现河畅、水清、岸绿。三是推行巡河保洁员制度。依托公益性岗位，聘用脱贫户担任巡河员、保洁员，推动河道保洁常态长效，全面完成河道清理、重要节点水生植物栽种和生态浮床建设，经监测辖内流段水质已达Ⅲ类。

## 三、垃圾处理创机制，共建淳美村庄

一是创新垃圾处理“两元”模式。采取“党政主导、村民自治、市场运作、三方监督”模式，每人每月自愿缴纳2元钱作为垃圾收集和保洁费用，不足部分则由村集体经济和县财政补足，对农村生活垃圾收运实行项目化管理，划片承包竞标。召开村民大会，公开竞标确定承包人，让群众成为治理主体，有效杜绝了垃圾乱倒“围河、围路、围房”现象。二是严格实行垃圾分类。建设垃圾收集池50余个，垃圾亭72个，安放垃圾分类桶268余个，实现户分类、村收集、县转运。以户为单位，实行垃圾分类，实现垃圾分类减量60%。三是积极探索农村“物业”模式。将农村卫生清扫、基础设施维护等工作，通过外包方式由“农村物业公司”承包，推动农村人居环境整治市场化、高效化发展。

## 四、废物利用资源化，发展富美产业

一是实施畜禽粪污“3211”处理模式。通过新建沼气池、沼液收集池和干粪池3个池子，实现了畜禽粪污的“淡储旺用”。实施干湿分离和雨污分离，实现2次减量。同时成立1支沼肥运输专业队伍，及时转运、处理，依托万亩橘橙还田利用，既解决污染问题，又改善了土壤肥力，提高了农产品质量。二是推进废弃农资回收利用。建立“市场主体回收、专业机构处置、公共财政扶持”的废弃农资回收和集中处置机制，设立大件垃圾拆分点1个，建筑垃圾堆放场1个，农业废弃物回收点2个，各回收点对回收情况进行台账记录，并建立“农药零售店—批发商—转运站”三级处置模式进行回收。推广使用新国标地膜，推行以集中育秧、果园生草等为重点的农膜减量替代技术，将倡导废旧农膜回收处理写入村规民约，形成“广大农户积极捡拾、回收网点应收尽收、相关企业加工利用”的模式。

## 五、村容村貌再提升，打造精美庭院

一是干部带头创整洁。开展“庭院亮化”行动，全面铺开农户庭院靓化和外墙风貌改观，村组干部表率带头，党员干部自愿服务，群众紧跟其后参与庭院整治。全村清理牛皮癣、广告牌上百余个，拆除彩钢棚210个，整治楼顶彩钢68户，“三边一区”开展庭院整治420户，落实标准、总结经验、形成效果、促进群众共同参与，让全域实现推门见绿、开窗见景、步步是景。

二是就地取材造风景。开展从“清洁庭院”到“美丽庭院”提升行动，由农户自行管理庭院，绿化院前裸土，利用好废弃石瓢、石砖、水缸等传统器皿，做假山、栽盆景，造就一个个“花样农家、园艺庭院”，让乡村充满“艺术范”。

三是借“墙”发挥搞宣传。精心拟定美丽庭院宣传标语21条，设计墙绘3

梅湾村“四好农村路”

篇，借“墙”聚人气，以“画”提士气，推出美丽庭院宣传建设，打造全村精品院落10余家，为村庄美化加分添彩，同时做好群众宣传发动工作，让家家知晓，人人明白。

## 六、乡风文明重涵养，构建和美家园

一是文明站点扬新风。挂牌成立新时代文明实践站，依托文化院坝整合阵地资源，依托农家书屋建立服务阵地，依托党群集中活动日建立宣讲阵地，组建党员干部、宣传文化、卫生健康、教育体育、农业技术、法律帮扶、社会关爱、科学普及等8类常备志愿服务队伍，多跨群众门槛，走进群众心坎，累计服务时间2800余小时。广泛开设道德大讲堂，坚持“身边人讲身边事，身边人讲自己事，身边事教身边人”。二是文明理事改乡风。率先成立乡风文明理事会，下设红白喜事、纠纷调解、环境监督、文艺宣传、志愿服务队5支队伍，制定《乡风文明理事会章程》，明确组织机构、开展“最美庭院”“文明家庭”“好儿媳”等评选，做到“美德众人传、善恶众人管、家事众人评、好事众人办”。三是道德超市树榜样。成立道德超市，根据梅湾实际情况，在产业发展、项目建设、乡风文明、环境保护、志愿服务、综治维稳6方面制定32条加减分细则，为每户家庭建立积分档案，根据群众日常表现予以加减分，以积分兑换商品，充分发挥基层“小细胞”的大作用，引导村民以“德”换“得”，以道德积分推动乡村人居环境整治和乡村治理，引导村民向上向善，营造起“比学赶超”的良好氛围。

## 贵州省毕节市黔西市新仁苗族乡化屋村

# 擦亮生态资源底色　建设美丽田园乡村

**| 案例特点说明 |**

近年来，化屋村深入贯彻落实习近平总书记视察化屋村重要讲话精神，坚持以党建为引领，依托独特资源优势，发展农文旅融合产业，将绿水青山转化为金山银山，2021年荣获全国乡村旅游重点村、全省民族团结进步示范区、中国美丽休闲乡村、全国乡村治理示范村称号；2022年，获评中国民间文化艺术之乡，入选“2022世界旅游联盟——旅游助力乡村振兴案例”；2023年，获评贵州省特色旅游示范村；“苗韵化屋”入选“中国民间文化传承发展品牌案例提名案例”。

## 一、基本情况

化屋村地处丘陵山区，曾是一个边远落后的苗族村寨，贫困发生率高达63.63%，在国家脱贫攻坚政策的沐浴下，全村284户1133人实现脱贫出列。2021年2月，习近平总书记视察贵州时，首站到化屋村亲切看望各族干部群众，强调要积极发展乡村产业，方便群众在家门口就业，让群众既有收入，又能兼顾家庭，把孩子教育培养好。在习近平总书记的深情厚爱和关心关怀下，化屋村各族干部群众牢记嘱托、感恩奋进，充分挖掘山水自然资源和民族文化，大力发展农文旅融合产业，走出了一条绿水青山就是金山银山的乡村振兴发展道路。先后获得全国先进基层党组织、全国乡村旅游重点村、全国乡村治理示范村”等10余项荣誉称号。2024年，化屋村集体经济积累达558.15万元，农民人均可支配收入达3.2万元，较2020年增长184%。

## 二、主要做法与成效

### （一）坚持党建引领，筑牢乡村振兴战斗堡垒

一是“层层递进”建强党支部。按照“把能人培养成党员，把优秀的党员培养成村干部，把优秀的村干部培养成党组织书记”的方式，建立村级选人用人机制，抓好“选、育、管、用”工作，选优配强村级干部队伍。分片设置3个党小组，明确37名党员责任区，提升党组织带领群众发展能力，做到民有所需、村有所为。二是“步步为营”建好合作社。为发展壮大村级集体经济，始终将村党支部领办村集体合作社作为重点，认真落实县乡村三级联动机制和考评、运行、防控三项机制，进一步扣紧责任链条，在确保规范运行的基础上，真正达到合作社实体规模化、产销一体化、收益多元化。通过挖掘集体“三资”，引导村民用货币、资产、土地承包经营权等要素入股党支部领办的农民专业合作社，盘活花卉育苗大棚、乌鸡养殖场、苗族刺绣扶贫车间、餐饮露营基地等项目。三是“环环相扣”推进乡村治理。实行“十户联防”网格化管理机制，探索推行“文明积分”等做法，组建讲习队伍，采取“群众点单、支部配菜”方式进行讲习，群众内生动力得到激发，形成共建共治共享的局面。

### （二）坚持规划先行，建设宜居宜业和美乡村

一是依托资源禀赋，精准定位发展方向。依托乌江源百里画廊得天独厚的旅游资源优势，坚持农文旅融合的发展方向，积极争取项目资金，完善生态休闲农业和乡村旅游基础设施，引入旅游开发企业建设度假营地，形成“公司＋村委＋农户”的三方有效协作、联动发展的格局，乡村旅游内涵不断丰富，发展后劲不断增强。二是挖掘民族风情，打造特色田园乡村。按照政府投入、群众自筹、单位帮扶、社会捐赠、贷款贴息、项目支持的众筹模式，开展独具特色的民居改造、庭院改造，融入牛头、蜡染等苗族传统元素，建成“一家一特色、一户一看点”的化屋苗族民居建筑群，打造依山傍水、显山露水、露出

田园风光的特色田园乡村。三是紧紧依靠群众，保护良好生态环境。坚持绿色发展理念，紧紧依靠群众力量，发动村民组建志愿服务队开展巡湖劝导，保护村庄良好生态环境。探索在退耕还林区域推广林果、林景等“林+”发展模式，组织群众发展经果林1100余亩，把低产凋零的荒山变成绿树成荫的“聚宝盆”，构建“播绿者得益、护绿者有奖、损绿者受罚”的绿色发展机制。

化屋村旅游度假营地

## （三）坚持三产融合，发展富民强村特色产业

一是大力发展特色种养业。围绕“旅游＋精品农业”，组建联村党委，与周边村庄联合养殖商品小黄牛500头，年实现利润达50万元以上。依托村党支部领办的村集体合作社，发展小黄姜、羊肚菌等特色种植业，村民通过自种自养、基地务工等方式参与产业发展，年集体分红达20万元以上，化屋小黄姜入选全国十大优质种质资源。二是大力发展乡村手工业。围绕“旅游＋民族手工业”，引入企业与合作社联合发展，不断壮大苗绣和蜡染产业，开发文创旅游小商品100余种，通过线上线下销往浙江、广州、上海等地，年销售

额达180万元以上。建成苗绣服装加工厂，促进苗绣产业规模化发展，年产值达200万元以上，吸纳村民就业10余人。三是大力发展现代服务业。围绕“旅游+现代服务业”，根据产业发展和农民就业需求，培训组建苗族歌舞队、导游服务队，开展厨师厨艺、酒店管理、苗绣蜡染培训，提升村民就业创业能力。截至2024年，全村已发展农家乐、民宿65家，村旅游服务队开展旅游服务100余场，服务游客30余万人次，创造旅游综合性收益近5000万元。

化屋村苗绣小商品制作现场

云南省楚雄彝族自治州牟定县江坡镇牌坊村

# “五个三”治污工作法 带动生态宜居乡村建设

## | 案例特点说明 |

牌坊村在农村人居环境整治提升过程中，以涉及家家户户的农村污水治理为牵引，通过开好党员大会、中心户户长和村民代表会、群众大会“三场”会议，强化思想发动；算清效益、责任、成本“三笔账”，激发内生动力；发挥党支部、党员、群众“三个作用”，强化政治引领；组建好工作专班、材料供应队、村间施工队“三支队伍”，抓好项目建设；严把资金投入、工程质量监督、项目管护“三道关口”，形成常态长效的“五个三”农村污水治理工作法，把群众充分发动起来，以最少的财政资金投入撬动了最大的民生项目建设，财政投入资金与市场承包价相比节约了56.8%，实现了自我建设、自我管理农村人居环境基础设施，促进了生态宜居乡村建设。

## 一、基本情况

牌坊村位于牟定县城东北部，全村75户336人、党员16名，村民收入来源主要以发展粮食、畜牧、烤烟、蔬菜产业和外出务工收入为主。长期以来，村内畜禽养殖、生产生活产生的污水随意乱排，“脏乱差”问题突出，严重影响群众生活质量。近年来，牌坊村深入学习贯彻落实习近平生态文明思想，学习运用“千万工程”经验，围绕科学规划布局美、水清岸绿生态美、村容整洁环境美、乡风文明身心美的目标，按照支部发动、党员带动、群众主动的方式，探索实践“五个三”污水治理工作法，走出一条把群众发动起来，自我建设、自我管理的务实管用路子，有力地促进生态宜居乡村建设。

## 二、主要做法及成效

### （一）开好“三场会议”，强化思想发动

召开党员大会。聚焦“关键少数”，以党员大会方式，把全村党员的思想统一到农村人居环境整治提升的具体要求上来，充分激发党员积极参与全域推进污水治理的工作热情，解决“为什么治”的问题。召开中心户户长和村民代表会。召开“十户一体”中心户户长和村民代表会议，讲清政策、听取意见、商议对策，共同研究污水治理因村施策方式方法，群策群力规划家乡，主动参与农村污水治理，解决“怎样治”的问题。召开群众大会。统筹县乡村三级干部力量，下沉村民小组组织召开群众大会，向群众宣传农村污水治理的重要意义，明确因村施策的目标任务和工作措施，解答群众疑惑、动员群众参与，解决“治什么”的问题。

党员带头参与人居环境整治

## （二）算清“三笔账目”，激发内生动力

算明“效益账”。在宣传发动阶段，做到面向群众“两个讲清楚”，讲清楚只有解决了污水治理这个重点，人居环境才能实现根本性提升，生活才会干净卫生，健康才有保障；讲清楚只有解决了污水治理难点，才能让处理后的污水干干净净汇入河流、流入坝塘，水资源灌溉循环利用才能更加安全。算清“责任账”。落实政府、村组、农户责任，政府负责引导，全面安排、全力推动，筹集资金建设污水主管网和污水处理“大三格”；村组负责组织、规划、实施、监督，发动群众参与建设和管护；群众承担主体责任，负责开挖建设自家集沉淀池、化粪池和发酵池为一体的“小三格”，收集自家污水到主管道，投工投劳参与建设，做好后期管护，保障管网正常运行。算好“成本账”。由县乡村挂包干部牵头，帮助群众根据各户具体情况算好建设账，通过优化设计，最大限度降低建设成本。在物资采购上，由县乡村组多级多渠道询价比选算好经济账，最大限度节约财政资金。广泛动员群众投工投劳，以工折资，以最少财政资金撬动最大的民生项目建设。

人居环境整治施工现场

## （三）发挥“三个作用”，强化政治引领

支部发动。认真履行党支部直接教育党员、管理党员、监督党员和组织群众、宣传群众、凝聚群众、服务群众职责，按时召开“三会一课”，以理论学习统一思想，结合支部主题党日活动，开展志愿服务活动，把党员组织起来，把群众凝聚起来。党员带动。建立党员联系服务群众制度，对污水治理不理解、不想干的群众，负责联系的党员主动上门劝说，做好思想工作，带着他们一起干。对不懂技术、不会干的群众，联系党员主动当好“师傅”，手把手教着一起干。对老弱病残不能干的群众，联系党员主动当好“义务工”，志愿服务帮着一起干。群众主体。规划初期，全面听取群众意见，让群众拥有充分话语权。施工期间，动员群众主动让地，做好院内污水收集和院外污水治理投工投劳。工程结束后，将污水管网及终端维护纳入村规民约，明确专人管护。

治理后隐藏地下的排污主管网

## （四）组建“三支队伍”，抓实项目建设

组建工作专班。将县乡村组干部、驻村工作队员和乡村工匠整合起来组建工作专班，采取“一户一策”统筹规划和现场指导的方式，统一技术标准，

保证工程进度，同时做好矛盾纠纷调处化解、项目资金管理及项目验收等工作。组建材料供应队。组建由县级相关部门领导、乡镇干部、专业技术骨干为主的材料供应队，根据专班统一规划、科学测算和群众按需自主申报，综合分析形成材料需求清单，按照清单多方开展工程材料询价对比确定、质量审查把关后统一采供，以规模优势降低采购成本。组建村间施工队。充分发挥本村人地熟、人熟、事熟的优势，邀请本村在外务工的建筑工人、技术工人回村，带领本村在家劳动力组建村间施工队，让村里的剩余劳动力就近就地就业。

志愿服务活动

## （五）严把“三道关口”，形成常态长效

严把“资金投入关”。发挥村监委、党员代表、群众代表等作用，组建资金监管工作小组，切实管好县级财政统筹整合资金、村组“一事一议”集体出资资金、管材询价统购和组建土专家“施工队”承建节省资金、能工巧匠和爱心人士捐助资金、农户投资投劳筹措资金。严把“工程质量监督关”。建立日

常工程质量抽查核查机制，定期不定期深入施工现场对工程质量开展抽查，确保工程质量过硬。严把“项目管护关”。将农村生活污水处理设施运营维护管理纳入村规民约重要内容，明确“谁损坏、谁维修”，做到人人受益、人人管护。科学制定《农村生活污水处理设施运行维护管理办法》，建立“30分钟到场维修”制度，明确各类污水处理设施的管护主体、职责要求，形成县级为责任主体、乡镇为管理主体、村级为落实主体、农户为受益主体、运营维护机构为服务主体的“五位一体”运维管理模式，实现农村污水治理长远管护。

美化环境

## 陕西省商洛市柞水县营盘镇朱家湾村

# 当好“生态卫士” 擦亮金字品牌

### | 案例特点说明 |

朱家湾村依托秦岭绿水青山和天然“氧吧”发展特色旅游业，通过引导村民入股或组成旅游协会、旅游经营联合体、农民合作社等形式，引进企业发展旅游产业，成功将绿水青山转化为金山银山，端起了“生态碗”，吃上了“旅游饭”，实现了农村变景点、农房变宾馆、农民变老板，走出了一条具有秦岭山区特色的乡村生态振兴之路。

## 一、基本情况

朱家湾村地处秦岭腹地，全村总面积126平方公里，辖4个村民小组508户1783人，被习近平总书记称赞为“养在深闺人未识的天然氧吧”。守着牛背梁这张“终南山的封面”“大秦岭的名片”，朱家湾村深挖自然资源与村内“兼秦纳楚”的文化底蕴，利用秦岭老屋、古道遗迹等大力发展乡村旅游，探索乡村旅游“四型带动”模式，先后建成终南山寨等景区景点10余处，通过引导村民入股或组成旅游协会、旅游经营联合体、农民合作社等形式，引进企业发展旅游产业，发展高端民宿集群16处56家，农家乐216家，实现全村80%劳动力当地就业，带动周边村庄群众实现就业增收。先后获评中国最美休闲乡村、美丽宜居村庄、全国生态文化村、全国乡村旅游重点村、国家森林乡村等30余项荣誉称号，2023年入选联合国世界旅游组织“最佳旅游乡村”名单。

年均接待游客150余万人，旅游综合收入2.2亿元，2024年农村居民人均可支配收入33650元，村集体经济经营性收益69万元。

终南山寨

## 二、主要做法

### （一）支部引领推动乡村发展

选优配强村级发展带头人，整合第一书记、驻村工作队力量、村内党员能人、致富大户等，培育产业发展带头人，设置了产业发展、基础设施、环境整治、政策宣传党小组，让人人肩上有担子、人人身上有责任。坚持“整村规划、整块开发、整体带动”的思路，把全村作为一个大景区、全产业链打造，带动更多的群众紧紧依托旅游优势，发展农家乐、度假酒店、特色民宿、旅游商贸等乡村旅游产业。

### （二）牢记嘱托保护乡村生态

始终牢记习近平总书记“当好秦岭生态卫士”殷殷嘱托，按照“原始性开发、原生态保护、原特色利用”的思路，坚持把良好的生态环境作为乡村旅游发展的基础和前提，认真落实《陕西省秦岭生态环境保护条例》，25名村级河长、林长、田长，围绕“五乱”和生态环境突出问题，坚持每日巡查、每日报告，动员村组干部、网格员、农家乐及民宿经营企业，自觉参与到秦岭生态环境保护和宣传活动中，努力营造人人争当秦岭卫士的浓厚氛围。

## （三）深挖优势发展乡村旅游

利用自然资源、区位优势和交通优势，依托牛背梁国家级旅游度假区，采取“党支部+集体经济+农户”的带动模式，培育发展老林公社、老林峡谷漂流、老林客栈民宿、电子商务中心等集体经济产业，集体经济年纯收入突破60万元，群众年户均分红达到360元。采取嫁接开发、联营合作、入股改造等多种形式，开发阳坡院子、花锦园等高端民宿集群，带动当地及周边村落1万余名群众实现就业增收。

朱家湾村高端民宿——阳坡院子

## （四）科学规划扮靓乡村颜值

注重文化、旅游、康养、美学“四大元素”，聘请全国知名设计公司团队规划实施了“人居环境改善、产业发展融合、全民素养提升、乡村文化繁荣、公共服务提升”等五大工程。按照“室内五星级、室外五千年”的理念，对农家乐和民居进行了统一改造，集中打造了阳坡院子等高端民宿，为全面推进民居改造和民宿发展起到示范引领作用。在大力推进村庄建设的同时，深挖乡土、农耕、美食等特色地方文化，打造生态美、产业美、生活美、环境美、人文美“五美”朱家湾。

朱家湾村新貌

## （五）文化遗产传承乡村文化

朱家湾村不仅实现了乡村旅游生态价值转化，还注重自然生态保护和文化传承。完成了流域治理、生态修复，加大对世界濒危动植物保护力度，挖掘石头房子传统民居、草编等传统文化遗产潜力，培养非遗传承人91人，全力保护、传承文化遗产。立足生态与经济“双向增值”，朱家湾村将山村、花海、森林、康养等元素融合，推动一二三产融合发展，以经济推动生态，以生态带动经济，继续当好秦岭生态卫士。2023年10月，朱家湾村入选第三批联合国世界旅游组织“最佳旅游乡村”。

## 三、取得成效

探索出乡村旅游“四型带动”模式，将80%的农户镶嵌在旅游产业链条上。

### （一）支部带动集体经济

村党支部成立了朱家湾生态旅游开发有限公司，按照“党支部+三变改革+集体经济+脱贫户”模式，注册了“朱家湾”商标，打造了电商扶贫中心、养蜂基地、药材种植基地、蔬菜配送中心等产业业态，建成老林居、南舍居等康养民宿，承接镇域境内菜籽油、冷水鱼、木耳等有影响力的农副产业的包装和销售，与45户脱贫户签订了包装销售、产品回购协议，采取线上线下同步销售的方式，每年实现销售总额80万元，户均增收9000余元。

### （二）景区带动自主创业

依托牛背梁国家森林公园和终南山寨等景区景点，发挥村“两委”班子和党员领办创办的示范效应，带动全村农户开办农家乐、家庭旅馆、个体商贸等旅游服务业态316家，其中脱贫户26户，户均年接待游客3000余人次，增收3万余元。

### （三）民宿带动资产收益

依托中国最美休闲乡村、全国乡村旅游重点村、美丽宜居村庄等国字号品牌效应和景区大环境影响，重点采取支部引进、企业投资、农户参股的形式，盘活农户闲置资产，推进精品民宿建设，提升旅游服务内涵，发展20个高端民宿院落，带动63户农户以房屋、土地参股，其中脱贫户15户以土地、房屋入股实现资产收益，户均年增收1.5万元。

### （四）企业带动安置就业

依托朱家湾生态、区位、资源三大优势，扩大招商引资成效，全村共引进涉游企业32家，已建成运营企业11家，共提供就业岗位400余个，优先安置脱贫户就近就地就业30户47人，人均年增收2.6万元，劳务用工1.5万人次，人均增收2.1万余元。

## 宁夏回族自治区银川市西夏区镇北堡镇昊苑村

# 从砂石荒滩到美丽乡村的绿色蝶变

### | 案例特点说明 |

昊苑村坚持生态优先理念，以“两山”理念为引领，聚焦绿色产业发展，大力实施农村人居环境整治、生态治理与修复、绿色能源推广使用“三大工程”，通过推动“葡萄酒产业+民宿旅游+民俗文化+酒旅文化”深度融合，持续放大葡萄酒产业价值，有效拉动了文化产业发展，丰富了旅游产业的供给体系，让旅游赋能品牌塑造，使传统农业增添附加值，更好更快地促进特色产业、文化、旅游产业融合发展，实现乡村振兴。

昊苑村位于贺兰山脚下，全村743户2890人，1995年西部大开发战略实施以来，来自陕西、甘肃、安徽等8省17县的自发移民汇集于此，重点发展以葡萄酒+民宿为主的特色产业，培育出志辉源石、欣恒、名麓、铖铖等21座不同类型的酒庄，形成了宁夏首家“望山民宿村”集群，乡村特色产业产值超过1亿元，农民人均可支配收入2.28万元，先后获得全国乡村特色产业产值超亿元村、全国美丽乡村示范村、全国乡村旅游重点村、国家森林乡村、全国生态文化村、中国美丽休闲乡村等荣誉称号，实现了从“砂石荒滩”到“美丽乡村”的华丽蜕变。

## 一、实施生态系统修复工程，提升乡村生态环境质量

以“两山”理念为引领，聚焦绿色产业发展，以生态治理为基础，将

生态治理与发展产业有机结合，实施贺兰山东麓采砂塌陷区生态修复工程和“智慧葡萄酒园——田间物联网系统”试点项目，实现了从采砂塌陷区到万亩葡萄园，再到“稳产、长寿、美观、智慧”优质葡萄园的绿色转变。高标准打造优质种植基地，种植酿酒葡萄1.8万亩，年产葡萄酒6000吨，年产值近4亿元，年收益4800万元，占全村经济总收入的75%，1200名移民从事酿酒葡萄种植及葡萄酒生产加工相关工作，2024年接待游客约50万人次，收入600余万元，带动周边500多名村民家门口就业，实现了村集体经济和村民经济收入“双增”，葡萄酒产业成为昊苑村村民增收致富的“钱袋子”。

贺兰山文化运动休闲公园

## 二、实施人居环境整治工程，推动农业废弃物循环利用

坚持把美丽乡村建设和美丽庭院创建作为农村人居环境整治的主要抓手，以家庭“小美”聚合乡村“大美”，从院落环境到农村环境由内而外全面系统整治。在农业生产和畜牧养殖方面，加强农药包装废弃物处置和农用残

膜回收，残膜回收率达到72%，规模畜禽粪污综合利用率、规模养殖场粪污处理设施装备配套率、规模养殖场粪污处理设施使用率达到90%以上。建设污水集中处理站三座，将所有家庭污水管道并入，养殖污水处理率达90%以上，改厕率达90%。建立农户“门前三包”制度，开展“美丽庭院”评选活动，引导农户美化房前屋后、院内院外、户内户外环境，以庭院小美助力乡村大美。

昊苑村村容村貌发生显著变化

## 三、实施推广绿色能源入户工程，注入乡村振兴新动能

发展乡村绿色低碳能源，村主要居住区实现天然气户户通、太阳能家家用。同步推进清洁能源推广和巷道美化改造工程，实现了环境美化亮化与清洁能源推广“双赢”局面；大力推进电能替代和清洁能源使用，实施电网改造工程，利用村部公共区域安装屋顶分布式光伏发电系统，村民“免费用电、余额上网”并网使用，实现了用电无忧、低碳生活。加强秸秆禁烧宣传教育，引导开展秸秆综合利用，建设秸秆回收利用厂，年回收加工3万吨玉米秸秆、葡萄及枸杞枝叶，生产有机肥，实现生态循环发展。

昊苑村酿酒葡萄种植基地

# 五、组织振兴

## 天津市西青区辛口镇第六埠村

# 坚持“红绿”相衬双擎发展 绘就乡村振兴“新画卷”

### | 案例特点说明 |

第六埠村党委坚持抓党建促乡村振兴，认真践行“绿水青山就是金山银山”理念，积极延伸探索“党建＋生态”红绿融合发展，形成“红色为韵、绿色为底、红绿相衬、双擎发展”的农教文旅特色产业发展模式，加快建设集现代都市农业示范区、生态文化旅游体验区于一体的休闲美丽乡村。

第六埠村地处子牙河、大清河、独流减河交汇处，生态环境优良，交通便利，现有村“两委”成员9人，村民1530户4876人。村党委下设6个党支部，党员182人。该村村域面积1.65万亩，耕地面积1万亩，产业以红色旅游、生态六埠、农业研学等农文旅融合产业及蔬菜种植业为主。2024年村集体收入达1500万元。在村“两委”班子及全体村民的努力下，该村连续六年被评为“五星村”，先后获得中国美丽休闲乡村、全国乡村旅游重点村、全国乡村治理示范村等国家级荣誉称号，获批全国首批“大思政课”实践教学基地、天津市中小学生劳动教育实践基地、天津市巾帼现代农业示范基地。

近年来，第六埠村牢固树立“绿水青山就是金山银山”理念，深入实施党建引领基层治理行动，坚持“抓党建、兴产业、促振兴”，积极打造“红+绿+农”的产业格局，推动党建引领与产业发展、乡风文明深度融合。

第六埠村全貌

## 一、组织团结有力，党群凝聚合力

第六埠村注重强化党建引领，为全村干事创业提供强大支撑。一是建强班子筑堡垒。建立村“两委”班子成员按岗定责、乡村能人廉情监督员上下联动的双向管理机制，营造风清气正、干事创业的良好氛围。二是带好队伍作表率。围绕人居环境整治、乡村风貌提升等重点难点工作，发挥党组织领导作用，充分发挥党员先锋模范作用，班子成员带头，动员党员、村民代表拆除村内私搭乱建，腾退公共空间12万多平方米。面对2023年海河流域性特大洪水，全体党员干部冲锋在前，组建由村干部、党员和网格员组成的8个小组，迅速转移安置群众170余人，在洪水形势稳定后，仅用不到10天时间完成排水工作。村党委组织40余名老党员、青年党员、妇女志愿者分别成立排涝清淤、设施修复、灾情核报、环境卫生等工作小分队，带动380名党员干部群众共同与时间赛跑，清理垃圾10955吨，受灾区域基础设施得到全面修复，彰显基层党组织的战斗堡垒作用。三是凝聚群众集合力。以西青区开展的“青”叩家门主题实践活动为依托，制定党群联系卡，通过发放明白纸等方式将村内重大事项告知每家每户，实现公开全覆盖、矛盾全化解、发展全参与。在灾后恢复重建工作中，第六埠村充分发挥党员种植户的示范带动作用，按照“水退一亩，耕进一亩”原则，组织农户加紧修复灾毁农田和农业设施，开展冬小麦、蔬菜等作物改种补种工作，已抢种冬小麦1223.2亩、蔬菜1200亩，修复棚室1600余栋，保障了人民群众的生命财产安全。

村“两委”班子召开抗洪救灾现场会

村党委书记与农户交流复种情况

## 二、依托生态优势，打造特色产业

第六埠村深入挖掘背靠东淀、三河汇景的生态优势，大力发展乡村旅游。一是打造特色品牌。充分发挥千亩蟹田稻、万亩绿色蔬菜基地和红色文化产业优势，因地制宜打造了“红色文化游+绿色生态游+农业研学游”文旅融合品牌。建设“红色文化主题拓展园”，以“‘一大’红船”“红色文化雕塑”等为载体，深入挖掘历史文化、革命英烈、新时期模范代表的精神内涵，进一步打造廉政教育基地，构筑红色教育示范区，由“体验式”学习升级为“实践性”学习；策划丰收节、冬捕节、六埠雪乡等时令文旅项目，把蟹田大米、绿色蔬菜等优质农产品推向市场，截至2024年年底，共接待游客及研学队伍36余万人，村集体年增收650余万元。二是创新农业研学项目。第六埠村依托村内规模化蔬菜种植产业，以农业研学为支撑，融合文化资源，将思政教育与农事体验相结合，创新打造南泥湾农业研学基地，创建天津市中小学劳动教育实践基地，吸引数万名中小学生前来体验。三是拓展水上娱乐项目。洪灾过后，第六埠村加快修复受损设施，因地制宜积极谋划水上文旅项目，推动生态六埠景区以及红色文化主题拓展项目恢复运营，努力将“水灾”转化为“水利”。在前期红色教育和廉洁教育项目的基础上，将抗洪精神作为进一步打造红色文化主题拓展园的重要内容，开展抗洪精神主题展览。借助三河汇景水文优势条件，积极对接合作单位，统筹规划集体产业发展模式，推进小漓江水上民宿项目，

农业研学基地

“生态六埠”景区图

计划与独流减河进洪闸管理处进行深度合作，打造“水文研学游”，不断丰富旅游项目。

## 三、深化党建引领，完善乡村治理

第六埠村坚持“党建统领、全民参与”管理模式，充分发挥基层治理“神经末梢”作用。一是大力整治村庄环境。先后完成村庄“六化六有”、公厕户厕改造、清洁取暖改造和生活污水治理改造，全面开展“美丽庭院”创建活动，建设2000平方米的休闲健身广场，绿化美化近5000平方米，村容村貌焕然一新。结合乡村振兴示范村创建工作，规划设计1000亩大清河湿地，引进优质稻种，扩大螃蟹套养面积，为加速推进乡村振兴奠定坚实基础。二是完善网格治理机制。在以党建为引领的网格化管理中，创新建立四级全覆盖网格工作构架，以“小网格”兜起群众“大小事”，有效解决安全维稳等诸多治理问题。三是凝聚村庄发展力量。注重发挥志愿者、乡村能人理事会、文艺队等村民骨干队伍力量，使更多群众紧密团结在党组织周围，注重关心培养下一代，建立学生会、儿童团，以“小手拉大手”的方式，通过一个孩子带动一个家庭。与各大院校积极谋划打造大学生乡村振兴基地，引进大学生队伍，打造直播平台，进一步凝聚青年人才力量。

## 内蒙古自治区巴彦淖尔市乌拉特中旗四义堂村

# 党建引领筑堡垒　支部带头促产业

### | 案例特点说明 |

四义堂村坚持强化党建引领促振兴，通过建强一个党支部、打造一项好产业、办成一批惠民事，带领全体村民在奔向共同富裕的道路上奋力前行，村民的日子一天天红火起来。通过“党支部+企业+农户”发展模式，党支部领办成立了乌拉特中旗众跃农牧业专业合作社，村集体以部分资产、集体资金入股，村民社员以1000元为1股入股，使全村资产“活了起来”，资金“转了起来”，资本“引了进来”，资源“用了起来”，走出了一条强村富民的新路子。

近年来，四义堂村坚持党建引领，以“强基础、兴产业、美村组、展新貌”为目标，致力打造“乡村振兴样板村”，集体经济收入年均200万元，群众生产生活条件明显改善，幸福指数日益提升。先后荣获全国先进基层群众性自治组织、全国文明乡村、国家森林乡村等国家级荣誉称号。

## 一、基本情况

四义堂村总面积63.25平方公里，辖5个村民小组，常住人口792户1462人，党员81名。耕地6万余亩，井灌耕地面积达100%，绿化覆盖率达到35%以上。S212省道、乌广线和蒙羊大道贯穿全境，交通便利、土壤肥沃、人文厚重，发展势头强劲。

## 二、主要做法

### （一）党建引领筑牢“红色”堡垒

四义堂村按照“五强”目标要求，高标准完成“两委”换届工作，选优配强班子成员，村“两委”班子凝聚力更强、党员队伍素质更优，党员群众的知情权、参与权和监督权得到充分保障，建成了一支干事创业的好班子，形成了强大工作合力。村“两委”认真落实“四议两公开”等制度，村党支部与3个驻地企业党支部，共同创建四义堂村企联合党委，并组织辖区部分党员，组建了“党员先锋服务队”，扎实开展组织联建、要事联商、党员联管、文体联谊、民生联动、平安联创“六联共建”活动，全面构建共驻、共商、共建区域化党建格局，进一步提升了基层党组织的凝聚力、战斗力和号召力。

四义堂村党群服务中心

### （二）支部带头发展“火红”产业

四义堂村党支部立足本村资源、区位优势，采取“创办实体、盘活土地、资产租赁”等模式发展壮大村集体经济，集体经济收入实现逐年递增。一是创办实体企业。利用工业园区征地补偿款380万元投资创办村集体企业商砼站，以承包租赁方式收取租金，为集体创收。同时，村党支部抓住“三资清理”的契机，将集体闲置校舍变“废”为宝，通过村委投资、财政奖补、8名妇女执委会成员自筹资金等方式，创办内蒙古义堂红食品有限公司，积极争取自治区重点扶持项目资金125万元，扩建食品展厅、电商服务站、生产包装车间、保鲜库、冷库等配套基础设施，打造集生产、加工、储存、销售、物流于一体的食品加工产业园区，并成功取得了国家食品生产许可证。二是做活土地文章。村党支部结合农村牧区集体产权制度改革工作，摸清村内集体“三资”家底，将3500亩集体土地，流转给有发展潜力的农户和专业合作社经营，实现土地规模化、集约化经营，为村集体每年增收200万元以上。三是发展特色产业。以调整种植业结构和促进农民增收为目的，推广种植辣椒。依托内蒙古义堂红食品有限公司，积极推进辣椒产业化发展，延长产业链条，主要生产鲜辣酱、韭菜花酱，实现了一二三产业亩均综合产值突破1万元以上的总体目标。四是党支部领办合作社。充分发挥村党组织政治引领作用，2022年村党支部领办成立了乌拉特中旗众跃农牧业专业合作社，入社成员292户，当年合作社通过集中流转3000亩耕地用于玉米套种大豆和辣椒种植，共计分红234万元，社员每千元股分红500元，集体增收55万元。2023年合作社通过增资扩股，社员达420户，资金703.2万元，通过集中流转土地，推广小麦套种玉米、麦后复种燕麦草和芥菜等模式，2024年，入社农户分红资金达96.2万元，每股可分红140元，真正实现了“支部领办、农户参与、共同富裕”的目标。

党支部领办合作社分红现场

辣椒收获现场

## （三）实事办实过上“红火”日子

四义堂村集体经济收益，全部通过“四议两公开”制度确定用途，重点用于基础设施改善、环境卫生整治、防洪防汛、扶贫济困等村内公共事业。先后投入800多万元，为村内修建柏油路、硬化巷道、安装天然气、建成标准化废弃物回收站、完善下水主管道和垃圾焚烧锅炉建设等基础工程。同时，村党支部引资1500万元建成粮食收储中心，解决了群众卖粮难问题。通过招商引资引进乌拉特中旗锦源农牧业开发有限责任公司，共同投资600万元，实施年处理秸秆12万吨农作物秸秆转化燃料项目，为四义堂村192户电梯住宅楼、党群服务中心等共计3万平方米的区域提供集中供暖，缓解秸秆废弃和焚烧带来的资源浪费及环境污染问题，促进秸秆资源高效循环利用。

## 三、取得的成效

### （一）村集体经济不断壮大

四义堂村采取“创办实体、盘活土地、资产租赁”等模式发展壮大村集体经济，金众商砼有限公司、内蒙古义堂红食品有限公司等3个村办企业收入突破100万元。

### （二）乡村建设水平不断提高

四义堂村积极争取整合项目资金，推动各类惠民工程落地。实施“四通一绿”工程，即污水入管通、燃气入网通、大暖户户通、巷道硬化通，逐年增加村庄绿化面积。截至2024年底，改造水冲式厕所660户，集中供暖3万平方米，铺设污水管网12000米，硬化道路60公里，780户村民家里接入天然气主管道，让村民过上“硬化入巷、下水入管、燃气入户、供暖入网”的城里人生活。

### （三）群众精神文化生活不断丰富

四义堂村投资建成百姓大舞台、文化大院、文化广场，组建晋剧团、二人台、夕阳红健身队，2024年举办演出活动8次，邀请“乌兰牧骑”到村内表演2次。完善充实村史馆，记录四义堂的百年历史进程。利用“三八”妇女节、“七一”建党节等特殊节日评选表彰“优秀党员”“乡风文明家庭”“好婆媳”等先进典型31人，激励村民向优秀典型看齐，争当文明户、争做文明人，不断营造文明和谐的村庄氛围。

## 江苏省盐城市滨海县天场镇秉义村

# 以组织振兴点燃乡村振兴“强引擎”

**| 案例特点说明 |**

秉义村始终将加强党的阵地建设和队伍建设、提升党的组织力作为第一要务，通过强化党组织的引领力、凝聚力、统筹力、战斗力，进一步强化了基层党组织的服务能力，全村紧扣“村强、景美、民富、人和”的目标，按照“把支部建在产业上、把党员聚在产业上、把群众富在产业上”的思路，通过推行“党建＋产业”“党建＋人才”“党建＋文化”“党建＋治理”“党建＋生态”的“党建＋”模式，点燃了乡村振兴的“强引擎”。先后获得江苏省特色田园乡村、国家森林乡村等荣誉称号。

秉义村因纪念戴秉义烈士而命名。省道327、通榆河、坎岗河等水陆交通线穿村而过，全村总面积4.18平方公里，其中耕地3747.15亩，水域1331.4亩，下辖6个村民小组，共720户2907人，党总支下设3个党支部，现有党员74名。乡村振兴战略实施以来，秉义村坚持以组织振兴引领“五大振兴”，坚持“党建＋”发展模式，为乡村振兴注入了新动能。2024年农民人均可支配收入3.37万元，村集体经营性收入86.95万元。

## 一、“党建＋产业”催生共富效应

将党建与产业紧紧融为一体，坚持将党组织建在产业链上，探索出了“党建＋产业”发展模式。一是依托电商平台，实现农民增收。成立电商党支部，积极探索“支部＋合作社＋电商＋群众”产业链，依托天赐场商城，实施“参与、合作、共享”等发展模式，助力群众增收，增加集体积累。二是发挥基地效应，助力农业发展。坚持绿色引领、质量兴农，激发无害化中药材、特种养殖、林果种植等村内4个基地的辐射带动效应，切实提高农产品的质量和附加值，推进农业标准化、规模化、品牌化，着力打造生产经营体系完备、业态类型丰富的农业品牌。

江苏省特色田园乡村—秉义村

## 二、“党建＋人才”凝聚振兴合力

坚持把人才作为乡村振兴的第一资源，着力打造一支沉得下、留得住、能管用的乡村人才队伍。一是优化“两委”班子，提升素质能力。新“两委”班子积极履职担当，不断学习提升，争取打造一支思想素质高、业务能力精、协作意识强、充满奉献精神的村级干部队伍。换届后村“两委”干部8人，平均年龄43岁，其中，本科学历1人，大专学历7人，队伍结构得到进一步优化。二是盘活乡村“存量”，培育乡土人才。通过“电商干部+县乡村电商服务体系”培训等方式进行电子商务培训，为电商发展注入活力；以发展特色产业为契机，组织产业基地负责人定期进行学习培训，培育一批种养大户、农民合作社带头人。三是优化队伍“增量”，引进外来人才。以乡愁为纽带、待遇为支撑、事业为动力，吸引农民工和农村大学生返乡创业，带动和促进农业企业家、医生教师、技能人才留下来，调动他们干事创业的热情与活力，为乡村振兴提供坚实的人才保障。

## 三、“党建+文化”提升乡村内涵

以加强党的建设助推乡风文明，把精神文明建设作为高质量实施乡村振兴战略的重要支撑，让文明乡风为乡村振兴注入新活力、增添新动力。一是追寻红色印记，传承红色基因。戴秉义烈士用鲜血点燃信仰的火炬，用生命践行使命与担当。秉义村用心用情打造初心课堂，同时有效整合“戴秉义烈士永垂不朽”纪念碑、戴秉义烈士陈列馆等红色文化资源，组织广大干群开展党史现场教学，切实讲好先烈故事，弘扬英烈精神，筑牢党员群众的信仰之基。二是

便民大厅

发挥阵地功能，强化宣传教育。积极发挥党建引领作用，利用党群服务中心、新时代文明实践中心等学习阵地，乡情民俗墙等文化载体，深入宣传教育村民用中国特色社会主义文化武装头脑。全天候开放图书室、未成年活动室、健身室等文体场所，组织开展健康讲座、读书演讲活动，推动形成文明健康的生活方式。三是党员示范引领，发挥头雁效应。切实推进党员联户，让党员和村民心贴心，做好政策宣传员、纠纷调解员、贫困帮扶员，为群众排忧解难的同时，调动村民参加乡风文明建设的积极性、主动性和创造性，推进移风易俗，弘扬时代新风。

## 四、“党建＋治理”共建美好家园

高标准建成社会治理综合服务中心，不断完善村规民约，推进民风向善向好。一是组建工作专班，强化村务监督。成立村务监督委员会，重点监督村务决策情况、村务公开情况、村级财产管理情况、村工程建设项目情况、惠农政策措施落实情况、村民委员会成员履职情况、农村精神文明建设情况、其

小公园

他事项等8个方面情况，村务监督委员会履行知情权、质询权、审核权、建议权、主持民主评议权等5项权利。二是搭建监控平台，打造平安乡村。秉义村搭建村级公共安全视频监控联网应用平台，探索建立基层现代治理体系。设立36个监控点，另有8个监控点分布在全村各处，村部监控室可实时调看全村情况，推进乡村治理现代化、信息化、网络化，不断提升村民的安全感与幸福感。三是群众群策群力，共同参与治理。建立党员自愿管理岗、群众代表自愿认领岗、民兵退役军人服务岗、退休老干部老教师义务监督岗，先后有39名群众积极投身道路环境整治、美丽庭院创建、基础设施管护等本村建设工作，共做生态美丽、富裕宜居的幸福家园建设者。

## 五、“党建＋生态”绘就和美画卷

厚植生态底色，突出发展特色，彰显乡村本色。一是建设新型社区，改善住房条件。精心编制规划，新型农村社区规划用地面积135亩，建设二层联排建筑，提升点规划用地面积80亩，新型农村社区一期建成51户，二期新建163户，三期建设90余户，退宅还耕102户，全部入住新社区，切实满足农民群众对住房条件改善的期盼。二是完善基础设施，增进民生福祉。先后铺设14米宽黑色路面3.1公里，水泥路面10.5公里，新建、改造桥梁10座、电站9座、涵洞46个，安装路灯208盏，疏浚河道14公里，建成村民健身文化广场6000多平方米。投入300多万元，新建1300平方米的村党群服务中心，打造“四区七室一广场”。三是整治人居环境，靓化美丽家园。切实开展“五整治一增绿”行动，改造居民住房外立面20000平方米，喷绘乡情文化墙2400平方米，新建公厕3座，全面拆除村内废弃旱厕，农厕无害化率达100%，新造成片林500亩，全力打造环境优美、配套齐全、生活便利的幸福家园。

## 安徽省马鞍山市当涂县塘南镇兴永村

# 把准村集体经济“小切口” 做实共同富裕“大蛋糕”

### | 案例特点说明 |

兴永村坚持党建引领，凝心聚力、汇聚资源、抱团实干，积极破解村级集体经济“散松小”等难题，着力提升村级“造血”功能，努力蹚出了发展壮大村级集体经济新路。

## 一、基本情况

兴永村是安徽省马鞍山市当涂县第一个党支部——庄村湾党支部诞生地，位于塘南镇东南5公里，村域面积6.3平方公里，全村现有7个自然村，12个村民小组，880户3357人，党总支下设2个党支部和5个党小组，党员76名。全村土地面积9450亩，其中村集体南圩土地面积930亩、可放养水面2716.5亩，主导产业为水产养殖业，盛产优质稻米、油料作物和鱼虾蟹等产品。近年来，兴永村在组织联建、聚零为整，做亮品牌、做强产业，以强带弱、抱团发展等方面做文章，统筹全村资源，形成村庄发展“握指成拳”的放大效应，2024年村级集体经济经营性收益约341万元，2004年被评为全国民主法治示范村。

## 二、主要做法

### （一）用好“党建引领”关键一招

兴永村党总支充分发挥党组织“融合剂”“协调剂”作用，围绕党建、联建、共建，探索用好“党建联盟”“结对互助”“党支部领办合作社”等形式，把党支部、站所、村企、合作社联合起来。积极探索合作社领办企业的新路径，寻求产业多元发展，抵御产业单一带来的风险，在强化组织凝聚上下足功夫、做足文章，充分发挥经济强村的辐射带动效应。2022年9月，兴永村股份经济合作社联合桃元村、普新村、边湖村、吴村港村4个村的股份经济合作社共同出资，挂牌成立当涂县兴永劳务服务有限责任公司，累计签订包括改造农户厕所、防汛抗旱工程、道路拓宽等小微工程合同139份，总金额约400万元，劳务用工1500人次。劳务公司不仅为本地农户提供了就业岗位，将“单打独斗”变为“合作共赢”，还带动了更多经济基础薄弱村共同富裕。通过“抱团”的组织形态，实现资源共享、出路共谋、项目共建，打破地域、资金、资源“壁垒”，带动更多党员和农民参与进来，共享集体经济发展红利。

秀美水乡

## （二）走好“资源盘活”关键一步

兴永村河网纵横，水面资源得天独厚，村“两委”集思广益，拿出了一系列资源增收措施。一是坚持统一管理。通过清产核资，清理出未纳入村集体管理的水面，登记造册，由村集体统一经营管理。二是坚持公开招标。将集体资源全部纳入县农村产权交易平台公开挂网招租，通过市场竞价，提高集体资源发包效益。三是坚持绿色发展。为保证养殖水面水质，村集体大力宣传推广螃蟹生态养殖模式，抓好黑臭水体治理和水系连通，保证资源可持续利用。2024年兴永村2716.5亩水面发包收入达412.75万元，亩均发包价格超1500余元。兴永村充分发掘利用水面资源优势，唱好生态养殖“重头戏”，发展特色养殖业，探索出一条乡村振兴生态高质量发展好经验。

生态养殖水面

螃蟹生态养殖

### （三）打好“市场结合”关键一仗

兴永村充分挖掘自身潜力，在盘活利用集体闲置资产上下足功夫，利用老村部旧址，通过“村集体租赁场地，村民承包经营”的方式，以农文旅融合为重点，在保留周边原始建筑风貌的前提下，对老村部进行了“微改造”，将其打造成包含餐厅、广场、住宿等简约朴素且极具田园风格特色的农家乐“龙华坊”，已正式开业运营，带动附近村民实现就业，增加村民收入，将闲置资源“变废为宝”，壮大了村集体经济。

美丽庭院

## 三、取得成效

一是筑牢了集体经济产业发展的基本盘。集体资产资源是集体经济发展的基本盘，塘南镇兴永村通过抓农村集体资产管理，建立健全农村集体产权交易制度，充分发挥农村产权交易平台的公开竞争机制，将集体资产资源效益最大化。公开公平的机制为河蟹养殖产业发展提供了良好的市场氛围，生态养殖模式的推广，使得集体资源得到保护性的开发使用，为河蟹特色产业持续高质量发展奠定了坚实的基础。

农家乐

二是创建了村村联合资源共享的联合体。当涂县兴永村劳务服务有限责任公司的成立，充分体现了党组织引领集体经济发展的组织作用，一方面，整合各村劳务市场资源，避免了村集体在劳务市场上同质化的无序竞争；另一方面，发挥强村带弱村的互助带动作用，改变单个村成立劳务公司体量小、资金少、市场竞争力弱的不利局面，以村村抱团组建联合体的方式增强自身实力，做大做强市场蛋糕。

三是铺就了集体发展与农民增收的共富路。在兴永村集体经济的发展项目上，各个项目中都有广大农民群众的参与，有的参与劳务服务，有的致力水产养殖，有的投身于电商等农村新业态，集体经济的发展与农民增收共同促进，相辅相成，推动共同富裕。

## 福建省三明市沙县区夏茂镇俞邦村

# 以党建引领谱写共同富裕“新乐章”

### | 案例特点说明 |

俞邦村被誉为“沙县小吃第一村”，2021年3月，习近平总书记亲临俞邦村考察调研，就沙县小吃富民产业和乡村振兴工作作出重要指示。近年来，俞邦村牢记总书记嘱托，以党建引领为抓手，做大做强文旅融合文章，“一盘棋”推动片区产业发展。党建引领机制新，“跨村联建”成立片区党委，真正实现以强带弱，共同发展；村财增收模式新，探索“党建+产业振兴”模式，成立片区农贸发展有限公司，加强与小吃文旅集团合作，盘活农村沉睡资产；乡村治理模式新，强化党组织领导的乡村“三治”，采取“村民夜谈会”“四+X”纠纷调解等措施，让村民“唱主角”。

俞邦村是革命老区村，历史文化底蕴深厚，被誉为“沙县小吃第一村”，是国家AAA级旅游景区。共辖4个自然村、7个村民小组，共309户1112人，党员32人。全村外出经营沙县小吃人数670人，占全村人口的60%。耕地面积813亩，林地面积2572亩。2024年村财收入93万元，村民人均纯收入3.4万元。先后获得全国乡村治理示范村、全国乡村旅游重点村、全国先进基层群众性自治组织、中国美丽休闲乡村、省级乡村振兴实绩突出村、省级财政奖补产业振兴示范村、全省首批美丽乡村建设标准化试点村等荣誉称号。2021年3月23日，习近平总书记亲临俞邦村考察调研，就沙县小吃富民产业和乡村振兴工作作出重要指示。近年来，俞邦村牢记总书记嘱托，以党建引领为抓手，积极推动文旅融合，奋力谱写乡村振兴新篇章。

## 一、创新基层党建机制，唱好促农增收“主题曲”

一是“跨村联建”聚合力。充分发挥“沙县小吃第一村”品牌优势，打破区域限制，探索建立“跨村联建”党建引领机制，即以俞邦村为联建主村，联合周边5个村党支部和2个非公企业党支部，成立片区党委，“一盘棋”推进区域协同发展，形成资源共享、优势互补、联动共赢的发展格局，打造乡村建设“红色引擎”。二是“优选结构”添动力。顺利完成村级组织换届工作，引进新生力量，优化年龄结构，选优配强村“两委”干部队伍，使之充满凝聚力和战斗力。成立俞邦村提升发展项目攻坚组，由镇党委书记亲自挂村，充实挂村第一书记、挂村工作队伍，推进乡村振兴工作有序开展。多次召开俞邦村发展专题会议，部署俞邦村乡村振兴示范村创建及调度协调工作，做到节点项目“点上开花”，村庄建设“面上结果”。三是“机制创新”增活力。俞邦村积极推进乡村振兴战略实施，建立了乡村振兴责任落实、组织推动、要素保障、监督考核等机制。同时，积极创新基层乡村振兴工作新机制，如基层党建工作三大机制（跨村联建、人才回引、居民夜谈会）、“五治”（政治、自治、法治、德治、智治）融合的社会治理新模式、“五重五抓”（重党建引领，抓跨村联建；重乡村规划，抓风貌管控；重禀赋挖掘，抓产业融合；重生态宜居，抓环境整治；重乡村治理，抓“三治”结合）乡村建设工作机制、“以德换得公益超市”机制等，推进基层治理多点发力、全面突破。

俞邦片区区域联建示意图和组织架构图

俞邦片区联村公司成立留影

## 二、创新村财增收模式，谱好产业融合“进行曲”

一是推动联建经济发展。以跨村联建为载体，探索“党建+产业振兴”新举措，“一盘棋”推动片区产业发展。由俞邦村入股20%，其他5个联建村各入股16%，成立俞邦片区农贸发展有限公司，以订单形式向片区内面干、冬酒、辣椒酱等工坊企业订制产品，统一打造成“俞邦”系列品牌产品进行售卖，收益按各村持股比例分红。同时，整合镇域内宏苑、天宝峰、七壶等3家茶企，成立夏茂镇红边茶产业联合体，实施“共享茶园”项目。2023年3月15日，在俞邦村成功举办“共享茶园”启动仪式，以2万元一亩的认购价格，24家单位共认领茶山28亩。此外，推动村级“造血”工程，由联建各村向上争取省级产业振兴示范村奖补资金，建设沙县小吃制作体验展示中心项目，促进小吃产业发展，实现村财增收。二是推动小吃文旅经济发展。加强与小吃文旅集团合作，注册“俞邦村”“寻味俞邦”商标，开发“小吃源乡，寻根追味”系列文创产品，打造休闲茶咖、乡村民宿、研学体验、露营烧烤等网红打卡点，旅游业态进一步丰富。2024年，全镇接待游客超20万人次，营收600余万元。强化“沙县小吃第一村”的核心竞争力，成立三明市沙县区寻根追味餐饮有限公司，由俞邦村集体、村民各投入15万元，村民按一股5000元出资，共同运营寻根追味小吃街。实施门店改造6间，引进米系列、牛系列、豆系列、甜品系列、煎炸系列等夏茂本地特色小吃，同时深化与沙家帮餐饮公司团队合作，开通“小吃书记”抖音账号，建设农特产采购小程序平台，依托短视频影响力，开展“乡村直播间”带货，拓宽农产品线上线下销售渠道。三是推动改革经济发展。盘活“房”资源，通过宣传动员引导，将村部、村民的闲置房产、店面租赁给第三方公司，由第三方公司统一经营管理，用于打造民宿、特产店、餐饮店等，完成了小吃团餐馆及俞邦村沿街标准化商铺建设23户，有效提升了俞邦小吃的就餐质量、卫生环境，丰富了旅游业态，实现村民村财双增收。盘活“林”资源，探索完善森林生态产品价值转化机制，创新林业碳票，俞邦村与沙县区两山生态资源运营管理有限公司合作实施林业碳票减排项目，核算俞邦村边界面积638亩，测算林业碳票减排量1693吨，发行沙县区首单碳票1.69万元。

俞邦村“寻根追味”小吃街

俞邦村特产店

## 三、创新乡村治理模式，弹好乡村振兴“协奏曲”

一是“自治”管理显成效。建立健全俞邦村道德评议委员会、调解委员会、红白理事会等群众自治组织，创新建立“村民夜谈会”机制，鼓励村民参与公共事务，不断完善村民自治体系和议事长效管理机制，形成村民共同参与、共同管理、共同提升的氛围。如俞邦村村口的龙凤桥，就是采用认捐的方式，由村民自主筹集90万元建造，村民群众“唱主角”实现共治共享。二是“德治”引领树新风。深入挖掘传统特色文化，编制小吃、生态、和谐、文化4张名片丛书，形成具有俞邦特色的群众文化品牌。依托新时代文明实践站，融合道德讲堂、耕读学堂、乐龄学堂、小吃民俗馆，做强阵地、丰富活动，打通思想文化宣传“最后一公里”，实现公共文化服务全覆盖。注重典型打造，积极评选“星级文明户”“道德模范”“好儿媳”“好邻居”“最美家庭”等，以文明乡风引领风尚。三是“法治”建设促和谐。建立俞邦村公共法律服务工作室，组建由村干部和纠纷信息员组成的法治宣传队和“法律明白人”队伍，整合法律服务、法律援助、法治宣传等资源，打通法律服务“最后一公里”。创新调解工作新机制，聘请法律顾问，以“四+X”模式配备调解员，依托综治工作站、治保会、调委会定期开展矛盾纠纷排查，确保身边事不出格、小事不出村、矛盾不上交。

俞邦村龙凤廊桥

## 山东省临沂市临沭县曹庄镇朱村

# 组织跨村联建片区<br>统筹推进老区人民共奔“好日子”

### | 案例特点说明 |

朱村始终牢记习近平总书记“让老区人民过上好日子”的殷切嘱托，以片区思维推进乡村建设，创新跨村联建机制，探索形成了“一村带九村”片区化发展的新路径。坚持组织联建，成立“好日子”片区党委，实行实体化运行。坚持人才联育，健全“头雁”选拔培养、“归雁”筑巢回引、“鸿雁”管家服务等融合培养机制。坚持资源联用，用片区化思维有效盘活资源资产和整合资金。坚持产业联兴，培育“菌、蛋、菜、果”四类特色产业，年产值3.4亿元，推动片区共富。坚持融合联动，聚焦乡村人居环境、基层善治、公共服务等民生领域，构建基层治理新路径。

朱村西倚岌山，东傍沭河，沂、沭两河在此交汇，面积4500余亩，现有969户2833人，是远近闻名的支前模范村，留下了“钢八连”抗击日军等红色故事。2013年11月25日，习近平总书记亲临朱村视察，作出了“让老区人民过上好日子”的重要指示。近年来，朱村始终牢记总书记殷切嘱托，抢抓山东省乡村振兴齐鲁样板示范区创建机遇，以片区思维推进乡村建设，创新跨村联建机制，“一村带九村”走出了一条多村联振共兴、多业态融合的新路径。2024年村集体收入300余万元，村民人均收入2.4万元。先后获得全国文明村、省级先进基层党组织、省级红色文化特色村等荣誉称号。

朱村鸟瞰图

## 一、坚持组织联建，提升班子能力

以朱村为龙头，带动周边9个村共建组织载体，促进村级组织能力有效提升、村级班子力量有效整合。一是创设实体。成立“好日子”片区党委，由镇班子成员、第一书记、村干部等组成，对上接受镇党委领导，积极争取上级资金政策；对下统筹协调片区内联村共建、村企共建等。二是健全机制。构建统筹、协调、督导一体化运行机制，实行党建、产业、治理3条专线落实，每条专线由1名专职委员牵头负责、协同作战。三是以强带弱。为“后进村”针对性优选“强村”结成“对子”，从人员配备、资金帮扶、教育培训、绩效考核等多渠道全面介入，推动其成功转型，目前片区各村党支部全部达到四星级以上。

## 二、坚持人才联育，壮大“四雁”队伍

以解决好“人”的问题为切入点，在“头雁”选拔培养、“归雁”筑巢回引、“鸿雁”管家服务等多方面，健全“四雁”融合培养机制。一是抓“头雁”

朱村抗日战斗纪念馆

引领。村级常态化开展“擂台比武”“头雁论坛”，优选10名“头雁”到重点项目挂职锻炼、以事练人，把“头雁”培育成乡村振兴的行家里手。二是带“四雁”齐飞。建立人才交流群、在外老乡会、春节茶话会等常态化沟通联系机制，建成600余人的人才信息库，实现人才信息“一张网”。设立创业激励基金，公开发布“招贤帖”，招引“归雁”回乡创业，吸引“归雁”人才50余名。三是促“雁阵”发展。坚持“经营村庄”理念，成立“村投公司”运营集体资产，流转土地200余亩，撬动社会资金投入2000余万元。创办知临家庭农场等新型农业经营主体50余家，发展特色种养、农产品加工、乡村旅游等特色产业12个。

## 三、坚持资源联用，促进统筹发展

用片区化思维集聚资金、政策、资源，让村村“独唱”走向连片“大合

朱村“好日子”广场

唱”。一是统筹规划。立足资源禀赋，编制红色朱村“一村带九村”整体规划。深挖村居文化、历史、产业等优势特色，明确红色朱村、“战斗堡垒村”西山前、“马陵之战”岭南头等发展方向，实现片区建设“一张图”，村居发展“一条线”。二是统筹资源。拉出资源“有什么”、发展“要什么”两张清单，将分散在各村的资源、资金、人才等要素整合起来，通过“片区大事共议”“头雁论坛”等活动，村居定期上报“发展需求清单”，片区党委统筹调配，精准投放。累计盘活土地1.1万亩、闲置房屋200余处，整合各项资金3000余万元。三是统筹力量。动员各方力量同题共答、集中突破。组织部门向片区选派第一书记，争取资金1500万元，实施帮扶项目18个；农业农村部门将片区村全部纳入“百千工程”连片整治，集中整合资金3000万元，实施人居环境整治项目29个；统战、文化、医疗等部门将资源下沉乡村，落实建设民生服务项目12个，常态化开展公共服务类活动50余次。

盘活闲置农房建设“来读书吧”

## 四、坚持产业联兴，推动片区共富

朱村坚持以产业融合为切入点，整体化推进产业共育、路径共富。一是以“先富带后富”为重点。通过“项目共建”“品牌联名”等多种方式，延伸产业链带动其他村共同发展。马庄村通过发展“小院经济”，成为央视《山水间的家》现场录制点，变成新的网红打卡点，不仅带动了群众增收，更与朱村联动扩大了片区影响力和知名度。二是以“强企带多村”为抓手。柳编是片区主导产业，发展了5家规模以上柳编企业，年产值可达2.5亿元，通过“村企联建”模式，欧拉、荣华等柳编龙头企业同周边村联建，企业把15个加工点设到村，带动1万余群众足不出户从事柳编加工，人均年增收达1.4万元，村均集体增收10万元。三是以“品牌带名片”为突破。将特色农产品统一纳入“好日子”品牌管理，形成独具特色的农产品优质名片，培育“菌、蛋、菜、果”四类特色产业，年产值3.4亿元。

朱村柳编产业园

## 五、坚持融合联动，提升治理效能

聚焦乡村人居环境、精神文明、基层善治、公共服务等群众最关心的民生领域，构建“红色文化引领、网格治理托底、党群同心奋斗”的基层治理新路径。一是红色文化引领。将朱村“钢八连”、马庄“爆破大王”、西山前保卫战等红色故事串联成线，编演“第一碗饺子敬英烈”等情景剧，形成“朱村-山前”红色研学线，以红色文化浸润人心。二是网格治理托底。创新“街巷长”制度、“豆选解纷工作法”“好日子幸福指数”善治平台等基层治理方法，实现“两委”点题、党员领题、群众参与。片区共设置街巷长650个，实现网格队伍全覆盖，“好日子幸福指数”平台共有1万余名群众参与，年可兑换积分价值50万元。三是公共服务暖心。通过“夜话好日子”等活动倾听民意，突出服务老人、妇女、儿童等不同群体，民政、卫健、供销等部门和社会机构将资源下沉乡村。如，“好日子乡福里”项目打造“99”“61”等数字幸福小院，为村内老年人、儿童、妇女提供优质的养老、助学、家门口就业等公共服务。

央视《山水间的家》节目在朱村录制

## 河南省洛阳市伊川县平等乡张奇庄村

# 一个传统农业村落的华丽蝶变

### | 案例特点说明 |

张奇庄村坚持党建引领，通过选准“头雁”、发展产业、乡村治理、村庄建设，实现“由乱到治”“由穷到富”“由粗到细”“由苦到甜”的华丽转变，呈现出乡村振兴凤凰涅槃的新活力。通过开展“三变”改革，成立瓜蒌种植农民专业合作社，实行“村集体经济股份合作社+种植合作社+农户+中药材种植服务中心”的发展模式，壮大村集体经济、促进群众增收。通过对烂尾厂房进行改造，建成集便民服务、金融帮办、休闲娱乐、研学文创、教育培训于一体的乡里中心，构建共建共治共享的乡村治理新格局。

张奇庄村位于河南省洛阳市伊川县平等乡西部，有1725人，耕地2250亩，是传统农业村。近年来，张奇庄村坚持党建引领，通过选准“头雁”、发展产业、乡村治理、村庄建设，实现“由乱到治”“由穷到富”“由粗到细”“由苦到甜”的华丽转变，先后荣获全国乡村治理示范村、洛阳市美丽乡村示范村、洛阳市先进基层党组织、洛阳市文明村等称号。

## 一、建强“两委”班子，实现“由乱到治”

2017年之前，张奇庄村“两委”班子不团结，村干部年龄老化，缺乏干事创业激情，各项工作停滞不前，信访矛盾突出，是全县出名的落后村。2017年，平等乡党委请回在外地创业有成的能人，重组村“两委”班子。新班子成立后，首先从群众反映最强烈、最急难愁盼的事情入手，敢于硬碰硬，将村集体长期被侵占的205亩土地全部收回，并通过公开竞拍重新发包，在群众中树立了威信。通过举办“一家亲”“饺子宴”等集体活动，化解多年积累的纠纷矛盾，党群干群关系得到明显改善，为产业发展、村庄建设奠定了扎实基础。

张奇庄村游园

## 二、发展乡村产业，群众“由穷到富”

2019年，张奇庄村抢抓机遇、先行先试，在洛阳市率先开展“三变改革”，在盘清集体家底基础上，成立伊川县首个集体股份经济合作社，发动群众以土地承包经营权入股，实施高标准农田建设，统一进行发包。邀请在外成功人士返乡创业，成立张奇庄村瓜蒌种植农民专业合作社，实行“村集体经济股份合作社+种植合作社+农户+中药材种植服务中心”的发展模式，大力发展中药材种植。通过免费提供技术，实行“包教包会包回收”的模式，以张奇庄村为核心辐射带动周边3个乡镇种植瓜蒌10000余亩，亩均收益7500元以上。实施耕地提质改造，新增耕地面积100亩，每亩地租增加100元，村集体收入每年增加近7万元。2021年，村集体与瓜蒌种植农民专业合作社共同投资

300余万元新建瓜蒌籽深加工厂，每公斤瓜蒌附加值提升34元，村集体年分红又增收8万余元。2024年持续推进土地流转，将剩余650亩集体土地实行烟薯轮作，每年实现烟税返还29万余元，进一步壮大集体经济。目前，村集体年收入稳定在62万元以上。

张奇庄村三变改革五大合作揭牌仪式

土地流转后，劳动力就从土地上解放出来，张奇庄村顺势成立劳务合作社，组织200余名农村闲散劳动力就近务零工，日均收入50 ~ 80元。发挥传统顶管技术设备优势，张奇庄村统一组织150余名村民进行技能培训、持证上岗，集体承揽工程，人均年收入10万元以上。推进瓜蒌研学基地建设，不断延伸农业产业链条，加快一二三产业融合发展，激发发展新活力。

张奇庄村瓜蒌种植基地

## 三、深化乡村治理，服务“由粗到细”

“百户一网、一网一长、十户一员”。2022年以来，张奇庄村探索实施“一网双联多元”乡村治理新模式，依据自然街巷、人口居住分布情况，把全村划分为4个党建网格，绘制网格图谱，由村“两委”干部担任网格长，联系边缘户、脱贫户、困难户等；党员（预备党员、积极分子）、热心志愿者、大户、“五老”人员等参与联户担任网格员，网格员统一培训后上岗，每人联系10户群众，当好政策宣传员、民情信息员、矛盾调解员、红色代办员、文明倡导员、民主监督员“六大员”，开展“敲门行动”，形成村“三自”组织、“五会”组织等多方参与、共建共治。每月与分包联系户沟通联系，对群众反映强烈的热点、难点问题进行登记“挂号”，并将解决情况及时反馈。每月党小组会上，网格员把矛盾、问题、建议等上会“一事一议”，列出治理清单。村党支部会上，对党员联户“一事一议”清单会商研判，支部能解决的现场解决；需协调村自治组织解决的，将问题派单反馈至村“三自”组织、“五会”组织办理；支部不能解决的，纳入问题台账，上报上级党委协调解决，让群众反映的问题“件件有着落、事事有回应”。

九九重阳节孝亲饺子宴活动

## 四、建设和美村庄，日子“由苦变甜”

班子凝聚了、产业做强了、治理提升了，但原党群服务中心不足200平方米，成为困扰张奇庄村“两委”的一大难题。2023年，村“两委”坚持民生服务和产业发展融合共进的理念，围绕群众需要什么、怎样建好用好、达到什么样效果进行深入论证，发放问卷230余份、走访党员群众100余户，广泛听取党员群众意见。通过村集体资金投入、在外成功人士捐赠、争取上级扶持资金、动员群众筹劳等途径，对村内一处烂尾厂房进行扩建改造，配套建设医养综合体，打造功能齐全的乡里中心。同步推动村庄道路整修、绿化亮化，完成污水管网建设与旱厕改造，实施街道立面提升。引入运营理念，在党群服务中心二楼、医养综合体和村内空闲地打造水系景观、游园广场、露营基地、民宿、农家特色饭店等业态，并进行运营。

如今的张奇庄村，各项建设和发展日新月异，既满足群众需求，提升群众的获得感、幸福感，又增强群众建设美好乡村的信心，一幅乡村振兴的美丽画卷正在徐徐展开。

张奇庄村乡里中心

## 湖南省湘西土家族苗族自治州花垣县双龙镇十八洞村

# 牢记嘱托　乘势而上<br>走好新时代乡村振兴之路

**| 案例特点说明 |**

十八洞村始终牢记习近平总书记殷切嘱托，切实扛牢“精准扶贫”首倡地政治责任，充分调动村民积极性、主动性和创造性，放大自然生态和产业优势拓宽增收致富渠道，传承民族传统文化激发内生动力，加强品牌共建共享示范引领片区协调发展，系统推动乡村产业振兴、人才振兴、文化振兴、生态振兴和组织振兴，奋力打造十八洞新时代红色地标，以“十八洞之窗”充分展示“湖南之为”“中国之治”，用生动实践讲好十八洞脱贫发展故事。

## 一、基本情况

十八洞村位于湖南省湘西土家族苗族自治州花垣县，紧临湘西边城机场、吉茶高速、209和319国道，距花垣县城34公里、州府吉首市38公里、矮寨大桥8公里。全村共有梨子、竹子、飞虫、当戎4个自然寨、6个村民小组，共249户990人，总面积9.44平方公里，林地面积7.4平方千米，平均海拔700米，属高山熔岩地区，境内沟壑纵横、常年雾气缭绕、雨水充盈，因村内拥有丰富的溶洞群而得名十八洞村。2013年11月3日，习近平总书记亲临十八洞村考察，首次提出“精准扶贫”。十八洞村始终牢记习近平总书记殷切嘱托，结合当地实际，推进巩固拓展脱贫攻坚成果同乡村振兴有效衔接，实现由贫困村到乡村振兴示范村的华丽蜕变。

## 二、主要做法

### （一）全面激发农民群众内生动力，由“输血”向“造血”转变

十八洞村在科学用好政府扶持和社会支持的基础上，提升技能拓展致富“门路”、发展教育集聚人才“后劲”、开发红色旅游壮大村集体经济“实力”，努力实现从依靠政策“输血式”民生兜底向自主聚力“造血式”产业致富转变。一是提升村民技能。实施“一人一技”培养计划，鼓励引导村民学习蜜蜂养殖、苗绣加工、焊工等特色种养及务工技能，235名村民凭借技能提升实现收入增长。村民龙先兰原在外务工，回乡学习养蜂技术，迅速将养殖规模扩大至300多箱，年收入50多万元，并带领18户脱贫户组建合作社。二是加强人才培养。推进“一户一大”农民大学生培养计划，提升农村退役军人、村干

十八洞村苗绣

部、致富带头人和普通村民的文化水平，10年来共培养研究生2名、大学生46名、农民大学生18名，12名返乡大学生创办电商工作室。三是发展特色产业。大力发展乡村旅游、苗绣、山泉水开发、特色种植、劳务等5大产业，先后成立十八洞旅游公司、苗绣合作社、蜂蜜合作社、山泉水厂，有效增强村集体经济产业“造血”能力。全村共有民宿、农家乐13家，398人实现在家门口就业。2024年，十八洞村共接待游客88.7万人次，实现旅游收入2198.8万元。

## （二）不断筑牢共同富裕思想基础，既“富口袋”也“富脑袋”

坚持以习近平总书记的殷切嘱托、脱贫攻坚精神和社会主义先进文化鼓舞村民，既着力让村民口袋“鼓”起来，更注重让村民脑袋“富”起来。一是注重思想道德建设。优化“村民思想道德星级化管理”模式，常态化对村民文明素养、道德水平采取量化管理，每月组织开展“大评小奖”，设立积分超市兑现奖励。10年来村民支持公益事业自愿让出和调换承包土地136亩、义务投工5300多人次。二是注重家风民风培塑。制定《十八洞村村规民约四字经》，探索成立村红白理事会、村民议事会、道德评议会等群众性组织，构建村民自治新机制，形成新时代乡村文明新风尚。

## （三）着力发挥示范引领作用，带动周围优质均衡发展

自觉履行“首倡之地应有首倡之为”的使命担当，充分发挥以点带面示范引领作用，推动共同富裕。一是统筹一村四寨均衡发展。以梨子寨为核心景区大力发展旅游产业，在当戎寨修建年均可接待党员干部培训5万人次和青少年研学20万人次的十八洞培训中心，在飞虫寨建设村文化活动广场、综合日间照料中心，在竹子寨开发蜡染、酿酒、农耕文化等项目，推动全村旅游综合承载能力拓展。二是引领周边村寨抱团发展。带动周边相邻7个村抱团发展特色产业，已联营发展茶叶1000余亩、油茶1110亩、美人椒400亩、烟叶320亩。发挥十八洞村“旅游+”“电商带货”辐射作用，带动周边300余名村民参与旅游服务、200余名群众发展特色种养产业，十八洞蜂蜜合作社带动周边118户村民通过养蜂增收致富。三是带动全县群众携手发展。成立全国第一家

县级乡村发展基金会——十八洞乡村发展基金会，累计募集资金6611.85万元，帮助全县180余个村开展务工技能培训、基础设施建设等工作，受益人群达3万余人次，直接带动1.2万人增收。成立十八洞发展集团公司，在长沙建立飞地产业园，“十八洞村”区域公共品牌保护案例入选知识产权强国建设典型案例，全县村集体经济经营性收入达5210万元，所有村均超过10万元。

十八洞村梨子寨

## （四）多措并举齐发力，打造新时代红色地标

坚持以小村之变展示大国之治。一是打造研学基地。依托全国爱国主义教育示范基地、中国减贫交流基地、全国青少年研学基地等平台，精心打造旅游研学精品线路，开发“精准扶贫精准脱贫的十八洞样板”“精准扶贫从这里出发”等党性教育“菜单式”课程，展示十八洞“山乡巨变”。二是探索共建路子。与新疆吐鲁番西门村携手结成“姊妹村”，共同探索创建民族团结和乡村振兴示范村；2022年11月3日，邀请习近平总书记考察过的24个村的村党支部书记、驻村第一书记齐聚十八洞村，共同发布《乡村振兴十八洞倡议》。三是传播时代强音。发挥十八洞村展示中国脱贫攻坚伟大成就“标志性窗口”

作用，先后迎接老挝人民革命党中央总书记、西班牙共产党主席等各国党政领导、驻华使节考察学习68批次、860余人次。开设“中国·十八洞”中英文网站，向世界讲述中国脱贫攻坚和乡村振兴的精彩故事。2023年11月3日，成功举办首届十八洞减贫与发展论坛，30多个国家大使、200余名中外嘉宾走进十八洞村，实地感受“精准扶贫”首倡地的辉煌巨变，全球近6.7亿人次关注活动盛况。“精准扶贫”从十八洞村走向全国、走向世界，被写入中国共产党史和联合国大会决议。

2023年11月3日，“十八洞”减贫与发展论坛开幕

## 三、取得成效

经过11年发展，十八洞村集体经济收入达622万元，人均年收入从1668元增长至28223元，延续了千年苗寨的发展奇迹。入选全国“建党百年红色旅游百条精品线路”“长江乡村振兴之旅线路”“长江国际黄金旅游带精品线路路书”，获评国家AAAAA级旅游景区；和美乡村面貌焕然一新，把“绿水青山就是金山银山”转化为生动实践，被评为中国美丽休闲乡村、全国少数民族特色村寨、全国“绿水青山就是金山银山”实践创新基地，入选“和美乡村百

佳范例”宣传推介名单；群众内生动力有效激发，乡风美、民心聚，村民听党话、感党恩、跟党走，基层治理体系和治理能力现代化水平持续提高，获评“全国民主法治示范村”；新时代红色地标名片越擦越亮，以“十八洞之窗”展示“湖南之为”“中国之治”，获评全国脱贫攻坚楷模、全国先进基层党组织、全国文明村、全国乡村治理示范村、全国民族团结进步示范单位、全国爱国主义教育示范基地、全国青少年教育基地、全国巩固脱贫攻坚成果村级实践交流基地。

## 广东省佛山市禅城区南庄镇紫南村

# 凝心聚力实施“3568工程”打造基层党建“紫南样本”

**| 案例特点说明 |**

紫南村以党建“3568工程”为总抓手，即“三个确保”夯实农村基层党组织地位，推进从严管党治党向基层党组织末梢延伸；“五大先锋队”发挥党员模范带头作用，带动一批党员群众和志愿者积极投身到家乡建设中；“六个联合”构建共建共治共享联动格局，加强村党委和辖区企业党组织的多点沟通；“八个率先”巩固创新党建工作发展成果，有力将党建优势、先发优势转化为高质量发展新优势，着力打造基层党建的“紫南样本”。

紫南村位于广东省佛山市禅城区南庄镇，总面积为5.88平方千米，下辖15个自然村、20个村民小组，户籍人口6800多人，党员188人，外来暂住人员7200多人。曾经的紫南村在集体分红、房屋出租、宅基地管理、环境卫生等方面历史矛盾和利益纷争突出，是远近闻名的“问题村”。近年来，紫南村在上级党组织正确领导和精心指导下，以党建“3568工程”为总抓手，将党建优势、先发优势转化为高质量发展新优势，着力打造基层党建的“紫南样本”。

## 一、“三个确保”夯实农村基层党组织地位

紫南村始终坚持以党建工作为引领，不断创新、不断实践，推进从严管

党治党向基层党组织末梢延伸。一是确保村党委对各项工作的领导地位不能动摇。持续强化村党委的领导核心作用，构建“党委管战略抓大事，村委管战术抓执行”工作格局，组织力量重新编撰《紫南村党建工作制度汇编》《紫南村自治管理制度汇编》，实现“村党组织提事、党员大会议事、村民代表大会决事、村委会执事”的规范管理。全村先后有4项重大决议案以村民大会形式顺利表决通过，同意率逐年增长。同时，突出政治引领，建强培优村“两委”班子，严格执行“四个服从”，不断提高村“两委”班子政治领悟力、判断力、执行力。二是确保党员管理工作不留任何空白地带。抓好党员先知、先议、先做“三先”机制，对全体党员实施从“量化积分考核”到“评星定级管理”的递增式管理，把全面从严治党落实到每一个党员身上。依托省委、市委党校现场教学点资源，通过“移动的课堂”，不断丰富学习载体，确保全村党员不漏学、不缺课、不掉队。三是确保村组两级党组织不能软弱涣散。把21个党支部打造成21个坚强战斗堡垒，积极组织开展“七个一”活动，把42场次的党课开在祠堂里、大榕树下，撰写学习心得120多篇，“仁善紫南”微信公

紫南村从“问题村”转变为基层党建“紫南样本”

众号选登优秀作品20多篇，通过“充电获能”效应进一步激发基层党支部的“群雁活力”。全村共8个村民小组党支部获得“禅城区五好村民小组党支部”称号。

## 二、“五大先锋队”发挥党员模范带头作用

紫南村充分发挥党员的先锋模范作用，搭建“五大先锋队”，带动一批党员群众和志愿者积极投身到家乡建设中。一是搭建“应急支援保障队”。以党员退役军人为主体，依托“紫南退役军人服务站”平台，架起村党委与退役军人之间沟通的桥梁，尝试武备兵事，随时听从组织召唤。2023年圆满完成基干民兵整组任务。二是搭建“生态文明建设队”。积极组织各村小组开展人居环境整治工作，累计建成农村“四小园”小生态板块100个，实现以园建绿；建设20千米林廊绿道，实现以路引绿；建设2000多个生态式停车位，实现见缝插绿。三是搭建“紫南故事宣讲队”。以紫南文化旅游区导游队伍中的党员为主力，为园区群众提供志愿服务，讲解紫南乡村振兴经验、紫南乡村治理智慧，当好党的路线、方针和政策的宣讲员。近3年来共接待游客450多万人次，实现旅游营收800多万元。四是搭建“便民利民服务队”。为全辖区和周边村居、工业园区、企业集聚区，提供400多项政务业务的“全预约制”“点单式”服务，实现了让数据多跑路、群众少跑腿、政务服务零跑动，为全村乃至全镇创造了更加优化的营商环境。五是搭建“民意民情沟通队”。加强民情舆情监督管理，广开言路汇聚民意，对群众提出的各种问题进行沟通解释，及时发现、分析和研判网民关注的热点和焦点问题，配合和协助村党委化解纠纷矛盾，维护农村基层政治安全和政治稳定。

## 三、“六个联合”构建共建共治共享联动格局

多年来，紫南村党委建立党建工作联合、规划发展联合、公共事务管理联合、宣传营销联合、重大活动策划联合、环境整治联合六大工作机制，加强村党委和辖区企业党组织的多点沟通，党建工作由村党委一家唱“独角戏”转

变为村企党组织共同参与的“大合唱”，区域经济社会发展由“单兵作战”转变为“协同发展”，形成了党组织统一领导、多方参与的区域化党建工作新格局。2023年，紫南村成功创建国家AAAA级旅游景区，发展民宿经济、乡村休闲经济、美丽经济，拓展“旅游+”多元业态，引入农村职业经理人有效盘活乡村闲置资源，不断形成文旅产业集群，紫南村“乡村CEO”助力农村集体经济发展先后入选广东省20个发展新型农村集体经济典型案例、佛山市首届十大改革创新典型案例。

紫南村航拍图，景色美如画

## 四、“八个率先”巩固创新党建工作发展成果

紫南村以“走前列当表率”的奋斗进取精神，在农村党建工作中不断探索、积极创新。一是率先公开招聘选拔和培养后备干部。着眼长远发展，创新用人机制，选拔和培育优秀人才进队伍、进班子，换届后的班子平均年龄40.6岁，有4位本科生和1位硕士研究生，年龄和学历结构不断优化。二是率先建立村级党委理论学习中心组。定期举办集中学习研讨，村书记带头作中心发言，党建工作指导员作专题讲座，党员干部制定个人学习计划，树起“小乡村也能抓好大学习”的党建工作典范。三是率先引进非户籍党委委员和党建

工作指导员参与乡村治理。制定《紫南村党建工作指导员选聘实施办法》，通过增补选举、换届选举的方式，先后选举产生3名非户籍党委委员进入村党委班子，代表7000多名外来人口参与乡村管理，让乡村社会更加和谐。四是率先把党支部建立在村民小组上。通过科学调整党支部设置，选齐配强村民小组党支部书记，实施党支部书记和村民小组长交叉任职、党支部书记讲党课等，把党组织的影响力和战斗力延伸至基层“最后一公里”。五是率先对党员实行“量化积分考核”。通过前期的积分考核升级为“党员评星定级管理”，对党员实现全覆盖管理。年内组织送慰问上门、送学上门、送政策上门、送服务上门等25次服务。六是率先建立村级直联工作队。大力推行村干部包村（小组）制度，把服务村民、听取民意，下沉到每家每户。2023年，成功调解6起民事纠纷，调解率和成功率达100%，被禅城区列为“无诈社区建设示范点”。七是率先建立村级新时代文明实践站。整合全村理论宣传教育阵地和公共文化服务平台资源，制定《紫南村新时代文明实践站暂行规则》，通过“仁善紫南”微信公众号推送公益电影播放、创意手工DIY等活动信息，推动文明实践阵

紫南村石井自然村俯瞰图，村庄干净整洁

地由“有形覆盖”到“有效覆盖”。八是率先设立村级纪委深化廉洁村居建设。不断深化廉洁村居建设，成立紫南村纪委，监督村“两委”用好“小微权力”，有效净化乡村政治生态环境；充分利用广府家训馆、佛山好人馆、紫南村史馆等文化阵地，引导村民学习好家训、建设好家风。

## 海南省海口市秀英区石山镇施茶村

# 党建引领融合发展　凝心聚力“点石成金”

### | 案例特点说明 |

2018年4月13日，习近平总书记到施茶村考察调研，提出“乡村振兴要靠产业，产业发展要有特色，要走出一条人无我有、科学发展、符合自身实际的道路”。施茶村全体村民时刻牢记习近平总书记殷殷嘱托，坚持党建引领，通过建强一线“指挥部”、激发党员“源动力”、汇聚发展“新动能”，让基层党组织成为乡村振兴中流砥柱；通过发展火山石斛产业、乡村旅游产业、村集体培训产业，推动“农文旅”多元化融合发展；通过“三级联调”化纠纷、“积分管理”倡文明、“山歌民谣”促和谐、“家风家训”涵养好乡风，推动和美乡村成色更足。

施茶村时刻牢记习近平总书记实地考察时的殷殷嘱托，成立海口市首个村级党委，不断强化党建引领，擦亮石斛特色产业品牌，推动一二三产融合发展，村民人均年收入从2017年的1.4万元提高到2024年的3.6万元。施茶村成功蜕变为组织强、产业旺、乡风好的和美乡村，村民获得感、幸福感大幅提升。

## 一、基本情况

施茶村位于海南省海口市北部，紧邻火山口公园，土地总面积2.2万亩，下辖8个自然村。全村856户3635人，党员103名，2024年人均年收入达3.6万元。先后获得全国先进基层党组织、全国文明村镇、国家森林乡村、中国幸福村、全国乡村治理示范村、中国美丽休闲乡村、全国乡村旅游重点村、全国“平安家庭”创建活动先进示范单位等荣誉称号。

## 二、主要做法

### （一）夯实堡垒，激发活力，让基层党组织成为乡村振兴中流砥柱

坚持以提升组织力为重点，不断夯实党组织战斗堡垒作用。一是建强一线“指挥部”。成立海口市首个村级党委，选准选优“领头雁”，注重从返乡创业能手、知识青年、致富能人中推选村“两委”班子。10名村“两委”干部中致富带头人7名，大专以上学历占70%，班子中既有经验丰富的“熟人”，又有产业发展的“能人”，还有知识丰富、朝气蓬勃的“新人”，为全村产业发展、乡村振兴注入强大活力。二是激发党员“源动力”。创新建立党员联户“1+5+N”制度，由1名先锋党员联系5名无职党员，包点结对若干名群众，让党员成为群众的“家里人”，做到方针政策必宣、发展生产必带、生活困难必帮，通过“家长里短”拉近党群关系，切实把“村里事”变成“家里事”，让群众有事跟着党员商量、跟着党员干，形成支部引领、党员带动、群众参与

施茶村成立海口市首个村级党委

的工作格局。三是汇聚发展“新动能”。施茶村党委牵头海南火山口党支部等8个党组织成立“集结号·新合力”乡村振兴党建联盟，通过联席会议解决发展问题52件，吸引116名“新农人”返乡创办经营农家乐、民宿，整合资金1100万元投入石斛产业，保障施茶“爱心超市”、片区亮化提升等工程项目顺利实施，为乡村发展提供强大动能。

## （二）党建引领，产业支撑，推动“农文旅”多元化融合发展

习近平总书记到施茶村考察调研时，明确提出“乡村振兴要靠产业，产业发展要有特色，要走出一条人无我有、科学发展、符合自身实际的道路”。施茶村时刻牢记总书记嘱托，把发展特色产业作为重中之重，根据地处火山熔岩地区的特点因地制宜发展产业。一是化“劣势”为“优势”，大力发展石斛产业。村党委结合石多土少的村情，考察引进石斛种植，村“两委”成员和党员带头把自家土地拼出一块200多亩的火山石斛种植基地。采取“党支部+合作社+农户”模式，吸引了41户村民以土地入股，大力发展火山石斛产业。引入高新技术企业推动石斛加工转化增值，成功申请“海口火山石斛”地理标志商标，火山石上种植石斛苗技术获得国家专利，形成了组培、育苗、种植、

施茶村致富带头人指导村民科学种植石斛

深加工、销售、科研的全产业链，产值近1.6亿元，年销售收入达4600万元。二是化“被动”为“主动”，提升乡村旅游产业。村党委坚持走多元化发展模式，依托火山口世界地质公园，把田园变公园、农房变客房、劳作变体验，大力开发火山石斛园周边游、火山古村落骑行采摘游等线路，8个自然村发展乡村休闲旅游，整合村民闲置农房打造8家精品民宿和12家特色餐饮店，有效吸引游客前来观光旅游。2024年累计接待游客57万人次，实现营收4780万元。三是化“难点”为“亮点”，打造村集体培训产业。针对集体经济收入少、来源单一的难点，村党委成立了海口施茶人才培训学校有限公司，依托村级党群活动中心和火山石斛园等7个现场教学点，聘请省、市专家授课，累计承接和保障各类培训班610场5.3万人次，近3年实现营业收入260余万元，带动村民创收300余万元，成为乡村振兴现场教学示范点。

游客在施茶村美社自然村游玩

## （三）党员带头，治理有效，推动和美乡村建设成色更足

村党委充分发挥党员先锋作用，抓治理树新风，让群众获得感、幸福感更强。一是“三级联调”化纠纷。构建“人民调解+司法调解+能人服务”矛

盾纠纷化解机制，成功调解村民矛盾纠纷19宗，形成共建共治共享的乡村治理格局。二是“积分管理”倡文明。全面推广乡村治理“积分制”，全村856户全覆盖注册积分小程序，建立“积分超市”落实激励约束机制，用“小积分”兑出“大文明”。三是“山歌民谣”促和谐。创作《调解山歌》《劝和歌》等17首法治民谣，通过广泛传唱，增强群众尊法守法用法意识，唱出乡村和谐好乐章。四是“家风家训”涵养好乡风。收集整理106条家风家训，打造中国村庄家风家训施茶馆，开展“星级文明户”“五好文明家庭”评选活动，大力营造家风好、民风淳、乡风正的良好氛围。

施茶村美富自然村家风家训馆

## 三、工作成效

### （一）党员队伍坚强有力

在施茶村党委带领下，党员队伍团结有力，成为全村发展的主心骨、生力军，倡导党员“亮身份、亮作为、亮承诺”举措，累计帮助村民解决急、难、愁、盼各类问题30余件，党群关系更加融洽。

## （二）支柱产业更具优势

施茶村从200亩的石斛产业逐步打造成了千亩生态有机火山石斛园、热带石斛现代农业产业园，成功申报“海口火山石斛”地理标志，火山石上种植石斛苗技术获得国家专利，形成了组培、育苗、种植、深加工、销售、科研的全产业链，石斛系列产品达到24种，授权专利达21件，施茶村石斛产业在全省石斛产业中占比达到45%，市场竞争力大幅提升，形成“海口石斛看石山，石山石斛看施茶”的优势局面。

## （三）多元发展初见成效

依托火山特色的建筑、民俗民风，施茶村结合村庄特色打造特色产业，民宿产业、乡村旅游业、村集体产业不断发展壮大，先后打造了火山主题民宿、家风家训文化体验点等业态，开发运营8家民宿和12家特色餐饮店。

## （四）乡风文明蔚然成风

充分发挥党组织在乡村治理中的领导核心作用，构建“党建+人民调解”的治理新模式，调解矛盾纠纷成功率100%，实现“小事不出村，大事不出镇，矛盾不上交”，文明和谐蔚然成风。村里连续几年无上访人员、无新增吸毒人员、无刑事案件，成为远近闻名的宜居宜业和美乡村。

## 西藏自治区拉萨市堆龙德庆区马镇措麦村

# 强化基层组织建设　提升乡村治理水平

### | 案例特点说明 |

措麦村根据自身实际，以党组织建设统领全村各项工作。通过创建“麦色先锋”党建品牌进一步提升基层组织组织力；通过牦牛养殖繁育基地、残疾人家具厂等资源，打造旅游精品工程等方式壮大村集体经济，提高农牧民收入；通过人居环境整治、实施“四化”工程、厕所革命、人畜分离等方式，美化人居环境，建设生态宜居乡村；通过禁烟禁酒、小书架进农户、积分制等方式破除陈规陋习，树立文明新风；通过“我们的一周”、村规民约等方式，推动平安乡村建设。

## 一、基本情况

“措麦”为藏语音译，意为“碧湖下的村庄”，因措麦沟丹麦拉措湖而得名。措麦村位于西藏自治区拉萨市堆龙德庆区西南方向，下辖6个村民小组，户籍人口289户1032人。措麦村先后获评全国乡村治理示范村、西藏自治区非物质文化遗产特色村、西藏自治区生态文明建设示范村（居）等荣誉称号。

措麦村全景图

## 二、主要做法

### （一）组织建设，筑牢乡村发展硬堡垒

一是强化党组织建设，提升治理效能。定期开展“三会一课”及党员政治教育，完善“组长村管、组财村管、组务村管”工作制度，提升党组织履职能力与组织力。建立健全“四议两公开”民主评议党员等制度，推动工作规范化，提升治理效能。二是建设“麦色先锋”党建品牌。按照“一支部一品牌”工作要求，创建了“麦色先锋”党建品牌，通过建立党员讲解员、志愿服务队、美丽发现者三支队伍，宣传推广和发掘措麦村好人好事、好景好物，同时力所能及帮助群众办实事、办好事。三是打通服务群众“最后一公里”。开展党员定岗定责，严格落实“党员三包”工作，持续深化村“一站式”政务服务和代办代跑服务体系建设，大力推行“只进一扇门”“最多跑一次”。

### （二）产业兴旺，激活乡村振兴新动能

通过发展实体经济和飞地经济，措麦村2024年实现村集体经济收入104万余元，为全村村民分红34.68万元，产业发展和群众增收势头持续向好。一

是传统农牧展新姿，生态田园绘新卷。着力培育高原特色农产品品牌，发展土地流转、代耕代种等农业经营模式，推动青稞、油菜等农作物提质提量，重点发展牦牛、蜜蜂养殖、粮油、酸奶加工等实体经济。二是匠心独运传千古，手工产业谱新篇。通过成立女子缝纫队、开办残疾人家具厂，措麦村传承民族文化瑰宝，开辟残疾人、妇女等弱势群体就业之路。三是旅游资源深开发，文旅融合绘新景。依托丹麦拉措湖、措麦寺、措麦藏戏等旅游资源，以贝壳驿站、家庭民宿等旅游产业为抓手，打造以民俗体验和野趣徒步为主的精品旅游路线。

群众宣传文化活动现场

## （三）生态宜居，打造乡村振兴新风景

一是人居环境长改善。作为2019年人居环境整治、2021年“美丽乡村·幸福家园”建设首批试点村，措麦村先后实施“四化”工程、管网铺设、庭院经济、拆旧建新、“六改一整”等项目，村容村貌焕然一新。二是农村厕所大改造。持续推进农村厕所革命，修建农村公共厕所4处、建设和改造户用厕所202座、建设污水处理设施5处。三是人畜分离洁乡村。广泛宣传人畜分离政

策，以“彩色”探头作为人畜分离入户摸排先锋队，完成人畜分离131户，户内人畜分离成效初显。四是环境问题大治理。结合城乡环境综合大整治行动，成立爱国卫生农牧民志愿服务队，每周四在全村范围内开展“绿色春风行动”，进行河道环境、白色垃圾等整治。

## （四）乡风文明，绘就乡村振兴新画卷

一是禁烟禁酒禁赌博，健康措麦树形象。持续巩固“三无”村建设成果，广泛开展“无烟无酒无赌博措麦”创建活动，提倡群众讲究卫生远离烟酒赌博，养成良好生活习惯，树立健康文明形象。二是小书架进农户，书香措麦成氛围。在现有农家书屋的基础上，以双联户为单位，设立流动书屋18个，同时由残疾人家具厂制作289个书架，发放到每一户家庭，在全村范围内形成善读书、读好书的良好文化氛围。三是积分超市促治理，“兑”出文明新风尚。积极推动积分制落实落地，推行积分制管理办法，在垃圾分类兑换中心基础上升级改造成积分制兑换超市，并正式投入使用。

措麦村村貌

## （五）治理有效，谱写乡村振兴新篇章

一是健全矛盾调解长效机制。完善基层治理体系，发挥村综治中心功能，实现矛盾全调解，压实群防群治责任，常态化开展法治宣传、隐患排查和治安巡逻。二是构建“一周幸福圈”，共建共治享成果。聚焦“三大目标”，率先开展卫生保洁和管理维护，实行“群众认领”责任片区包保制的“我们的一周”行动，为城乡环境综合大整治效能提升打下了坚实的基础。三是村规民约入人心，基层治理显成效。坚持“小村规撬动大治理”的思路，结合措麦村实际和“善治十条”内容，以十二颗“心”为标准，不断健全完善村规民约，充分发挥村规民约在群众自我管理、服务、教育、监督、治理中的规范约束作用。

## 新疆维吾尔自治区喀什地区塔什库尔干塔吉克自治县瓦尔希迭村

# 深入开展“五强、五提升”行动<br>全面提升党建引领乡村振兴水平

### | 案例特点说明 |

瓦尔希迭村党支部坚持把党建引领作为乡村振兴的“红色引擎”，以加强基层组织体系建设为重点，着眼解决带头人能力不强、治理体制机制不顺、带领致富效果不明显等问题，落实“选、育、带、用、管”培养机制，以创建“五个好”党支部为抓手，打造“四个合格”党员队伍，建立“四情”支部工作法，贯彻“三个中心”运行机制，不断提升党建引领基层治理工作水平，在全面推动乡村振兴工作中取得了新的成效。

瓦尔希迭村党支部坚持把党建引领作为乡村振兴的“红色引擎”，以加强基层组织体系建设为重点，着眼解决带头人能力不强、治理体制机制不顺、带领致富效果不明显等问题，不断提升党建引领基层治理工作水平，在全面推动乡村振兴等方面取得了新的成果。

## 一、优化班子强带头人，提升领导力

一是结合村“两委”换届，坚持突出政治标准、注重综合素质，优选政治素质高、道德品行好、基层工作经验丰富的乡领导兼任村党支部书记，并充分发挥了“头雁”引领作用，在基层组织建设、乡村振兴、基层治理、发展

壮大村集体经济等方面主动担当、积极作为。二是村党总支紧紧围绕建强村党组织目标，以创建“五个好”标准化规范化党支部、打造“四个合格”党员队伍为抓手，持续完善乡村治理体制机制，不断夯实党建引领基层治理的工作基础。三是健全以村党总支统筹指导，村党总支部领导带动下，村民委员会、村务监督委员会和集体经济组织为基础，村民代表会、红白理事会、人民调解委员会为纽带，党群服务中心、村妇联、村团支部等其他组织为补充的协同共治组织体系，促进了村“两委”与村民的有效沟通和良性互动。四是落实村党支部抓基层党建和乡村治理的主体责任和班子成员“一岗双责”，建立支部成员“工作清单”，压实班子成员包片区工作责任，及时发现、研究、解决党组织建设、乡村治理和群众困难诉求等问题。五是强化村党总支的领导作用。以提升组织力为重点，认真落实每月“三会一课”、“党旗映天山”主题党日、民主评议等活动，有效提升村干部的组织力、领导力，扎实推进村党支部标准化建设。

瓦尔希迭村党支部召开支部会议

## 二、系统培养强队伍，提升执行力

一是按照“好中选优、优中配强”原则，落实“选、育、带、用、管”培养机制，重点从优秀党员、致富带头人、返乡大中专学生、优秀护边员等队伍中培养村级后备力量，先后培养后备力量20名。二是优化村“两委”班子成员结构，通过精准使用、优中选优，提振后备干部动力，提拔使用2名具有开拓创新精神、组织协调能力强、工作业绩突出的后备干部进入村“两委”，有效地优化了干部队伍结构。9名村“两委”班子平均年龄不到30岁，其中女干部3名，大中专学历干部6名，做到了干部结构年轻化、知识结构合理化。三是严格按照“四个合格”党员标准抓好党员队伍建设，组织党员经常性开展各项活动，以“等、靠、熬”自查活动为契机，找问题查短板，撰写心得体会10余篇，对4名党员进行谈话提醒。召开党员座谈会5次，民主评议党员会9次，以此带动评选“好家庭”123户，“好邻居”69户，“好媳妇”21个。四是开展“一对一、多对一”结对帮带活动，每名“访惠聚”干部直接帮带2名村

村干部与村民一同采摘雪菊

干部和4 ～ 5名后备干部，持续提升村干部和后备干部的交流能力、计算机应用能力、政治理论及业务能力。五是发挥党员先锋模范作用，在维护稳定、乡村振兴、疫情防控、厕所革命、人居环境整治工作中，多次组织开展党员联系农户、志愿服务等活动，带动群众全面参与，鼓励30余户群众自主创业，帮助20余名群众转变观念从事三产就业，引导群众自觉听党话、感党恩、跟党走。

## 三、规范运行强组织，提升战斗力

一是以创建“五个好”党支部为抓手，建立“四情”（紧贴实情、满腔热情、聚焦民情、倾注真情）支部工作法，抓好“四强化”（强化阵地建设，强化组织生活，强化作风纪律，强化服务意识）。二是在“五个力”上下功夫（以政治引领增强凝聚力，推进基层组织振兴；以群众引领提高生产力，推进基层人才振兴；以思想引领提升创新力，推进基层产业振兴；以意识引领激发战斗力，推进基层文化振兴；以思路引领发挥转变力，推进基层生态振兴），推动乡村振兴。三是全力打造“关民情”党建品牌，村党总支构建了“党支部

更换村内老化路灯

+网格党小组”的扁平化组织架构，将党小组建在网格上，成立4个网格党小组，组长由“两委”班子成员担任。形成群众矛盾纠纷在网格内化解、困难诉求在网格解决、文体活动在网格内开展的工作格局。同时为辖区内边境一线执勤点位选派一名党建指导员，每日组织护边员开展国语学习和政策法规宣传，实现了党的组织和党的工作有形有效全覆盖。四是结合人员聚集多、流动人口多、征地拆迁多、项目工程多的实际情况，村“两委”班子依照“四情”工作法，按照网格员排查反馈矛盾纠纷，网格长入户核实做好思想安抚工作，包联乡领导及“访惠聚”工作队等各级力量上门宣讲政策并确定解决方案的工作方式，扎实推进建设征地、抵边村建设占地、流动人口管理服务、乡村振兴等工作，处理“三干渠”用水纠纷、邻里纠纷矛盾等问题。

## 四、创新体系强机制，提升引领力

一是以创建“五个好”党支部为目标，严格落实“三个中心”运行机制，把优秀干部充实到“三个中心”中去，配齐配强“三个中心”主任。二是落实3名乡领导包联组、8名村干部联系网格、各级力量及后备干部联系农户的工作机制，常态化开展入户走访工作，累计解决群众困难诉求125件、化解矛盾纠纷87条、排除安全生产隐患213处。三是加强“里子”工程建设，充分发挥各网格内党员模范带头作用，发动群众主动参与人居环境整治，在村委会院内及村主干道共种植111棵杨树，采购一批新路灯用于村内老化灯具换新及亮化工作，对广场舞台、地面、围栏等进行全面修缮，优化功能布局、租赁挖掘机建水渠，保障了二组700亩农田灌溉和农民用水问题，形成了“支部有号召，党员有行动，群众齐参与”的良好局面。

## 五、统筹资源强功能，提升凝聚力

一是优化阵地强服务。在乌鲁木齐海关“访惠聚”工作队的支持下，投资10万元，优化阵地布局，提升功能“档次”，整合办公区、生活区面积2000余平方米，阵地服务群众面积达80%以上，实现阵地服务群众面积的最大化。

二是科学运作强发展。采取“党支部+公司+农户”的运营模式，因地制宜大力发展旅游服务经济，村党支部牵头成立了瓦尔希迭村旅游服务物业管理有限公司，组建有20人的村内环境卫生管护队、12人的供水服务队和户厕维护服务队，通过市场化运作规范辖区内商铺运营与管理。三是规范管理强产业。在旅游业发展方面，对村内的38家民宿、牧家乐实行“四统一”管理，经常性组织负责人培训、观摩、学习，做到统一服务、统一标准、统一参观、统一挂网，有效提高辖区旅游服务水平和接待能力。四是产业带动促增收。在项目资产管理方面，盘活8个扶贫项目，实现项目资产效益最大化。使项目资产实现经济效益和社会效益最大化，2024年全村项目资产收益已达13万元。依托村集体经济组织，2024年底，实现瓦尔希迭村集体经济收入超51.06万元，培育并带动203户农牧民发展旅游经济，带动就业人数380人以上，人均收入突破25224元。通过积极探索“党支部+基地+合作社”的发展模式，加大资源整合力度，引导群众发展特色种植养殖产业，全力打造“关民情”雪菊、玛卡品牌，实现本地特色农产品线上线下产销双驱动，为乡村振兴插上“双翼”。

**图书在版编目（CIP）数据**

推进乡村全面振兴典型案例. 2025 / 中央农村工作领导小组办公室编. -- 北京 : 中国农业出版社, 2025. 7. -- ISBN 978-7-109-33263-8

Ⅰ. F320. 3

中国国家版本馆CIP数据核字第202546E6C2号

中国农业出版社出版
地址：北京市朝阳区麦子店街18号楼
邮编：100125
策划编辑：刁乾超
责任编辑：任红伟　王阳阳　刁乾超
版式设计：王　怡　　责任校对：吴丽婷　　责任印制：王　宏
印刷：河北盛世彩捷印刷有限公司
版次：2025年7月第1版
印次：2025年7月北京第1次印刷
发行：新华书店北京发行所
开本：700mm × 1000mm　1/16
印张：26
字数：550千字
定价：88.00元